高 亮

男，1976年1月生，安徽六安人，中共党员，博士，教授，博士生导师。现任南京体育学院期刊社社长兼《体育学研究》编辑部主任，安徽师范大学、广西师范大学等高校博士生导师，广州体育学院、南通大学等高校兼职教授，中国高校科技期刊研究会体育期刊专业委会委员，江苏省健身气功协会副会长等。江苏省"333工程"第二层次中青年领军人才，江苏省首批"社科英才"，江苏省高校"青蓝工程"学术带头人，江苏省高校"青蓝工程"优秀教学团队负责人，江苏省高校"青蓝工程"优秀骨干教师，南京体育学院学科带头人，"武术与民族传统体育"国家一流本科专业负责人，国家级社会体育指导员。主要从事武术与民族传统体育、体育锻炼与健康研究。主持国家社科基金项目3项、中国博士后科学基金特别资助项目和江苏省社科基金重大、重点等省部级项目12项。已出版学术专著5部、教材2部，发表学术论文100余篇，其中在核心期刊发表学术论文60余篇；曾获江苏省哲学社会科学优秀成果奖二等奖2次、三等奖2次，江苏省高校哲学社会科学研究优秀成果奖三等奖1次。

麻晨俊

男,安徽马鞍山人,副教授,体育学博士,毕业于南京师范大学体育科学学院。现任南京特殊教育师范学院体育学院体育教育系主任。目前主要从事武术与民族传统体育、体育教育的教学与科研工作。近年来,参与出版专著3部,在专业核心期刊发表学术论文10余篇;主持江苏省哲学社会科学基金青年项目1项;主持完成江苏省高校哲学社会科学基金项目1项;参与完成国家社科基金项目2项(分别为第一完成人和第五完成人),江苏省社科基金重大项目1项(第一完成人),江苏省社科基金重点项目2项;2022年入选江苏省高校"青蓝工程"优秀青年骨干教师培养对象,2023年获江苏省第十七届哲学社会科学优秀成果奖二等奖(第三名),2024年获南京特殊教育师范学院科研优秀奖。

王莉华

女,汉族,江苏盐城人,南京信息职业技术学院教师,健身气功国家级裁判,江苏省一级社会体育指导员,南京高校优秀体育教师。以第一作者在《体育学研究》《广州体育学院学报》等核心期刊发表学术论文5篇,在《南京体育学院学报》等省级期刊发表学术论文4篇;主持完成江苏省社科基金项目1项,江苏省社科联重点资助项目和一般资助项目各1项;作为主要成员参与国家社会科学基金项目、江苏省社会科学基金项目等6项;出版学术著作(合著)1部,教材(副主编)1部。

中央国术馆
武术教育及其当代启示

高 亮
麻晨俊
王莉华
　　著

东南大学出版社
SOUTHEAST UNIVERSITY PRESS
·南京·

内容简介

民国时期武术教育成为武术事业的重点，不仅与其发展对象、使命的改变相关，而且与其将民众作为对象，开启普及与提高教育的新发展相关。百年后的今天，在推进中国式现代化进程中，武术教育在弘扬优秀传统文化、建设体育强国、建设文化强国中仍具有特殊意义。在"全面贯彻党的教育方针，落实立德树人根本任务，培养德智体美劳全面发展的社会主义建设者和接班人"教育工作的新时代背景下，本书基于"立足中国、挖掘历史、把握当代、面向未来"的思路，以民国时期武术教育典范之中央国术馆为例，遵循论从史出、史论结合的技术路线，运用多种研究方法，对中央国术馆武术教育史实进行考证，力求还原中央国术馆的办学历史，并在此基础上总结中央国术馆武术教育的特征，分析中央国术馆武术教育的历史意义，并对中央国术馆的武术教育进行总体的客观历史评价，进而以史为鉴，对今日武术教育提出本土经验与启示。中央国术馆武术教育的历史经验与局限的当代启示适用于宏观和中观层面，其启示意义首要在于武术专业教育，其次在于武术普及教育，再次在于新时代立德树人根本任务教育背景下的德育。

图书在版编目（CIP）数据

中央国术馆武术教育及其当代启示 / 高亮，麻晨俊，王莉华著 . —南京：东南大学出版社，2023.12
  ISBN 978-7-5766-1122-9

Ⅰ.①中… Ⅱ.①高… ②麻… ③王… Ⅲ.①武术－体育教育－研究－中国－民国 Ⅳ.① G852-4

中国国家版本馆 CIP 数据核字（2023）第 253658 号

中央国术馆武术教育及其当代启示
Zhongyang Guoshuguan Wushu Jiaoyu Ji Qi Dangdai Qishi

著　　者	高　亮　麻晨俊　王莉华
出版发行	东南大学出版社
出 版 人	白云飞
责任编辑	姜晓乐　徐　潇
文字编辑	李成思
责任校对	张万莹
封面设计	有品堂_宋永傲
责任印制	周荣虎
社　　址	南京市四牌楼 2 号　邮编：210096
网　　址	http://www.seupress.com
经　　销	全国各地新华书店
印　　刷	苏州市古得堡数码印刷有限公司
开　　本	787mm×1092mm　1/16
印　　张	17.75
字　　数	315 千
版　　次	2023 年 12 月第 1 版
印　　次	2023 年 12 月第 1 次印刷
书　　号	ISBN 978-7-5766-1122-9
定　　价	148.00 元

本社图书若有印装质量问题，请直接与营销部调换。电话（传真）：025-83791830

序

武术教育成为民国时期武术的重点，不仅与其发展对象、使命的改变相关，而且与其将民众作为对象，开启普及与提高教育的新发展相关。《中央国术馆组织大纲》中明确提出了该馆的四项基本职能：研究中国武术、教授中国武术、编著关于国术及其他武术之图书、管理全国国术事宜。"教授中国武术"作为中央国术馆发展武术事业的基本职能，从中央国术馆成立之初就被置于重要位置，且对其他三项职能的影响至深且巨。在武术教育存在的问题日渐凸显、政策助推武术教育及其相关史料整理与研究的背景下，研究民国时期的武术教育是在本土经验实证探究基础上研究武术教育问题的重要理路。本书依照"立足中国、挖掘历史、把握当代、面向未来"的思路，以民国时期武术教育典范之中央国术馆为例，基于唯物史观、进步史观和大历史观，使用教育学原理，在论从史出、史论结合的技术路线上，运用文献资料法、历史分析法、历史比较法、专家访谈法、口述史法，对中央国术馆武术教育史实进行了考证。本书力求还原中央国术馆的办学历史，并在此基础上总结中央国术馆武术教育的特征，分析中央国术馆武术教育的历史意义，对中央国术馆的武术教育进行总体的客观历史评价，进而以史为鉴，对今日武术教育提出本土经验总结基础上的启示。

要达到还原史实、以史为鉴的最终目的，全面、准确、客观的历史研究是重中之重。中央国术馆成立迄今已近百年，这段时间内中国经历了诸多重大历史事件。尽管类似《国术周刊（南京）》《中央国术馆汇刊》《中央国术旬刊》等中央国术馆一手资料已被数据化处理，但这只是该馆史料的一部分。如何获取更为丰富的史料？这一问题非常关键。为此，本书除了积累了大量的数据库史料，还赴各地档案馆进行了史料搜集，且与中央国术馆亲密联系者或其亲朋好友进行了口述史访谈。

杰出的教育组织推动教育前进的作用，同它们的办学特色是分不开的。因而，对中央国术馆的研究不仅要全面真实地描述其业绩，还要深入揭示其办学特色与中国近代武术的关系以解答教育组织历史背后的精神世界和人文动机。为此，本书依据进步史观、唯物史观和大历史观对中央国术馆的武术教育从功绩和局限两个方面进行了总体评价。

回望历史，中央国术馆作为中国近代声名赫赫的武术组织，其在落实"教授中国武术"之基本职能时的经验和局限对于今日有着重要的启示意义。本书基于不同的历史背景、教育目的和文化空间，对中央国术馆武术教育进行了成因判断、事实判断和价值判断后认为，其历史经验与局限的启示适用于宏观层面，且启示意义首要在于武术专业教育，其次为武术普及教育，再次在新时代立德树人根本任务教育背景下的德育。

本书在研究过程中对各类民国文献进行了搜集与整理，希冀进一步深化民国武术断代史研究，同时，提出的启示也希望有益于今日。愿本书能够为广大学者的后续研究略尽绵薄之力。

作　者

2023 年 1 月于南京

目 录

序 _001

上篇　中央国术馆武术教育的历史追寻

第1章　导论 _003

第1节　问题的提出与研究意义 _003
　　1　问题的提出 _003
　　2　研究意义 _008
第2节　研究对象的说明 _010
　　1　"国术"的界定 _010
　　2　本书的研究对象 _011
　　3　武术教育的内涵与外延 _013
第3节　相关研究的学术史梳理与述评 _014
　　1　中央国术馆与民国武术教育研究述评 _015
　　2　我国当代武术教育研究述评 _022
　　3　国外武技教育研究述评 _030
　　4　中央国术馆武术教育研究总体述评 _034
第4节　理论基础 _035
　　1　历史观的选择 _035
　　2　教育原理的运用 _037

第5节　研究框架 _039
    1　研究目标 _039
    2　研究思路 _040
    3　研究方法 _041
    4　研究内容 _045
    5　研究重点、难点与创新点 _046

第2章　中央国术馆武术教育的历史背景、教育目的与发展历程 _048

第1节　中央国术馆武术教育的历史背景 _048
    1　文化背景：武化运动——近代中国积贫积弱唤起尚武精神 _049
    2　政治背景：以武促建——国民政府建立后武术与政治联姻 _052
    3　教育背景：以武育人——学生成为近代武术重点发展对象 _055
第2节　强种救国：中央国术馆武术教育目的探析 _060
    1　中央国术馆武术教育目的的内容结构 _061
    2　中央国术馆武术教育目的的实质 _065
第3节　中央国术馆武术教育的发展历程 _067
    1　南京时期：渐次优化地传承与发展武术教育（1928—1937）_067
    2　流离时期：战时与战后颠沛流离之后的衰落（1937—1948）_074

第3章　中央国术馆武术课程 _080

第1节　中央国术馆武术课程类型 _080
    1　武术学科课程 _080
    2　武术术科课程 _081
    3　武术活动课程 _082
    4　武术实习课程 _083
第2节　中央国术馆武术专业教育课程设置 _084
    1　中央国术馆创始时期"重术轻学"的武术专业教育课程设置 _084

  2 "一馆一校"时期中央国术馆"术学并举""中西结合"的武术

   专业教育课程编制 _086

  3 "一馆一校"时期体育专科学校"术学并重""中西融合"的武术

   专业教育课程编制 _092

第3节 中央国术馆武术普及教育课程及其对学校武术课程的推动

  1 南京时期分级培训模式下的武术普及教育课程 _098

  2 流离时期假期培训模式下的武术普及教育课程 _100

  3 对编订大中小学武术课程标准的努力 _102

第4节 中央国术馆武术课程设置基本特征 _104

  1 遵守循序渐进的教育原则 _104

  2 传承体用兼备的价值追求 _105

  3 探索术学并举、中西交融的课程设置 _105

第5节 中央国术馆新编武术教材整理与个案分析

  ——以教材《少林正宗练步拳》为例 _106

  1 中央国术馆新编武术教材整理 _107

  2 个案研究——以教材《少林正宗练步拳》为例 _110

第6节 中央国术馆武术课程的历史意义 _115

  1 着力探索武术课程化转型却烙印着泛政治化的局限性 _115

  2 中西交融的武术课程设置成为武术专业教育的开拓者 _116

  3 以拳种为单位设计技术课程初步形成了武术传承体系 _117

第4章 中央国术馆武术教学 _118

第1节 中央国术馆武术教学的四种保障措施 _118

  1 延揽武术人才保障武术教学师资基础 _118

  2 "撤门户设教务"铺平教学管理道路 _120

  3 兴建"竞武场"等优化武术教学环境 _121

  4 多渠道筹集资金确保武术教学之经费 _122

第2节 中央国术馆武术教学组织形式及其特征 _124

　　　　1　中央国术馆武术专业教学组织形式　　　　_124
　　　　2　中央国术馆武术普及教学组织形式　　　　_127
　　　　3　中央国术馆武术教学组织形式的特征　　　_130
　第3节　中央国术馆武术教学原则　　　　　　　　　_132
　　　　1　突出武术教学的直观性　　　　　　　　　_133
　　　　2　强调武术教学的系统性　　　　　　　　　_133
　　　　3　重视武术教学的科学性　　　　　　　　　_134
　　　　4　偏重武术教学的技击性　　　　　　　　　_135
　　　　5　注重武术教学练修并重　　　　　　　　　_136
　第4节　中央国术馆武术教学方法的类型及其特征　　_137
　　　　1　以指导为主的教学方法　　　　　　　　　_137
　　　　2　以练习为主的教学方法　　　　　　　　　_139
　　　　3　以评价为主的教学方法　　　　　　　　　_140
　　　　4　中央国术馆武术教学方法的特征　　　　　_141
　第5节　中央国术馆武术教学评价的类型、方法及其特征　_143
　　　　1　中央国术馆武术教学评价的类型　　　　　_143
　　　　2　中央国术馆武术教学评价的方法　　　　　_145
　　　　3　中央国术馆重技能轻教学的教师评价　　　_145
　　　　4　中央国术馆武术教学评价的特征　　　　　_146
　第6节　个案研究——以中央国术馆"打练结合"武术教学模式为例　_148
　　　　1　教学目标：培养学生"知行合一"的价值理念　_149
　　　　2　教学过程：先"练"后"打"贯彻"打练结合"　_149
　　　　3　教学评价：突出武术的技击本质，倡导考试之"对试"　_150
　　　　4　中央国术馆"打练结合"武术教学模式的成效与局限　_151
　第7节　中央国术馆武术教学的历史意义　　　　　　_152
　　　　1　中西交融促进了武术教学的现代化　　　　_152
　　　　2　突出技击促进了武术教学的向实化　　　　_153
　　　　3　囿于技击限制了武术教学的人本化　　　　_154

第5章 中央国术馆武德教育 _155

第1节 中央国术馆武德教育的内容 _155
1. 政治素养：遵守党义国法 _156
2. 技术素养：化除宗派畛域 _157
3. 品德素养：崇尚俭苦忠勤 _157
4. 生活素养：戒绝酒色烟赌 _158
5. 社会素养：养成博爱和平 _158
6. 个性素养：惩儆贪嫉骄惰 _158

第2节 中央国术馆展开武德教育的途径 _159
1. 课程形式的直接武德教育 _159
2. 三元形式的间接武德教育 _161

第3节 中央国术馆武德教育的方法 _163
1. 说服教育法 _163
2. 榜样示范法 _164
3. 实践锻炼法 _165

第4节 中央国术馆武德教育的特征 _165
1. 强种救国成为核心理念 _166
2. 六位一体构建德育内容 _166
3. 张之江为德育的领导者 _167
4. 多元化的武德教育实施 _168

第5节 个案研究——以中央国术馆武德教育活动"纪念周"为例 _169
1. 中央国术馆"纪念周"的由来及其发展 _169
2. 中央国术馆"纪念周"的武德教育实施 _170
3. 中央国术馆"纪念周"武德教育的本质 _177

第6节 中央国术馆武德教育的历史意义 _177
1. 传承与发展了武术道德价值 _178
2. 术德并重的近代探索与实践 _178
3. 泛政治化德育的信徒与落寞 _179

第6章 中央国术馆武术教育的总体评价 _181

第1节 中央国术馆武术教育的贡献 _181
1. 初步形成了中国现代武术专业教育体系 _182
2. 着力培养了一大批术德并重的武术人才 _184
3. 努力促进了武术在近代中国的横向传播 _185
4. 张之江的武术教育思想与爱国情怀在中央国术馆中升华 _187

第2节 中央国术馆武术教育的局限 _188
1. 张之江的向实主义教育思想湮没了武术教育"技外之理" _188
2. 泛政治化的武术教育技术路线成为落幕的直接原因 _190
3. 未能同步发展武术普及教育成为衰败的根本原因 _191

下篇：中央国术馆武术教育的当代启示

第7章 中央国术馆对新时代武术专业教育的启示 _195

第1节 武术专业教育理念层面的启示 _196
1. 重视"知行合一"的武术专业教育理念 _196
2. 重视"中西交融"的武术专业教育理念 _198
3. 重视"民族精神"的武术专业教育理念 _199
4. 重视"走向世界"的武术专业教育理念 _201

第2节 武术专业教育课程层面的启示 _202
1. 重视"文明互鉴"，更新武术专业课程设置观念 _202
2. 重视"体用兼备"，聚焦课程攻防对抗体验 _203
3. 重视"拳种意识"，优化武术技术课程内容 _203

第3节 武术专业教育教学层面的启示 _205
1. 一体两翼，完善武术教学的表演和技击属性 _205

  2 突出攻防，因时制宜优化不同武术教学方法 _206

  3 注重评价，"表演"与"技击"的双重性不应偏颇 _207

第8章 中央国术馆对新时代武术普及教育的启示 _208

 第1节 武术普及教育理念层面的启示 _208

  1 重视"刚健有为"的武术普及教育理念 _209

  2 重视"以武育心"的武术普及教育理念 _210

  3 重视"打练融合"的武术普及教育理念 _211

  4 重视"技外之理"的武术普及教育理念 _211

 第2节 武术普及教育课程层面的启示 _212

  1 重视"拳种意识"，开发中华武术对抗类技术课程 _212

  2 推动武术普及教育与武术专业教育协同共进 _213

  3 提炼单势、组合、成套动作，注重攻防对抗体验 _214

 第3节 武术普及教育教学层面的启示 _215

  1 分段推进，重视不同武术教学方法的适用性 _215

  2 身临其境，重视学生武术习练时的对抗体验 _216

  3 聚焦对试，重视学生武术习练后的攻防能力 _217

  4 打练合一，重视优化套路与攻防习练的配合 _217

第9章 中央国术馆对新时代武德教育的启示 _219

 第1节 新时代武德教育"大德""公德""私德"的三维德育观构建 _219

  1 学校武术有助于大德维度——民族气节的熏陶 _220

  2 学校武术有助于公德维度——见义勇为的培育 _220

  3 学校武术有助于私德维度——谦逊和善的养成 _221

 第2节 新时代武德教育理论层面的启示 _222

  1 立德树人，推动"打练融合"优化武德教育目标 _222

  2 弘扬美德，构建"课程思政"完善武德教育内容 _223

　　　　　3　以人为本，改进新时代的武德教育手段和方法　　_224

　　　　　4　武以成人，重视新时代武德教育评价体系构建　　_225

　　第3节　新时代武德教育实践层面的启示　　_226

　　　　　1　确保学校体育武术课时是武德教育的前提要求　　_226

　　　　　2　推动武术课程与教学改革是武德教育的核心要求　　_227

　　　　　3　提升体育教师武德教育意识与能力是武德教育的基本要求　　_228

　　　　　4　重视课内外竞赛互相联动是武德教育的重点要求　　_229

第10章　研究结论与省思　　_231

　　第1节　中央国术馆武术教育的研究结论　　_231

　　　　　1　中央国术馆武术教育的成因判断与发展轨迹　　_231

　　　　　2　中央国术馆武术教育课程、教学、武德的事实判断与价值判断　　_231

　　　　　3　中央国术馆武术教育的总体评价与新时代启示　　_232

　　第2节　中央国术馆武术教育的研究省思　　_233

　　　　　1　中央国术馆武术教育的传统性与现代性　　_234

　　　　　2　中央国术馆武术专业教育与普及教育的不对称性　　_235

　　　　　3　中央国术馆武术教育的工具理性与价值理性　　_236

附录A　中央国术馆武术教育史料图集　　_237

附录B　《中央国术馆武术教育研究》专家访谈提纲　　_245

附录C　周仲霞口述采访提纲　　_246

附录D　万乐刚口述采访提纲　　_247

附录E　郝凤岭口述采访提纲　　_248

参考文献　　_249

致谢　　_269

上篇

中央国术馆武术教育的历史追寻

2017年,《关于加快构建中国特色哲学社会科学的意见》强调,要按照"立足中国、借鉴国外,挖掘历史、把握当代,关怀人类、面向未来"的思路,充分体现继承性、民族性、原创性、时代性、系统性、专业性,推动中国特色哲学社会科学的发展①。武术教育研究的基础与核心问题是"武术何为",即:武术何以能够育人?通过武术的习练与教化如何培养人?培养什么样的人?中央国术馆武术教育在这三个重大问题上积累了一定的历史经验,成为那个时代文化重建、武术发展、以武育人的切实载体。历史的作用是什么?是追求真理,如兰克所说"弄清历史本来面目";或是起劝诫作用,如刘知几所说"史之为务,申以劝诫,树之风声"?②习近平总书记在全民族抗战爆发七十七周年纪念活动上指出:"历史是最好的教科书,也是最好的清醒剂。"③中央国术馆武术教育的研究意义亦是如此。百年后的今天,武术教育在文化强国建设、体育强国建设以及培养德智体美劳的社会主义接班人与建设者的事业中仍具有特殊意义。在新时代"立德树人"教育根本宗旨,以及体育教育帮助学生在体育锻炼中享受乐趣、增强体质、健全人格、锤炼意志的目标导向下,本书沿着"立足中国、挖掘历史、把握当代、面向未来"的思路,以民国武术教育典范之中央国术馆为例,基于论从史出、史论结合的技术路线,还原一段史实,探讨一些启示,进而寻求中央国术馆武术教育理念与实践的历史意义与现实价值。

---

① 中共中央办公厅. 关于加快构建中国特色哲学社会科学的意见 [EB/OL]. (2017-05-16) [2021-05-06]. http://www.gov.cn/xinwen/2017/05/16/content_5194467.htm.
② 朱本源. 历史学理论与方法 [M]. 北京: 人民出版社, 2007: 16.
③ 人民网. 习近平的历史观 [EB/OL]. (2014-07-08) [2021-05-06]. http://theory.people.com.cn/n/2014/0708/c40531-25251002.html.

第1章 导论

第1节 问题的提出与研究意义

1 问题的提出

1.1 武术教育存在的问题日渐凸显

武术教育的实践层面诚如康戈武研究员所言，尽管教育部于1956年公布的第一部中小学体育教学大纲中就将武术列为体育课内容，然而，不少调查报告显示当代学校武术教育开展情况亦难让人满意，以致中宣部和教育部在2004年3月30日联合印发的《中小学开展弘扬和培育民族精神教育实施纲要》中，要求中小学"体育课应适量增加中国武术等内容"[①]。2005年由体育总局武术研究院牵头，历时3年，对我国30个省（自治区、直辖市）252所普通中小学的武术教育状况进行调查研究。调查报告显示：作为国粹的中华武术在中小学的开展很不乐观；武术在学校中并没有实现根本的普及，甚至在许多学校"名存实亡"[②]。"学校不开设武术课""领导不重视""师资严重缺乏""教学内容单一""学生武术认知水平低下""学生喜欢武术，但不愿意上武术课"等，成为这份调查报告中的高频词句。2017年戴国斌教授等人编撰的《中国武术研究报告No.1》对武术教育现状的研究结果表明，目前的学校武术教育仍未发生改观[③]。与此同时，普通高校的武术教育问题也不容乐观。王岗教授直言："高校武术教材过于陈旧，缺乏标准化、规范化，缺乏创新，不能为学生提供思考和培养兴趣点的空间，

---

① 康戈武.从全球化视角探讨武术教育的生存与发展[J].体育文化导刊，2006（10）：13-19.
②《关于学校武术教育改革与发展的研究》课题组.我国中小学武术教育状况调查研究[J].体育科学，2009，29（3）：82-88.
③ 戴国斌.中国武术研究报告No.1[M].北京：社会科学文献出版社，2017：62-69.

武术教学课程设置仍不科学，教学方法单一，理论和实践相脱节。"①

从 1918 年武术正式进入校园开始，百年后面对武术在校园的普及问题，来自官方和学界的意见表明，大、中、小学普及武术教育正面临困境。尽管这种窘境不能湮没武术教育工作者的努力，但是面对武术教育尤其是学校武术教育不容乐观的现状，更需要学界追本溯源，多视角、跨学科地对武术教育进行经验总结和反思。学校专业武术教育是普及武术教育工作开展得好的前提，这是因为专业武术教育直接决定了学校普及武术教育谁来教、教什么、怎么教的问题。学校普及武术教育面临的窘境很大程度上源自武术专业教育中出现的问题。有学者调研多所体育专业院校和师范类体育院校后发现，武术技术课的主体教学内容仍然属于竞技武术技术体系的套路和散打，偶有传统武术拳种的点缀，也仅仅是选取了其套路形式②。又如学界近年来的反思所述，存在"忽视拳种、偏视套路、弱视应用、轻视文化"的问题③；"脱离了中国武术历史发展的内在逻辑规律，新一代武术工作者出现了对传统认识的'集体失忆'，进而在面对社会各界的质疑时，又出现了'集体失语'，最后走上'自我怀疑乃至自我否定之路'"④；专业武术教育领域竞技武术技术体系一枝独秀，传统武术拳种根本没有得到完整传承⑤。武术实践层面的问题源于理念，当前武术专业教育技术体系西化倾向明显，按照传统武术完整技术体系进行教学的院校很少。而体系化的传统武术拳种集中蕴含了中华优秀传统文化的基因，西化倾向的教学状况不改变，中华优秀传统武术文化很难得到有序传承。

在武术教育的理论层面，当前武术专业教育困境呈现出一种"合法性危机"的显著特征。今天的武术教育已经得到国家层面的鼎力支持，形成了从"学士""硕士"到"博士"的高层次人才培养路径，武术学科自 1996 年起已经与其他学科一样能够全程培养最高学历人才。然而，当从武术专业教育的质量、效果，武术教育在学校体育教育中的地位，武术在体育学科中的地位等方面审视时，就会发现当下的专业武术教育遭遇了教育主导权的"合法性危机"。专业武术教育中的施教者是根据什么标准和学理来掌握教育主导权，对学校中的受教育者进行施教的？换言之，同传统师门武术教育相比，今日的武术专业教育的道德基础何在？从弘扬优秀传统文化的视角来看，传统武术中

---

① 王岗. 虚无与提升：中国武术教育的问题与求解 [M]. 北京：北京体育大学出版社，2017：6.
② 杨建营. 基于民族复兴目标的学校武术传承体系研究 [J]. 体育科学，2020，40（11）：21.
③ 武冬，吕韶钧. 高等学校武术课程体系改革研究 [J]. 北京体育大学学报，2013，36（3）：92-98.
④ 王飞. 民族传统体育武术专业课程理论基础研究 [D]. 武汉：武汉体育学院，2007：11.
⑤ 杨建营. 当代 2 种典型武术教育改革理念之冲突解析 [J]. 首都体育学院学报，2015，27（6）：532.

的民间拳师和法定非遗传承人无疑更具话语权；从实践基础来看，竞技武术中的运动员和教练员无疑经验更为丰富。尽管武术学科得到了国家层面的合法性认同，然而武术专业教育是否满足受教者的学习需求，符合传承弘扬中华优秀传统文化、坚定文化自信的要求？这是武术专业教育所要回答的核心问题。

而在社会武术教育的实践层面，同样有调查显示："参与群众武术锻炼的群体主要为老年人，相对而言，青少年参与群众武术锻炼的个体很少，微乎其微。"群众性的武术习练主要为"老带新"的形式，由于"老群体"多为业余爱好者，教学显然缺乏专业性，由于缺少群众武术社会指导员，群众性的武术教育状况不容乐观[①]。而在武术培训市场，近年来缺乏规范性，达不到学员心目中的要求，甚至有许多学员受伤得不到有效赔偿。武馆、培训班水平参差不齐，随意办学现象严重，伤害事故时有发生[②]。在练习内容上，一些跆拳道馆甚至打出"学习跆拳道，体验中国武术精神"的广告语。跆拳道几乎将中国武术踢出了市场，这并非危言耸听。在非遗传承体系中，通过国家力量强势扶持的武术教育虽致力于保留中国武术教育的原生态（师徒传授），却仍危机重重。这是因为：首先，纳入非遗名录的武术项目是少数；其次，不同层级的非遗名录存在管理上的巨大差异；最后，非遗退出机制落实不到位，一些传承人未能履行传承义务。因此，希冀通过非遗体系进行社会武术教育与推广亦不现实。总之，从教育的双重性和武术教育"中国化""西方化"抑或"中西交融"的理论问题来考量，当前的武术教育无疑需要追本溯源，学术探究迫在眉睫。

1.2 政策助推武术教育及其相关史料整理与研究

2015年两会期间，教育部列出七项国家重点扶持体育项目，包括：田径、游泳、体操、足球、篮球、排球和武术[③]。武术的入围说明这一本土体育项目再次得到了国家和教育管理部门的重点支持。

2016年，国家体育总局武术运动管理中心发布《中国武术发展五年规划（2016—2020年）》，提出武术教育、武术科研、武术推广为三大重点工作。倡导武化终身教育、构建全民武术教育体系，探索创办"讲武学堂"等武术普及机构。拓宽青少年武术教

---

① 马佩，吴旭东，姜传银. 健康中国战略下群众武术开展的困境与对策 [J]. 体育文化导刊，2019（1）：43-47.
② 姜熙. 体育全球化中中华武术的生存危机和发展抉择 [J]. 体育学刊，2009，16（10）：84-88.
③ 杨华. 国家七大重点体育项目清除乒乓球 [EB/OL].（2015-03-16）[2021-05-06]. http://cntt365.com/news_show.php?id=593&classid=20.

育渠道。学校武术教育重点推进，力争青少年武术习练人口逐年递增 10%。①

2017 年中共中央办公厅、国务院办公厅印发《关于实施中华优秀传统文化传承发展工程的意见》，在"重点任务"部分强调优秀传统文化只有贯穿国民教育始终，与人民生产生活深度融合，才能有长久生命力，真正实现活起来、传下去。努力丰富拓展校园文化，推进戏曲、书法、高雅艺术、传统体育等进校园，推动民族传统体育项目的整理研究和保护传承。围绕立德树人根本任务，遵循学生认知规律和教育教学规律，按照一体化、分学段、有序推进的原则，把中华优秀传统文化全方位融入思想道德教育、文化知识教育、艺术体育教育等领域。在社会教育上，推动休闲生活与传统文化融合发展，培育符合现代人需求的传统休闲文化。发展传统体育，抢救濒危传统体育项目，把传统体育项目纳入全民健身工程，支持中国武术等中华传统文化代表性项目走出去。②

党的十九大报告进一步宣示，没有高度的文化自信，没有文化的繁荣兴盛，就没有中华民族的伟大复兴。要坚持中国特色社会主义文化发展道路，激发全民族文化创新创造活力，建设社会主义文化强国。中国特色社会主义文化，源自中华民族五千多年文明历史所孕育的中华优秀传统文化。报告强调，建设教育强国是中华民族伟大复兴的基础工程，必须把教育事业放在优先位置，落实立德树人根本任务，发展素质教育，推进教育公平，培养德智体美全面发展的社会主义建设者和接班人③。

2019 年国家体育总局联合多部门印发了《武术产业发展规划（2019—2025 年）》。规划指出，参与体验和教育是武术产业的主要形式。在"弘扬武术文化"部分中强调，整理编辑有史料价值、有影响力的武术文化遗产项目，重视武术典籍、拳谱、器械等文物的调查保护工作。④

以上这些重要政策，从教育部的重点支持到武术运动管理中心的规划部署，再到国务院的意见引领和国家体育总局的具体部署，表明：一方面，武术是中华优秀传统文化的载体。当前，国家顶层设计布局已给中华优秀传统文化研究带来了新的机遇，而中国武术更是得到了国家的点名支持，这进一步说明了武术是中华优秀传统文化的

---

① 体育总局武术中心关于印发《中国武术发展五年规划（2016—2020 年）》的通知 [EB/OL].（2016-07-25）. http：//www.sport.gov.cn/n315/n20001395/c20043691/content.html.
② 中共中央办公厅 国务院办公厅印发《关于实施中华优秀传统文化传承发展工程的意见》[EB/OL].（2017-01-25）[2021-05-06]. http：//www.gov.cn/zhengce/2017-01/25/content_5163472.htm.
③ 习近平. 决胜全面建成小康社会 夺取新时代中国特色社会主义伟大胜利：在中国共产党第十九次全国代表大会上的报告 [EB/OL].（2017-10-18）[2021-05-06]. http：//www.gov.cn/zhuanti/2017-10/27/content_5234876.htm.
④ 多部门关于印发《武术产业发展规划（2019—2025 年）》的通知 [EB/OL].（2019-07-29）[2021-05-06]. http：//www.gov.cn/xinwen/2019-07/29/content_5416190.htm

代表性项目。另一方面，武术教育已得到国家及其职能部门的进一步支持。呼唤学界展开多视角的武术教育研究，以响应和落实国家对武术教育的期待。

1.3 中央国术馆武术教育呈现中西交融的特征是民国时期武术教育的典范

民国时期的武术教育，在中国武术教育发展历程中占据着承前启后的重要地位。中国古代武术的发展以师父言传身教为主。近代以降，西学东渐，学步列强，现代学校设立。有鉴于国人体格之弱，一些有识之士和教育家开始呼吁"尚武精神"的归位，于是以"精武体育会"在1910年创办为标志，开始了社会武术教育。然而精武体育会的历史贡献主要集中在扩大武术社会影响上，在武术教育方面则主要是通过短期培训的形式牵引着民间武术发展。作为武术教育主体的学校武术教育，其发展则较为坎坷。从1911年6月北京举行的"中央教育会议"中倡导的《请定军国民教育主义案》，到1914年徐一冰上书教育部"高等小学中心师范亟待添习技击一门"，再到1915年4月北京教育会提出的《拟请提倡中国旧有武术列入学校必修课》议案，直至1918年10月教育部召开全国中学校长会议通过决议"全国中学校一律添习武术"，武术进入学校得以肇始。民国时期对武术的横向普及，为武术教育的研究奠定了基础，一时间各界人士各抒己见、努力钻研，形成了中国近代历史上首次武术教育的研究热。1918年，武术正式进入学校，所采用的教材是《中华新武术》系列教材。该教材突破了武术教育封闭传承的缺陷，通过以令带操的形式提高了武术的教学效率。然而，工业化大生产意向下的"新武术"存在口令操式单调乏味的缺陷。是以，从精武体育会到"新武术"，虽力求促进武术的普及，但在中西交融的武术发展命题上并未有所突破。

武术教育的历史转折点是1928年中央国术馆的成立。在国民政府部分高级官员的支持下，武术上升到"国术"高度，武术文化自信空前高涨。同时，中央国术馆通过一系列中西交融的举措，较为系统地开展了武术教育实践活动。如"术德并重、文武兼修"教育思想的确立、班级授课制式的教学组织形式优化、与现代体育接轨的课程设置、多元并重的教学评价尝试、打练结合教学模式的开创等都是民国时期武术教育理论和实践的新高度。中央国术馆一度成为当时全国武术教育的典范，一时间上行下效，各省市县国术馆相继成立，不仅促进了全社会习练武术的积极性，同时也对武术教育新模式进行了探索。因此，从民国武术教育整体来看，中央国术馆的武术教育是民国时期武术教育的典范。它不仅是本土文化自觉与自信的表现，同时也是汲取西方文明理性因素的体现。此外，中央国术馆武术教育呈现出一种显著的泛政治化特征，这对武术教育政令问题的纾解亦具有强烈的以史为鉴的意义。

综上所述，中央国术馆武术教育所呈现出的中西交融的特征以及政治扶持的发展路线，使其成为民国时期武术教育的典范。研究中央国术馆武术教育对当前武术专业教育和普及教育具有以史为鉴的典型意义。与此同时，尽管我国武术教育面临诸多困境，但是从国家的顶层设计到职能部门的谋划都表明了武术教育研究及其历史研究具有重要意义。

2 研究意义

2.1 理论意义：本土经验实证探究是武术教育研究的重要理路

近代以来，史学方法论取得了长足发展，诞生了新的方法论和研究范型，但是，在体育史学史和史学理论尚未成熟之时，颇为经典的实证主义方法论无疑更适合研究武术历史。这是因为：首先，相比于政治史、经济史、教育史等，在还原历史真实上，体育史仍有许多工作未做。其次，实证主义方法论以第一手资料为依据，经过科学的史料批判，再客观地解释史料中所记录的可靠的历史事件之间的因果关系，这是任何一派历史学家都具备的基本功。而恰是这种基本功，被体育学界所忽视，武术教育研究中开展本土经验研究较为不足。武术的域外经验研究固然必不可少，但是中国武术源自中国传统文化，追本溯源、探究本土经验理应成为研究的重要部分。

开展经验研究是推进武术科学理论建设的重要手段。探索武术教育本土经验，寻绎隶属事后解释中央国术馆武术教育经验，进而关照当代武术教育发展，这是在教育比较中促进当代武术教育发展的史鉴路径。武术教育史研究的理论意义已越来越凸显出来：指导武术教育教学改革实践；丰富并发展武术教育科学理论；判别武术教育是非，解决教育现实问题；预知未来武术教育发展趋势，少走或不走弯路。从当代民国武术教育研究的总体来看，目前的研究存在史实介绍粗线条和无基点现实启示等不足，需要结合历史学和教育学作进一步的专题研究。中央国术馆的研究中虽有关于武术教育的内容，但都比较零散，例如师资研究关注在薪俸上，教学内容研究集中在摔跤上，教学评价集中在国术国考上。因此，当前的中央国术馆武术教育研究缺乏系统性，其理论研究水平亟待进一步提高。

本书立足于中央国术馆武术教育实践的综合考察，追寻中央国术馆武术教育开展史实，把握当前武术教育发展新趋势下的核心问题。中央国术馆的创办标志着武术教育在 20 世纪上半叶得到了一定程度的发展，对其进行研究具有管窥民国武术教育的学术价值和启示今日的反思意义。基于此，研究在历史实证的基础上，通过对比分析中央国术馆武术教育和当前武术教育发展的利弊，诊断当前武术教育开展的"短板"，通过全景展示中央国术馆武术教育，以期为我国武术教育中西交融的进一步发展提供有效经验借鉴与现实启发。

2.2 现实意义：中央国术馆武术教育研究具有启示今日的重要意义

从古代师徒间的言传身教，到近代以降班级授课制的集体化教学；从古代武举制教育体系，到当代学院制教育制度：教育让武术文化传承至今。教育是文化传承的重要途径，武术教育担负着传承与发展民族优秀文化的历史使命和责任。中华武术所承载的民族精神和智慧只有通过有效的教育普及，才能获得人们的认知、认同和践行，成为活着的基因、不断的文脉，并得以传承。除了传承武术文化，武术教育还肩负着发展武术文化的任务，特别是武术研究者要负更多的责任。武术研究者可以通过科学研究，提出新的教育理论，探索新的教学技术，提高全社会的武术科学技术水平。武术教育可以整理、发扬本土优秀文化遗产；可以吸收域外先进经验，提出新观点、新材料；可以批判中华武术文化中错误的东西，由此推动武术文化的发展。武术教育以传播、继承和发展武术文化为己任，武术文化通过武术教育得以世代相传，不断得到继承、革新和发展。从这点来看，武术教育是武术传承与发展的着力点，也是研究武术的基点。

学校武术教育领域自进入新世纪以来进行了多次教改尝试。从 2004 年邱丕相、蔡仲林提出的"淡化套路，突出方法，强调应用"，到 2006 年武冬提出的"突出拳种，优化套路，强调应用，弘扬文化"，再到 2013 年上海体育学院作为全国学校体育联盟（中华武术）（又称"全国学校武术联盟"）主席单位提出的"一校一拳，打练并进，术道融合，德艺兼修"的教改思想，可以看出，如何优化武术教育从而实现武术教育的现代化转型成为当前学界讨论的重要议题。目前不同教改理念虽然提法不同，但有相似之处，即中国武术教育面对当前发展"不尽如人意"的事实，迫切需要变革。丰富武术教学内容、注重攻防和强调武术的文化性已成为共识。而这种共识和中央国术馆武术教育理念颇为相似。民国时期的武术教育，在中国武术教育发展历程中占据着承前启后的重要地位。1918 年 10 月教育部召开全国中学校长会议通过决议"全国中学校一律添习武术",武术得以进入学校。1928年3月中央国术馆成立,确立了"知行合一、术德并重、文武兼修"的教育思想,优化了武术教学组织形式,设置了博采众长的武术课程,进行了多元并重的教学评价,实践了"打练结合"的教学模式,培养了一批20世纪下半叶活跃在海峡两岸和海外的武术人才。然而,过度依赖行政权力、学制过短过急,以及未能统筹发展武术专业与普及教育等不足之处亦值得反思。这些无疑有着启示今日的重要意义。

综上所述,武术教育是武术研究的重点着手之处,当前的武术教育研究需要追本溯源。探究本土经验是武术教育研究的史学路径,而在民国时期中央国术馆将中国近代武术教育推向高潮,因此研究中央国术馆武术教育无疑更具历史研究的典型意义。

第2节 研究对象的说明

1 "国术"的界定

民国时期,国民党统治者为鼓吹反动的"民族主义"和"国家至上"的观念,在民国十六年(1927)之后,把武术改为国术,并设立"中央国术馆"。从此,国术概念开始出现。关于"国术"的概念,官方表述初见于1932年颁布的《国民体育实施方案》:"国术(即武术)原我国民族固有之身体活动方法,一方面可以供给自卫技能,另一方面可作锻炼体格之工具。"1943年《中央国术馆成立十五周年纪念宣言》中则表述为:"国术者,即我国固有之武术也,源远流长,体用兼备,不独在运动上具有相当之价值,且对于自卫上显著之功效。"[1]1948年中央国术馆成立二十周年纪念大会上进一步表述为:"国术为我国固有武术,民族体育,具有强身强种、自卫御辱之功效。"[2]当前,我国的台湾省还普遍使用"国术"概念代替"武术"概念,在国际上也存在类似的称谓,如"中华国术国际联盟""国际国术联盟总会"等国际武术组织。从对"国术"的概念表述可知,国术属于体育范畴,具有健身、技法等价值,与"武术"概念十分近似。

---

[1] 周伟良.中国武术史[M].北京:高等教育出版社,2003:1.
[2] 中央国术馆二十周年纪念筹备会.关于定期举行中央国术馆二十周年纪念筹备会成立纪念日请南京市政府教育局派员指导的函:1948[A].南京:南京市档案馆(全宗号:1003,案卷号:10030071190(00)0039).

笔者认为把武术改为国术是不合理的。早在1954年，中央体委民族形式体育研究会在《新体育》第44期刊发的《为什么不能把武术改为国术》一文就提出："中国的武术动作，绝大部分包括攻击和自卫的技巧，无论太极、形意……所谓十八般武器的练法，一招一式，一进一退，都和擒拿对打分不开。在火器发明以前这些动作成为战场上角斗的主要技巧，在那些时代来说，武术就是战斗技术，当然属于武事，所以古代人民把它叫作武术或武艺，这是适当的。'国术'一词，概念模糊，如果武术可以称'国术'的话，那么，我国固有的艺术和技术，如雕塑、绘画、音乐、刺绣、针灸等等，都可以称'国术'，只笼统地把武术称为'国术'，显然不够确切。"笔者认为用"国术"概念来代替"武术"概念，除上述的内容和形式不明确外，还具有鲜明的历史痕迹，把武术只局限于本国、分不清哪国等诸多弊端[①]。国术只能是民国时期对武术的特称，意在突出武术在中国传统技艺中的地位，以强调武术的重要价值。

2　本书的研究对象

中央国术馆及其体育专科学校的武术教育皆为本书的研究对象。中央国术馆是存在于公元1928—1948年间的中国近代官方最高武术管理机构，武术教育是其基本职能之一。由于国民政府和当时社会在一定程度上认可了"国术"一词，中央国术馆事实上就是中央武术馆。本书为了尊重历史，沿用"中央国术馆"这一称谓。其英文翻译旧为"Central Martial Arts Academy"，现通常为"Central Guoshu Institute"。中央国术馆由两大组织组成，即1928年成立的中央国术馆，以及1933年成立的中央国术馆体育专科学校，二者皆由张之江主导发起，并分别担任馆长和校长。在中央国术馆体育专科学校的校史中，编者指出："张校长于五年前鉴国难日亟，人种日衰，非恢复固有国术，提倡各种体育，并使国术军事化、军事体育化、体育国术化，三者合而为一，加以科学整理、融会贯通不可。遂向国府林（森）主席建议创设一种特殊教学机关，造就国术、体育及军事三者兼备人才，以备国家推行国术，普及体育及实施军训之用。"[②] 此外，中央国术馆体育专科学校的国术教师，全由中央国术馆调任[③]。郝凤岭口述佐证："中央国术馆与体育专科学校是'一套班子、两块牌子'。"是以，体育专科学校的成立有力地

---

① 高亮，朱瑞琪. 武术及其相关概念梳理[J]. 体育文化导刊，2007（2）：48-51.
② 阚冠五. 校史[J]. 中央国体专校季刊，1935，1（2）：13.
③ 中央国术馆史编辑委员会. 中央国术馆史[M]. 合肥：黄山书社，1996：53.

配合了中央国术馆武术教育的开展。

中央国术馆1942年文书记载:"中央国术馆为我国提倡国术之唯一学术团体,并根据行政院448次会议议决该馆受教育部监督,该馆为教育团体之一毫无疑义。溯自该馆成立以来迄今已十余年,其工作以培养师资、编订教材、训练民众等项年来策划进行不遗余力,按三者中尤以培养师资为最重要最根本。"[①] 可见,在中央国术馆的发展历程中,武术教育是其重要职能。相较于中央国术馆武术教育以武术为核心,其体育专科学校的教育是体育、武术、军事并重,更注重人才培养的全面性。中央国术馆文书对此进行了说明:"中央国术馆系造就国术基本干部人才以应社会普遍之需要,中央国术馆体育专科学校则系为沟通中西学术、培植学理与实际并重之专门人才。两者立场既各有不同,则仍由中央国术馆负责办理。"[②] 虽然中央国术馆体育专科学校在1942年后更名为"国立国术体育专科学校",但是该校的武术教育自始至终都占据重要位置。如万乐刚口述:"中央国术馆是一个弘扬武术的场所。我的外祖父是一个很有情怀和思想的人,他觉得不但要弘扬武术,还要为中国的体育事业做出贡献,所以成立了中央国术馆体育专科学校,二者侧重点不同,但是也有一定的沟通,因为它们的领导人都是张之江。比如说国体学生成绩比较好的会送到中央国术馆学武术,国术馆比较优秀的学生也会送到国体进修体育。他要培养复合型人才,不能光懂武术不懂体育,或者光懂体育不懂武术。"因此,二者的相同点在于人事互通且由中央国术馆冠名统筹管理。二者的不同点在于,武术是中央国术馆教育的核心内容,而体育专科学校的武术则是与体育、军事并重的教育内容之一。

全面抗战时期,中央国术馆及其体育专科学校风雨同舟,最终落脚至重庆,二者的武术教育活动并未间断。尤其是抗战胜利后,张之江着手复原二者,并未舍弃其中任何一个。中央国术馆及其体育专科学校荣辱与共,实为一体。万乐刚口述佐证:"抗战胜利后,尽管中央国术馆没有办起来,但其一直在体育专科学校内筹办复原。"基于此,本书的研究对象除却中央国术馆外,亦包括其附属体育专科学校的武术教育历史。为了名称上的简便,本书中合称中央国术馆与中央国术馆体育专科学校(国立国术体育专科学校)时多以"一馆一校"之称代替。

---

① 中央国术馆. 关于恢复中央国术馆组织章程内之设置国术师资训练班条文的提案:1942[A]. 重庆:重庆市档案馆(全宗号:0127,案卷号:01270001000040000054000).
② 中央国术馆. 关于恢复中央国术馆组织章程内之设置国术师资训练班条文的提案:1942[A]. 重庆:重庆市档案馆(全宗号:0127,案卷号:01270001000040000054000).

3　武术教育的内涵与外延

关于武术的定义,"武术"教科书中已给予权威界定,本书不再发明新的定义,而是参考教科书给的定义:"武术是以技击动作为主要内容,以功法套路和搏斗为运动形式,注重内外兼修的中国传统体育项目。"[①]由于本书的研究重点是中央国术馆及其武术教育,因此,对于武术教育相关概念需要做出说明以进一步明晰本书的研究对象。武术教育,狭义上是指专门组织的学校武术教育,广义上是指影响人的身心发展的武术实践活动。当前关于武术教育的研究,学者们从不同角度对武术教育的内涵与外延进行了探讨。李龙将"武术教育"释义为:"武术教育者按照一定的目的要求,对受教育者进行武术技术与武术理论的传授或熏陶,从而达到对武术受教育者施以影响的一种有计划、有目的的活动过程。"[②]李龙的解释明晰了武术教育的两个基本要素,即教育者和受教育者。康戈武认为:"武术教育包括专门化教育领域、综合性教育领域和民间师传教育领域。"[③]康戈武的分类明晰了武术教育外延的三个组成部分,即专业教育、普及教育和社会教育。关博等认为:"武术教育的本身就是文化的传递与延承,武术教育是一种文化精神与价值的传承过程,武术的文化价值体现为仁爱、礼义、信勇、和谐四个方面。"[④]关博等指出"文化性"是武术教育的重要内涵。邱丕相等认为:"武术教育不仅仅指武术教学,它的研究范围更广,是指通过武术教学过程,使受教育者从身体上、技能上、品行上、人格上得到教育塑造。"[⑤]邱丕相等指出了武术教育的功能重在育人。因此,从学界代表性的观点来看,武术教育的内涵和外延基本明晰(如图1-1所示)。

首先,中国武术的上位概念是体育,武术教育是达到中国武术传承与发展目的的基本路径。其次,武术教育由学校专业武术教育、学校普及武术教育和社会武术教育三部分构成,是教育者对受教育者通过武术教学施以影响,获得受教育者反馈的一种中华优秀传统文化精神与价值的传承过程。最后,通过武术教育使受教育者从身体上、技能上、品行上、人格上得到教育塑造,完成育人目的。

---

① 蔡仲林,周之华.武术[M].北京:高等教育出版社,2005:1.
② 李龙.历史学视野下的中国武术教育[D].上海:上海体育学院,2008:29.
③ 康戈武.从全球化视角探讨武术教育的生存与发展[J].体育文化导刊,2006(10):13-19.
④ 关博,杨兆山.武术教育的文化性探析[J].体育与科学,2014,35(3):83-87.
⑤ 邱丕相,王国志.当代武术教育改革的几点思考[J].体育学刊,2006,13(2):76-78.

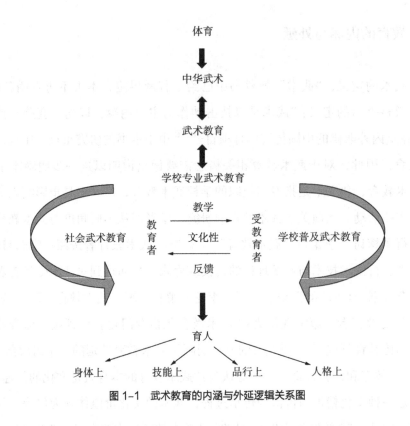

图 1-1 武术教育的内涵与外延逻辑关系图

第 3 节 相关研究的学术史梳理与述评

研究现状述评能够在前人研究的基础上找到本书研究的切入点。为了从"源—流—点"上弄清当代中央国术馆和武术教育做了哪些研究，取得了什么成就，又有哪些不足，本书在文献选取范围上力求广泛、全面，从而为进一步的研究奠定基础。在研究的问题上，力图翔实、充分，从前人的研究中发现不足和问题，以找出本书研究的切入点。基于此，研究团队首先以武术教育为主题和关键词进行了文献检索，同时再以中央国术馆为主题在中国知网及其他各类数据库中进行文献检索，并尽可能全景式地对文献进行分析和收集。本部分将从"中央国术馆与民国武术教育研究述评""我国当代武术教育研究述评""国外武技教育研究述评"三个方面展开，力图找出本书研究的基础和突破点。

1 中央国术馆与民国武术教育研究述评

1.1 中央国术馆研究成果丰富但缺少研究主线

民国武术教育是我国现代武术教育的起点。从 1918 年武术正式进入现代学校后开始"中华新武术"的普及教育,到 1928 年中央国术馆撤门户设教务的专业教育,再到 1933 年中央国术馆体育专科学校中西并举的武术教育,民国时期的武术教育在当代已得到越来越多学者的关注。近年来随着中央国术馆史料的不断挖整,不同视角的研究成果也见诸学界。

在我国大陆,当代中央国术馆研究稍早于民国武术教育研究。1992 年周庆[1]在《体育文史》上发表了题为《国术周刊》的论文,对中央国术馆创办的代表性刊物《国术周刊》进行了专题研究。周庆对该刊的办刊历史和内容设置进行了回顾和介绍,为学界的中央国术馆研究拉开了序幕。然而,该文只是介绍了中央国术馆的馆办期刊,并没有对中央国术馆本身进行研究。易剑东[2]于 1995 年发表的《精武体育会和中央国术馆的比较研究——民国武术的组织社会学探索》虽然开启了中央国术馆研究的先河,但相关专题研究却是始于虞学群和吴仲德[3]。1996 年,两位学者联名发表了《原南京中央国术馆的历史变迁》,对中央国术馆的创办经过、国体专校的建立、武术教育、抗战期间的艰难办学以及解放后在国体专校原址上成立的南京体育学院进行了历史变迁研究。相似的史实陈述研究还有昌沧[4]的《南京中央国术馆始末》。与虞学群等人的研究相比,该文史料更为丰富。文章着重对张之江创办中央国术馆的初衷、组织结构、国术国考、海外推广、战后复校进行了考证,最后对中央国术馆的历史贡献以及张之江进行了评价。该文由于是对中央国术馆的首次系统研究,因此在学界成为该专题研究的重要文献。与此同时,庞玉森等人[5]编著的《中央国术馆史》将中央国术馆研究推向了新的高度。由于庞玉森本人原为中央国术馆总务处处长,因此该书的出版无疑更具权威和指导意义,进而奠定了新世纪中央国术馆研究的基础。

进入新世纪,中央国术馆研究得到了更多学者的关注,研究内容和对象开始呈现

---

[1] 周庆. 国术周刊 [J]. 体育文史,1992(2):73-74.
[2] 易剑东. 精武体育会和中央国术馆的比较研究:民国武术的组织社会学探索 [J]. 体育文史,1995(6):19-22.
[3] 虞学群,吴仲德. 原南京中央国术馆的历史变迁 [J]. 南京体育学院学报,1996,10(1):61-63.
[4] 昌沧. 南京中央国术馆始末 [J]. 体育文史,1997(5):42-44.
[5] 庞玉森,等. 中央国术馆史 [M]. 合肥:黄山书社,1996.

多元化趋势。2005年郭玉成等人[①]对中央国术馆的武术传播进行了研究。他们认为：中央国术馆明确的办馆宗旨使得武术工作方向明确；争取到了政府的支持，从而借助政府的理论传播武术；以"国术"命名"武术"，提升了武术的社会地位；传播方式多元，扩大了传播的范围；通过国术国考，选拔了优秀武术人才，带动了社会习武风气。相似的研究还有王思源等人[②]的《中央国术馆对民国时期武术文化传播的贡献》。罗仙柱[③]对中央国术馆的师资状况进行了研究。他经过史料考证后认为：中央国术馆教员来源途径广泛，从而促进了师资整体素质的提高；建立了较为成熟的师资管理制度；对近代中国武术的发展做出了重要贡献。陈刚等人[④]也对中央国术馆的教师群体进行了研究。他们指出中央国术馆师资主要来源于河南和山东，受到新思想、新文化的冲击，武术教师群体自觉进行了变革，门户之见出现了弱化，彼此间的交流也愈加密切，从而促进了武术科学化、组织化的发展。冷传奇等人[⑤]对抗战前中央国术馆的主要人事进行了考证。他们在大量文献考证的基础上对中央国术馆的馆长、副馆长，少林门长、武当门长、刀剑科长、枪棍科长、摔跤科长，总务处处长、副处长，教务处处长、副处长，编审处处长、副处长等依次进行了考证。此外，冷传奇等人[⑥]还对抗战前中央国术馆教授薪俸状况进行了研究，并在史料考证后进行了定性：中央国术馆的等级薪俸制度有利于激励人才，使国术馆对教师的要求和管理进一步得到了规范；相比较而言，中央国术馆教师薪俸总体水平处于当时社会的中等至中等偏上水平。在中央国术馆组织性质的研究中，李文鸿等人[⑦]提出了新的观点。他们在史料考证的基础上得出结论：中央国术馆属于"民办公助"的民间社团，武术组织的成败与是否获得官方身份不必然相关，而是需要多元归因；张之江及中央国术馆的历史功绩值得肯定。在国术国考研究中，李臣等人[⑧]对第一届国术国考进行了考证。文章指出第一届国考以"尚武救国"和"强国保种"为目的，借鉴现代体育赛事管理，在组织宣传、机构设置、经费、安保、食宿、医疗和法律咨询方面进行了周密的部署，从而推动了武术的复兴和现代化发展。徐诚

---

① 郭玉成，许杰. 精武体育会与中央国术馆的武术传播研究 [J]. 体育文化导刊，2005（2）：76-79.
② 王思源，史国生. 中央国术馆对民国时期武术文化传播的贡献 [J]. 体育研究与教育，2018，33（2）：57-60.
③ 罗仙柱. 中央国术馆师资状况研究 [D]. 苏州：苏州大学，2011：55-60.
④ 陈刚，於鹏. 中央国术馆武艺教官群体像：兼谈民国初期武术的发展 [J]. 体育文化导刊，2014（1）：172-175.
⑤ 冷传奇，史国生，孙永武. 抗战前中央国术馆主要人事任职情况考辨及补遗 [J]. 南京体育学院学报（社会科学版），2017，31（2）：14-19.
⑥ 冷传奇，赵琦，徐诚堂. 抗战前中央国术馆教师薪俸状况研究 [J]. 体育文化导刊，2017（6）：167-171.
⑦ 李文鸿，陶传平，吕思泓. 中央国术馆组织性质新考 [J]. 体育学刊，2016，23（3）：33-38.
⑧ 李臣，郑勤. 南京国民政府时期第一次国术国考及其影响 [J]. 甘肃社会科学，2016（3）：123-127.

堂①对第二届国术国考进行了考证。研究指出：第二届国术国考受到了国民政府的高度重视，也因此成为国民党进行党化教育的意识形态宣传工具；该届国术国考虽然存在诸多问题和争议，但客观上促进了武术在当时的传播与发展。吉灿忠等人②对中央国术馆创办的《中央国术馆汇刊》《中央国术旬刊》《国术周刊》三种刊物进行了研究。他们对这三种刊物的流变、栏目及作者群进行了考证，并对这三种馆刊所倡导的"国术救国"、宣扬的"国术精神"、推介的"国术知识"、介绍的"馆务工作"等四种社会功能进行了归纳和论述。在中央国术馆武术教学内容研究中，王晓东等人③对摔跤活动进行了研究。他们对中央国术馆系列摔跤活动的开展进行了考证，认为中央国术馆让摔跤的国术地位得到了确立，传播范围更广，竞技体系逐步完善，理论研究不断深化，并培养了大量摔跤人才。郭会坡④对中央国术馆教材《梅花刀》进行了研究。他对《梅花刀》中的源流、刀法分析、教法、理论进行了分析，进而对中央国术馆的教学理念进行了探究，认为从实战出发、快速普及和尚武精神是其编写教材的主要理念。值得一提的是，2013年刘靖⑤的博士论文《中央国术馆研究——组织社会学的视角》是当前中央国术馆研究中较为系统的。刘靖不仅查证了大量史料，同时也赴我国台湾地区对中央国术馆健在之学员进行了专访。该文从中央国术馆的成立背景出发，对其组织目标体系、组织认同、组织架构、组织实际操作、组织环境适应进行了论证，并对中央国术馆的实践活动进行了考证。该文从组织学视角对中央国术馆进行了全面的研究，得出了正确的结论。然而诚如刘靖所言，关于国术班开设的具体情况还有待继续研究，这其实也是作者对中央国术馆武术教育研究的一种期待。此外，还有对馆长张之江的研究、对中央国术馆历史贡献和意义的研究、对史迹补遗的研究、对历史价值和当代启示的研究，等等。

我国台湾地区学者差不多同时也展开了中央国术馆研究。徐元民等人⑥对中央国术馆的历史经验进行了研究。研究认为：中央国术馆开启了国人对国术运动的重视，纠正了体育只有西洋才有的错误印象；创建的国术国考制度和国体专校所造就的专业人才有着一定的历史贡献；国术国考中的"对试"以及该馆采用的新式教育体制是值得

---

① 徐诚堂. 第二届国术国考研究 [J]. 体育文化导刊，2016（11）：180-183.
② 吉灿忠，纪铭霞，郭强. 中央国术馆馆刊及其社会功能 [J]. 上海体育学院学报，2019，43（2）：115-121.
③ 王晓东，郭春阳. 中央国术馆摔跤活动历史考察与当代启示 [J]. 山东体育学院学报，2017，33（4）：43-47.
④ 郭会坡. 中央国术馆教材研究：以《梅花刀》为例 [J]. 中华武术（研究），2018，7（11）：32-36.
⑤ 刘靖. 中央国术馆研究：组织社会学的视角 [D]. 上海：上海体育学院，2013.
⑥ 徐元民，庄嘉仁，卓旻怡. 中央国术馆发扬本土体育的历史经验 [J]. 体育学报，2003（34）：211-221.

当今借鉴的；然而，由于中央国术馆的官民属性与定位不明，导致在事业推动上有诸多束缚，"国术"与"国防"之间混淆，以及国术现代化尝试未有明显成效，这些均为其局限之处。该研究属于概括式研究，其对中央国术馆的经验分析有一定的合理之处，但是未能进一步细化，所得出的经验只是强调了中央国术馆的历史意义。郭宪伟[①]对全面抗战爆发前10年的中国武术教育政策进行了研究。研究指出：此时期学校体育在国术教育的推行下，朝向一个明确的制度与法则，是符合科学原则的一种运动模式；也因为主政者的政策颁布施行，国术教育在学校体育教育中逐渐普及，不过各省市成效不一；值得肯定的是，国术相关课程成为学校教育的内容之一，并开始有明确的国术教材与教授的课程。苏士博[②]对中国台湾地区国术馆现状进行了分析。研究指出：当前中国台湾地区绝大多数国术馆以治疗跌打损伤、售卖膏药为业，以替病人推拿、正骨为主；国术馆习武过程中，保留了传统拜师、练习方法和练习内容等；开业的国术馆中，以教授拳艺为业者并不多见，因此许多拳种、器械或民间武阵等技艺濒临失传。苏士博的研究让我们知道相对于中国大陆地区，中国台湾地区仍有国术馆的存在，但是其功能已完全和民国时期的国术馆不同。此外，该研究并未对国术馆的未来发展做出进一步论述。

从上述中央国术馆的研究中可以看出，当前的研究主要集中在考证和评述上，具体表现在中央国术馆的历史发展、武术传播、组织性质、馆刊研究、人事考证、国术国考、师资构成、教学内容、武术教育、历史评价十个方面。这些研究基本上为我们勾勒了一幅中央国术馆的图景。令人欣喜的是，这些研究大多基于原始史料的发掘和整理，甚至有中央国术馆健在学员的口述史料，从而进一步提高了中央国术馆研究的可信度。然而从著作质量来看，中央国术馆研究呈现出明显的两极分化趋势，即学术水平较高的在史料整理、运用和论述上具有很强逻辑性，而学术水平一般的则大多只考不述，不免有文献堆砌之嫌。此外，中央国术馆的研究中虽有关于武术教育的内容，但大多处在零散状态，例如：师资研究关注在薪俸上，教学内容研究集中在摔跤上，教学评价集中在国术国考上。因此，当前的中央国术馆武术教育研究缺乏主线，其学术研究亟待进一步深入。

---

① 郭宪伟. 近代中国国术的教育政策推行与意义（1928-1937）[J]. 中华体育季刊，2019，33（1）：41-51.
② 苏士博. 台湾地区国术馆现况分析[J]. 体育学报，1993（16）：165-182.

1.2 民国武术教育研究视角宽阔但深度有待提高

在我国大陆,当代民国武术教育研究始自20世纪90年代初。1994年,林伯原[①②]在《体育文史》上发表了《民国时期民间武术组织的建立与发展》和《民国初期学校武术课程的设置状况》两篇文章。其中《民国初期学校武术课程的设置状况》一文开创了当代民国武术教育研究的先河。林伯原在文章中认为,武术在各个项目中有师资易得、师生熟悉、无需特有场地器材的特点,因此就成了民国初年学校师生所欢迎的体育项目。他对民国初年全国各地各级学校武术课的开设进行了宏观论述,并从政治、体育、国民性三个角度分析了民国初年武术进学校的原因,以及精英阶层、民间体育团体、教育界人士对武术进学校的推动。林伯原以民国一手文献为基础的研究对当代民国武术教育研究具有重要的开拓意义。随后易剑东[③]进一步深入民国武术教育研究,代表作是他于1995年发表的《精武体育会和中央国术馆的比较研究——民国武术的组织社会学探索》一文。易剑东对民国时期精武体育会和中央国术馆这两大武术组织进行了比较研究,并将精武体育会定性为一个民间学术社团,而中央国术馆则是政府教育机构。他认为精武体育会对促进民众综合素质意义较大,而中央国术馆则对学校武术的大力推广起到重要作用,二者相辅相成,对民国社会武术的发展和武术教育的进步产生了积极的历史影响。易剑东的研究虽未对民国武术进行专题研究,但却以点到面地对民国武术教育进行了初步定性,尤其是他对民国武术史料的提炼,给后来学者的进一步研究奠定了基础。

进入新世纪,民国武术教育研究迎来了新的一页,民国学校武术和课程研究得到了学者们的重点关注,尤其前者成为当前的研究热点。肖红伟[④]的学位论文对北洋政府时期和国民政府时期的北京中小学武术开展情况分别进行了论述,得出了全面抗战爆发前的10年(1927—1936年)是北京中小学武术开展较好的时期的结论。北洋政府时期北京市中小学体育课程中虽加入了"新武术",但由于师资匮乏,武术未能在中小学普遍开设;国民政府时期北京市私立中小学武术开展较好,但在球类项目兴起后武术逐渐衰落。肖红伟的研究对我们了解民国时期北京中小学武术的开展有着积极意义,但其以二手史料为主的文献考证难免有实证上的不足。杨运涛、林

---

① 林伯原.民国时期民间武术组织的建立与发展[J].体育文史,1994(3):14-15.
② 林伯原.民国初期学校武术课程的设置状况[J].体育文史,1994(4):27-28.
③ 易剑东.精武体育会和中央国术馆的比较研究:民国武术的组织社会学探索[J].体育文史,1995(6):19-22.
④ 肖红伟.民国时期北京市中小学学校武术的历史研究[D].北京:北京体育大学,2012:18-22.

小美[①]对民国时期南京地区的武术教育进行了研究。杨运涛等人从武术教育理念、教育内容、教育组织形式、教学方法四个方面对南京地区的武术教育进行了研究和评价。这一研究虽以教育学理论为基础，但并没有概括出南京地区的武术教育特征，更多的是对民国时期武术教育的宏观论述。吕思泓[②]的《民国时期学校武术考论》在文献梳理的基础上对民国学校武术教育进行了宏观论述。她认为：民国学校武术教育在多方面的推动下基本实现了在学校课程中的主流化，但存在师资培养堪忧、学校武术课时有限、教材编制标准不一的弊端；民国学校武术教育不尽如人意，表现在学生个人兴趣被民族观念和对抗西方体育的意志所宰制，武术竞技化努力亦成效不彰。吕思泓的研究很好地做到了史论结合，是当前民国武术教育研究的典范，然而她的研究未能充分结合民国时期的社会和政治背景以及武术教育的发展规律，亦未能进一步论述民国学校武术经验对当前有何启示。王晓晨等人[③]的研究则对民国学校武术教育的经验进行了提炼。他们指出：当代学校武术教育与民国学校武术教育在价值逻辑上一脉相承；当代学校武术教育在师资建设、课程设置、教学方法的改革发展取向上有对民国经验的回归与模仿；相对于当前，民国经验更多地在于对传统的继承。经验研究是教育科学的重要内容，王晓晨等人贯穿民国与当代的武术教育研究有着很强的立体感，但在经验启示上仍停留在历史遗产的总结上而未能升华。

在课程设置研究中，韩冰、路彩红[④]对民国时期学校武术课程内容进行了史料发掘，指出民国学校武术课程内容主要分为徒手和器械两类。徒手包括太极拳、八卦掌、形意拳、少林拳、潭腿、岳式拳术、长拳、短打、擒拿、拳术对手和新武术；器械包括刀术、枪术、棍术、戟术、剑术、钩术、铜术、器械对手、新武术。该研究虽然对民国学校武术课程内容进行了整理，然而仅停留在史料堆砌上，未能对课程内容的历史意义进行论述；此外，这些课程内容是否完善还有待进一步考证。吉灿忠，孙庆祝[⑤]对民国《大中小学国术课程标准》进行了较为细致的研究。他们对《大中小学国术课程标准》的制定背景、课程目标、课程内容、课程分配、课程指导方式、课程要点的教授进行了考证，进而提出了启示当代的6点建议。尽管他们对《大中小学国术课程标准》

---

① 杨运涛，林小美.民国时期南京地区武术教育发展研究[J].吉林体育学院学报，2015，31（6）：86-90.
② 吕思泓.民国时期学校武术考论[J].中国体育科技，2016，52（1）：16-23.
③ 王晓晨，赵光圣，李洋.民国经验：当代学校武术教育发展借鉴的历史遗产[J].西安体育学院学报，2017，34（4）：468-475.
④ 韩冰，路彩红.民国时期学校武术课程发展研究[J].北方文学（下半月），2011（10）：177-178.
⑤ 吉灿忠，孙庆祝.民国《大中小学国术课程标准》及其当代启示[J].上海体育学院学报，2016，40（2）：46-50.

的考证明晰了基本史实，但在启示中并未对当前的课程标准提出建设性意见，从以史为鉴的角度来看不免有些遗憾。

此外，在一些综合研究中也有关于民国武术教育研究的内容，虽然这些研究不是专题研究，却也对史料发掘和评述做出了积极贡献。王晓晨[①]在其博士论文《学校武术教育百年变迁研究（1915—2015）》中对民国时期的学校武术教育进行了研究，将这一时期学校武术教育的特征概括为"自尊与抵触"，而学校武术教育思想则为注重培养尚武精神的军国民教育思想，并对民国学校武术教学内容、教学方法、师资构成进行了史料整理。李龙[②]的博士论文《历史学视野下的中国武术教育》对民国时期的武术教育进行宏观了论述，认为民国学校、武术馆和武术会的武术教育改变了中国武术教育的传承方式，突破了地缘和业缘的界限，推动了武术教育的发展。

在我国台湾地区，学者们也进行了民国武术教育研究。许光麃[③]在史料及文献搜集、阅读、分析及整理的基础上，认为：武术源于民族自尊的驱使，被有些政治人物宣导为尚武强国的工具。在众多有识之士和民间团体锲而不舍的宣导之下，武术在各种教育会议及体育会议中被提议列为体育必修科目，这促使学校武术教学步入轨道。武术进入学校后，改变了民间武术传习方法，促进武术教材及理论的研究，更在课外活动及运动会上得到推展；各级学校由于武术师资匮乏而向民间聘任武术名家任教，为武术奠下良好基础。李保建[④]对民国初期中国武术改良运动进行了研究。他认为：晚清时期在西方兵器训练的影响下，中国武术的价值一度被贬低，但在民国初年却进行了改良运动，武术融入了军队的教育训练。而在各级学校教育中，由于当时政治条件的允许和一些教育家的支持，各级学校不仅开始重视学校体育，更将武术融入体育训练中，这进一步刺激了中国武术运动的改良。在另一篇研究中，李保建[⑤]对北洋政府时期传统武术在军队与学校的发展状况进行了研究。他认为：北洋政府时期中国传统武术推展运动是以军事武术作为根本，中国武术在军队中的发展带有军事化与竞技化的色彩。在学校教育中，中国武术开始进入学校，尽管援引了西方体操概念，却在实际推展的内容上以格斗武术为主。这样的状况与当时的军队武术教学一致，说明了当时是以技

---

① 王晓晨. 学校武术教育百年变迁研究（1915—2015）[D]. 上海：上海体育学院，2017：24-30.
② 李龙. 历史学视野下的中国武术教育[D]. 上海：上海体育学院，2008：29.
③ 许光麃. 近代中国武术在学校体育之发展（1911—1937）[J]. 台中教育大学体育系系刊，2006（1）：19-27.
④ 李保建. 民初时期中国武术改良初探[J]. 大专体育，2006，87（11）：71-76.
⑤ 李保建. 浅谈20世纪前期大陆传统武术在军队与学校的发展状况[J]. 大专体育，2007，88（2）：51-55.

击来观武术,而这窄化了中华武术。

综上所述,民国时期作为中国武术教育承上启下的重要阶段,其武术教育在当代的研究成果日趋增多,为学界进一步研究民国武术奠定了基础。学者们不辞辛劳的史料发掘整理及其相关论述拓宽了我国体育教育史研究的发展,其积极意义是毋庸置疑的。然而,相对于其他学科来说,民国武术教育研究仍在初级阶段,表现在文献、研究对象、研究内容及结论仍有一些不足。一是,当代民国武术教育研究在史料学上一手史料较少,二手史料较多,尤其是一些二手史料被学者们反复引用从而造成了一定的重复研究现象;在史料载体上以民国武术期刊为主,民国武术著作、档案、书信、报纸、口述史料引用较少。二是,民国武术教育研究对象以学校武术及其课程设置为主,而有关民国社会武术教育、武术教育思想、教学手段、教学方法、教学评价、招生制度,以及结合精武体育会、中央国术馆、南京高师、中国体操学校等具有武术教育代表意义的组织的专题和案例研究较少。三是,在研究结论上,呈现出文献罗列和主观臆断两种极端。由于武术学界史料学运用基础有待提高,仅有少数学者的研究成果做到了论从史出,产生了以史为鉴的学术价值;经验总结作为推进武术教育科学理论建设的重要手段需要提高。因此,从当代民国武术教育研究的总体来看,当前研究多数为粗线条的史实介绍和无基点的现实启示,需要结合历史学和教育学作进一步的专题研究。

2 我国当代武术教育研究述评

进入新世纪,武术教育改革的呼声越来越高,随着许多新的教育理念的引入,研究者们开始重新审视新时代下的武术教育中出现的问题及其未来发展:在宏观层面上,提出了很多有关武术教育研究的新问题;在中观层面上,针对学校武术教育的现状提出了许多发展对策;在微观层面上,对武术教学展开了新一轮的教学应用研究。

2.1 武术教育反思性研究观点深刻

进入新世纪以来,中国武术学界对新时期武术教育实践进行了全面反思。反思的目的,除了总结实践的成败外,重要的是明确当前的研究方向和路线。王岗、李世宏[1]在《学校武术教育发展的现状、问题与思考》一文中对当前我国大、中、小学武术教育的现状提出了犀利的观点——正处于"表面繁华"遮蔽中的"名存实亡"。而这种困

---

① 王岗,李世宏.学校武术教育发展的现状、问题与思考[J].成都体育学院学报,2011,37(5):84-87.

境的根源在作者看来在于我国学校武术发展是"寄生"在西方体育背景之下的,因此,需要以"文化自觉"和"文化自信"为基础才能复兴中国武术教育。同样是学校武术教育,刘文武等人[1]认为"学生喜欢武术,但不喜欢上武术课"的原因在于教学内容和学生的实际需求不一致,因此从教学内容和师资教育入手提出了"由操返拳"和改变武术师资技能结构的建设性意见。温搏[2]则对我国武术教育模式进行了反思。他认为我国当前武术教育四大途径——家庭武术、社会武术、馆校武术和普通学校武术教育——都存在不同程度的困境,并基于此,从宏观上提出了7点指导意见。康戈武[3]从全球化视角出发,探讨了近代以来全球化对中国武术教育的影响,认为全球化虽然促进了我国武术教育的新发展,但是也导致了武术教育个性的缺失。基于此,他指出武术教育需要突破百年来重视共性、忽视个性的习惯,应该确立"张扬个性"的核心发展理念,进而促进武术教育的发展。

从上述具有代表性的武术教育反思性研究来看,武术学界的共识在于当前武术教育未能走出一条中西交融的道路,因此存在诸多发展困境。学者们从宏观角度出发提出了自己的观点。应该看到这些观点非常深刻,对于当前武术教育实践有着积极的指导意义。遗憾的是,武术学界虽然注意到了时代与科学、哲学的变化,在努力汲取营养,但总体上未能实现武术教育学科的基础更新,反思的理论尚缺乏超前意识,深入探讨还不够。

2.2 武术教育改革研究逐渐凝聚共识

在武术教育反思性研究后,不少学者开始对问题的解决提出了宏观思路,而问题解决的角度大多集中在武术教育改革上。邱丕相、王国志[4]的《当代武术教育改革的几点思考》一文是其中的代表作。在文中邱丕相等人深刻论述了武术教育的意义,认为武术教育改革不仅是武术发展的需要,也是促进青少年传承传统文化、弘扬民族精神的重要内容。在邱丕相等人看来,当前学校武术"谁来教?教什么?怎么教?"的问题亟待改变,因此,他们提出了5点教改基本思路:淡化套路,突出方法,强调应用;权威性教材和地方性教材相结合;汲取传统武术的教学内容和方法;遵循"一看就喜

---

[1] 刘文武,杜杰,胡海旭.学校武术教育:定位、现状、对策[J].武汉体育学院学报,2015,49(9):64-68.
[2] 温搏.中国武术教育模式现状及其反思[J].北京体育大学学报,2011,34(9):24-26.
[3] 康戈武.从全球化视角探讨武术教育的生存与发展[J].体育文化导刊,2006(10):13-19.
[4] 邱丕相,王国志.当代武术教育改革的几点思考[J].体育学刊,2006,13(2):76-78.

欢，一学就上手"的原则，提高学生的学习兴趣；借鉴域外成功经验。邱丕相等人的武术教改探索具有很强的现实意义，直至今日仍有很大的指导意义。随后，蔡仲林等人①撰文将"淡化套路、突出方法、强调应用"上升到理论高度，成为当时的武术教改指导思想。在文中蔡仲林等人指出："淡化套路"即武术教学内容和形式的多花样，"突出方法"即突出武术练习与攻防的方法，"强调应用"即强调武术实际应用和培养学生的终身体育意识和综合素质。2010年，北京体育大学提出了"突出拳种、优化套路、强调应用、弘扬文化"的教改思想。2013年，上海体育学院作为全国学校武术联盟主席单位，提出了"一校一拳，打练并进，术道融合，德艺兼修"的教改思想。戴国斌等人②则从武术教育改革方法系统论的视角，提出了中观层面的学校武术改革思路，即从"动作教学手段的多样化，动作教学方式的对练化，动作教学目标的教育化，动作竞技方式的纷呈化"4个维度，用对应的11种方法建构动作教育的系统，并提出了在武术动作"教、练、赛"的基础上构筑学生体质、心理、人格发展的目标。

针对这些教改思想，许多学者进行了探讨，其中既有对教改思想的进一步诠释和对实施路径的论述，又有对不同教改思想进行比较并提出不足的研究。但总体来看，当前武术教改研究正逐渐凝聚出优化武术教学、培养学生全面发展的共识。是以，武术教改深入研究对学校武术教育产生了积极影响，但是目前的教改在理论与实际结合方面，尚需做出更全面和深刻的研究。

2.3 武术教育目标体系构建已由文化自觉形成文化自信

从体育的价值体系来看，其普适性是主流，中西体育对立论无论从理论还是从实践上在当前已成为非主流。当武术的发展面临前所未有的挑战时，学界已鲜有人从传统文化情怀的角度去探讨武术教育的重要性，而从武术基本理论出发，宏观上建构新时期武术教育价值体系已成为学界关注的热点。戴国斌等人③④分别在"格拳致知"和"练以成人"的中国文化本位基础上构建了"武德之馨香和武艺之继承创新"的德才兼备之武术教育格拳致知目标以及"外现功夫""内蕴武德"的武术教育"练以成人"的

---

① 蔡仲林，施鲜丽.学校武术教学改革的指导思想：淡化套路、突出方法、强调应用[J].上海体育学院学报，2007（1）：62-64.
② 戴国斌，李文博，周延.我国学校武术动作教育系统建构之研究[J].南京体育学院学报，2019，2（10）：1-6.
③ 戴国斌.中国武术教育"格拳致知"的文化遗产[J].体育学刊，2017，24（3）：16-23.
④ 戴国斌，刘祖辉，周延."锻炼行道，练以成人"：中国求道传统的武术文化实践[J].体育科学，2020，40（2）：24-31.

目标,由此形成通过武术教育完成"由社会人而武术人"的成人路径。戴国斌等人指出,"格拳致知"和"练以成人"的武术教育价值体系是武术之所以是武术的合法性依据,更是需要集体捍卫与守护的文化传统。王岗、邱丕相[①]在《重构中国武术教育体系的理论研究》一文中指出:"之所以要重构,是因为过去构建得不足,百年来的中国武术长期捆绑在西方体育教育上,从而导致了中国武术教育的众多问题。"文中从构建"国家意识、国学意识、学科意识、文化意识、拳种意识"五个方面论述了武术教育的价值目标。蔡仲林、汤立许[②]则从"学会认知、学会做事、学会共同生活、学会生存"的教育"四个支柱"理念出发,结合武术的育人功能,探讨了武术教育内容体系的构建,认为丰富武术教育内容是当代武术发展的教育使命。张峰等人[③]亦从目标定位出发,构建了"心力""胆力""体力"三位一体的学校武术教育目标体系。他们认为:"学校武化教育三目标的设定,目的是培养学生成为未来的生存强者、生活能人和生命英雄,最终实现中华民族伟大复兴。"

武术教育目标体系的构建是武术学界"文化自觉"和"文化自信"的反映。学界已深刻认识到西方体育教育价值体系只会将"武术"作为一类体育项目挤压到狭小的空间发展,而重构武术教育目标体系则能够从理论上明晰武术教育的文化价值,从而促进武术的传承与发展,而不是亦步亦趋地追随和模仿。当然,武术教育目标体系构建目前正处于百家争鸣的状态,尚未达成目标上的一致。

2.4 宏观、中观、微观的武术教育现状调查研究不断深入

尽管宏观研究已指出当前的武术教育存在诸多困境,然而我国武术教育实践究竟存在哪些具体问题仍有待探讨。正是基于这样的现实,武术教育现状调查研究被提上日程。这些研究既有全国范围的普查,亦有各省市的个案调查。学界的调查研究给予了决策层充分的理论依据。

在我国大陆,《关于学校武术教育改革与发展的研究》课题组[④]对我国中小学武术教育状况的调查研究是其中的代表作。该课题组自 2005 年起,运用文献调研、问卷调

---

① 王岗,邱丕相.重构中国武术教育体系的理论研究[J].上海体育学院学报,2008(3):61-64.
② 蔡仲林,汤立许."四个支柱"视角下武术当代发展的教育使命[J].上海体育学院学报,2011,35(2):82-85.
③ 张峰,石萌,张德良,等.学校武化教育的目标定位[J].上海体育学院学报,2018,42(4):94-98.
④ 《关于学校武术教育改革与发展的研究》课题组.我国中小学武术教育状况调查研究[J].体育科学,2009,29(3):82-88.

查、访谈和数理统计法，对我国 30 个省（自治区、直辖市）252 所普通中小学的武术教育状况进行了调查研究。调查结果显示，武术教育在当前中小学中的开展并不理想。基于这次普查，课题组从行政、教学内容、师资、段位制、教材、教学督导六个方面提出了改革建议。这次全国普查对学校武术教育尤其是中小学武术教育的最大贡献在于明确了学校武术教育的基本现状，为学校武术教育改革明确了方向。与此同时，不同区域、不同学校的武术教育现状调查研究也正如火如荼地展开。刘朝霞[1]以北京市普通高校武术教师为调查对象，研究指出北京市高校武术教师队伍以中青年教师为主，教学能力较好，但是教师数量不足，高学历教师缺乏，科研水平较弱。崔浩澜[2]以河南高校为调查对象，研究表明河南高校学生对武术有较高的学习兴趣，但是存在教学器材匮乏、教学内容陈旧的问题。以此为依据，他提出了转变观念、改善课程结构、精选教材的建议。张茂林等人[3]以山东省民办武术馆校为调查对象，研究表明山东省民办武术馆校存在办学宗旨不明、教学管理不到位、师资队伍建设滞后、生源缺乏等问题。基于此，张茂林等人提出了政府、学校管理、学校制度、产业化等四个方面的对策。徐泽[4]以上海市中小学为调查对象，研究表明武术在上海中小学体育课中所占比例较小、专业武术教师数量不足、教学内容单一。因此，他提出了开展体育教师培训、更新武术教学内容、开展武术表演竞赛、教育主管部门加大武术推广力度等四个方面的建议。

在我国台湾地区，翁志成[5]在 1990 年对中国台湾大学生参加国术社团活动因素进行了调查研究。该研究在分层随机抽样的基础上对 40 所台湾高校参加国术活动的大学生进行了问卷调查，内容涉及学生年龄、练习内容、练习年限、练习场所、练习动机、练习收益和遇到的困难等。应该说作者锲而不舍的精神是值得肯定的，然而他的研究仅仅停留在了现状分析上而未能进一步深入论述。郑幸洵等人[6]对中国台湾部分大专院校武术课程发展现状进行了调查研究。研究指出：武术在中国台湾大专院校的推展有待提高；中国台湾大专院校武术教学内容以太极拳为主，其次为防身术和自卫术的课程；多数学校每周以 2~4 小时的课时进行武术教学；师资结构有待进一步优化。与此

---

[1] 刘朝霞. 北京市普通高校武术教师的现状分析及发展对策研究 [J]. 北京体育大学学报，2006（10）：1411-1413.
[2] 崔浩澜. 高校武术教学与改革的调查研究 [J]. 武汉体育学院学报，2005（12）：102-104.
[3] 张茂林，路光，王美娟. 山东省武术馆校现状与可持续发展研究 [J]. 山东体育学院学报，2009，25（1）：30-33.
[4] 徐泽. 上海市学校武术教育的现状调查与研究 [J]. 北京体育大学学报，2007（S1）：487-490.
[5] 翁志成. 台湾大专学生参加国术社团活动因素调查研究 [J]. 体育学报，1990（12）：71-93.
[6] 郑幸洵，郑仕一. 中国武术在大专院校体育课程的发展现况分析 [J]. 大专体育，2004，75：27-32.

同时,学者李宜锡[①]对中国台湾南区大学生国术课程学习满意度进行了研究。研究对中国台湾南部5市487位大学生进行了问卷调查,结果显示:样本学生对教师教学感到满意,但是对学校硬件设施较不满意;学生性别、年级、课程体验、学制的不同使大学生对国术课程满意度存显著差异,教师性别和课程学分均未使满意度达到显著差异。基于此,李宜锡提出了改善国术课硬件设施和区别对待学生学习能力的若干建议。苏金淼[②]从微观视角出发,对中国台湾云林县一所武术教育开展较好的小学进行了案例分析。苏金淼指出,除云林县有关部门的倡导外,学校行政制度、激励措施、教师认同、外聘教师指导、学校资源的合理运用等是学校武术教育发展的重要因素;此外,让学生感受到有实质帮助、家长有意愿参与学生武术比赛也很重要。

从当前武术教育现状调查研究的总体来看,学界已经在调查对象的范围上取得了空前的突破,无论是全国范围的普查,还是各地区大、中、小学和社会武术馆校,抑或是针对教师和学生的特定对象调查,都积累了丰富的统计数据。问卷调查法作为武术教育现状调查研究的主要方法得到了普遍运用,然而在统计方法的运用过程中仍存在问卷信效度不高、样本选取不准确、统计时以描述性统计为主的方法运用不成熟等问题。实证调查研究确实补充了以往等有了经验再来总结的经验总结法的不足,有效推进了武术教育实践,然而武术高端科研人才匮乏的问题仍然制约着武术教育研究的进一步深入。

2.5 武术教学应用研究不断推陈出新

所有的宏观指导和中观分析终究要落实到微观的武术教学上。作为对武术教改的回应,武术教学研究在这一时期具有鲜明的时代性特征,在一系列教学应用研究中取得了空前的进步。

在我国大陆,在教学方法研究中,陈庆合等人[③]以"内隐"学习为研究对象,对武术教学内隐学习的方法设计从录像教学、基本功学习、武术理论、动作运用、练习环境创设、拳不离手六个方面进行了构建。陈合庆等人认为:博大精深的中国武术要取得较好的教学效果,启动学生的内隐学习机制至关重要,从而与外显学习结

---

① 李宜锡. 南区大学生对国术课程学习满意度之研究[C]. 运动事业管理学生研讨会论文集,2006:17-28.
② 苏金淼. 台湾云林县中小学推展武术运动发展历程之研究:以一所评鉴特优学校为例[J]. 国际休闲杂志,2015,8(1):1-41.
③ 陈庆合,郑永成,张红,等. 内隐学习在武术教学中的应用[J]. 体育学刊,2008(8):72-75.

合取得良好的教学效果；与以往武术教学方法以教师为主体相比，当前的教学方法研究则倾向于发挥学生的主体性，并积极构建了该类教学方法的运用体系。诸如此类的研究还有罗海燕的"配乐和表象训练教学法"、郭海洋的"主动学练法"等。然而这类新的教学方法研究缺少实验论证，以构建为主的教学方法不免有空想的成分。在教学模式研究中，刁振东等人①的《"三双"武术教学模式的研究》、谭小燕②的《"运动教育"课程模式研究——武术课程运动教育模式的建构》、刘珺③的《MOOC翻转课堂教学模式的构建与实验研究——以高校武术选项课为例》等都是当前武术教学模式研究的代表。这类研究紧贴时代，具有较强的创新意识，对于丰富武术教学模式具有积极的指导意义；且这些作者都对他们提出的教学模式进行了对比实验，从结论来看确实具有提高教学质量的意义。然而，这类研究是否具有普及价值仍然值得学界进一步探究。

在我国台湾地区，唐人屏、林钰萍④在《武术教学中口诀创编与运用》中指出，为促进学习者之学习乐趣与记忆，语言文字与口诀谚语也跟着历史时代背景在转变及进步。武术谚语及口诀的朗诵可引导学习者在武术学习中体悟和了解武术的真理，这是中国武术在历史长河中所留下的精致化教学方式，也符合现今体育教学"精讲多练"的原则。在另外一篇文章中，唐人屏⑤对武术套路教材创编原则进行了探讨。他认为：武术学习要严格遵循循序渐进原则，并基于此以其本人教学实践中的"连环拳"为例，提出了武术套路教学的共性原则和攻防性原则。林建志、唐人屏⑥论述了中国武术训练的四个主要结构，即动作姿势看规格、动作劲力看力点、动作攻防看路线、动作意识看眼神。从这四个方面出发，在武术套路训练过程中能提升初学者演练水平及提升学生对于武术训练的鉴赏能力。李耀宗⑦对"认知师徒制"理论与武术教学上的应用进行了研究。他在论述认知师徒制后认为，认知师徒制结合了"认知学习理论"与"传统学徒制"的优点并将之应用在学校教育中，以达到有效率的学习。基于此，他结合国

---

① 刁振东，杨道宁，杜磊，等."三双"武术教学模式的研究[J].北京体育大学学报，2005（12）：1687-1688.
② 谭小燕."运动教育"课程模式研究：武术课程运动教育模式的构建[J].体育与科学，2009，30（2）：82-86.
③ 刘珺.MOOC翻转课堂教学模式的构建与实验研究：以高校武术选项课为例[J].广州体育学院学报，2016，36（2）：121-123.
④ 唐人屏，林钰萍.武术教学中口诀创编与运用[J].彰化师大体育学报，2006（6）：80-84.
⑤ 唐人屏.国术套路教材之创编原则初探[J].彰化师大体育学报，2004（4）：94-100.
⑥ 林建志，唐人屏.武术初学者动作要求实务[J].彰化师大体育学报，2012（11）：94-100.
⑦ 李耀宗.认知师徒制理论在国术教学上的应用[J].学校体育，2012，129：101-105.

术攻防操进行了案例分析。吕冠伯、唐人屏[①]对八式拳进行了研究，认为："八式拳的教学模式除了延续五步拳在基本功、基本动作的贡献外，尚还继承五步拳可以循环演练、换边演练的特点，更不同的是其具有相应的七言诗韵文以为辅助，不只在动作上能够帮助记忆与了解，同时能够加深学习者的传统文化素养与精神，提供学习者除了拳脚外，在心灵与知识方面的提升，以追求文武结合的典雅学习境界。"陈炜强等人[②]对武术互惠式教学进行了研究。研究指出：互惠式教学法是一种兼顾学习及能动性教学法，经由分组让学生相互成长，从相互教学中得到同学间的回馈并不断地修正动作，习得社会性的相互支持与鼓励；教师可针对学生在学习中所表现的反应给予回馈，并不断修正教学方法以符合学生的需求。他们结合基本功教学案例对这一方法进行了论证。陈惠华[③]运用情境学习理论中的合作学习模式对武术教育进行了研究。研究指出："真实情境"的武术学习能够破除仅关注功防技击的教学不足，从而深度体会武术的功法本质；"合作学习"有助于克服武术难以熟记的学习障碍，提高学生的武术学习水平；以"学生为主体"的教学方式能够增强学生的学习兴趣。研究结论证实了文章中提出的教学理论和对武术学习障碍的解决方法的可行性。郑仕一[④]探讨了"阴阳"关系在武术教学中的价值。他由"矛盾范畴"推论出"方法价值"——教学时刚柔相济；由"规律范畴"推论出"科学价值"——中国武术的动静、虚实、刚柔、开合等均是阴阳关系的表现；由"认识范畴"推论出"知识价值"——可增强学习者的抽象思维能力，使学习者与创造有深刻的关联；由"实践范畴"推论出"武道价值"——中国武术应注重技术训练与武德培养的平衡性；由"异化范畴"推论出"艺术价值"——应注意学习者自我意识的正负发展。

当前的研究除了教学方法和教学模式的创造外，一些新的理念和信息技术应用也开始进入武术教学的研究视野中。例如李岩、董菲[⑤]的《体育（武术）教学仿真系统的设计》基于虚拟现实技术，设计和开发具有交互式训练功能的"武术教学仿真系统"，以达到自主化学习、提高教学质量的目的；赵彩钰、赵歆[⑥]的《"互联网＋教育"视域下

---

① 吕冠伯，唐人屏. 新编武术基本功套路与韵文的结合教学：以八式拳为例 [J]. 彰化师大体育学报，2011（10）：26-37.
② 陈炜强，沈易利，王建兴，等. 互惠式教学应用于国术教学之初探 [J]. 海峡两岸体育研究学报，2016，10（1）：2-14.
③ 陈惠华. 情境学习理论在传统武术教学上之应用：以合作学习模式为中心 [J]. 台湾体育学术研究，2010，49：95-114.
④ 郑仕一. 从体育哲学范畴探究阴阳关系在中国武术教学中的价值 [J]. 大专体育学刊，2003，5（2）：11-25.
⑤ 李岩，董菲. 体育（武术）教学仿真系统的设计 [J]. 山东体育学院学报，2008（9）：94-96.
⑥ 赵彩钰，赵歆. "互联网＋教育"视域下大学武术教学改革研究 [J]. 体育文化导刊，2018（5）：119-123.

大学武术教学改革研究》提出了制作优质视频、创建管理与服务平台、搭建武术课网络考核平台等六个方面的对策；彭飞[①]的《"全纳教育"理念在武术教育中的应用探索》提出了"全纳教育"理念在武术教育中应用的七点要求。可以看出，当前的武术教学应用研究对于解决武术教学实践中的问题起着至关重要的作用。武术怎么教？当前的武术学界产生了丰富多彩的研究成果，对于提高武术教学质量来说，这些创造性的研究成果是可喜的，也说明了武术学人与时俱进的研究精神。当然，诚如叶圣陶所言，"教学有法，教无定法，贵在得法"，面对各种教学方法应用研究成果的不断问世，一线武术教师颇有"乱花渐欲迷人眼"之感。如何针对不同学习群体运用合适的或有普适性的教学方法应该是今后学界研究的重点。

对我国当代武术教育研究梳理的总结：在时序上，进入新世纪以来的深入研究已使得我国武术教育研究取得长足发展，为当前的研究奠定了基础；在内容上，多视角武术教育研究表明我国的武术教育研究正由点到面渐次展开。然而，从具体研究内容来看，无论是宏观上的反思性研究，还是中观上的教法研究，抑或是微观上的调查研究，都鲜有学者从历史学的角度对武术教育进行研究。从学理上分析，武术能够在古代和近代得到较好的传承无疑有其可以借鉴的地方；而在武术进校园的民国时期，武术教育破天荒地由师门教育发展为学校教育，从时空上来看，对民国武术教育研究无疑更具现实意义。尽管由于文化空间的变换，历史上的武术教育不可能照搬至今日，但是传统武术教育所承载的中华优秀传统文化和技理无疑是值得借鉴的。将武术教育与历史相结合的研究有待进一步深入下去。

3 国外武技教育研究述评

"Martial arts"为人类武技的国际用词。虽然当前已有国内学者立足中国研究跆拳道、泰拳、空手道、柔道等国外武技的成功经验，但是当前武技教育的国际研究处于什么样的状态？国际武技教育研究对中国武术教育研究有何启示？鲜有涉及。因此，非常有必要对国外武技教育研究展开述评，以形成本书的国际视野。研究团队以"martial arts education"为检索词，研阅了"Springer Link""Medalink""Glgoo"等数据库中有关武技教育的论著。

---

① 彭飞. "全纳教育"理念在武术教育中的应用探索[J]. 教育理论与实践，2018，38（12）：61-62.

3.1 定性研究聚焦于武技教育意义的探讨

费尔通亨（Jikkemien Vertonghen）等人[①]指出，今天西方国家许多流行的武技都起源于亚洲，例如合气道、空手道、跆拳道等。从20世纪50年代开始，亚洲武技在西方更加流行，进而在20世纪90年代达到一个新的繁荣高度。因此，近年来亚洲武技在许多国家和地区都很受欢迎，澳大利亚统计局和加拿大统计局的一些调查研究表明，亚洲武技在最常练习的体育项目中占有一席之地。一项关于欧盟国家体育参与的研究表明，亚洲武技是欧洲最常见的体育运动之一。此外，基于欧盟成员国体育参与的国家研究数据，费尔通亨等人发现：在法国、西班牙、意大利、斯洛文尼亚、波兰，亚洲武技是这些国家十大最受欢迎的运动之一。基于大量文献检索和调研得出的结论表明，亚洲武技在西方一些国家得到了高度认同，遗憾的是中国武术并未出现在费尔通亨等人的研究中。尽管基于有限的文献检索范围和方法而得出的结论有待商榷，该研究却也说明了中国武术在世界范围内的影响力有待进一步提升。

斯莱哲思（Rosa Slegers）[②]对西方武技精神教育进行了研究。研究以亚当·斯密的"尚武精神"为重点，指出：近代以来的社会女性被迫发展出"男性的坚忍不拔"和"斯巴达式的纪律"；亚当·斯密为他所称男性的"尚武精神"的衰落而感到惋惜。斯莱哲思发现，商业社会的男性成员缺乏"尚武精神"的品质，女性反而带着几分敬畏。因此，斯莱哲思认为武技精神是当前社会尤其是男性所欠缺的，进而呼吁"尚武精神"的回归。这篇颇具哲学风格的文章，意味深长地论述了现代社会发展与人的异化，而作者提出的"尚武精神"回归是其中的亮点。中国人一直以来呼吁的"尚武精神"时至今日成了"普世价值"。质言之，中国武术不仅应该成为中国人发扬"尚武精神"的重要手段，从人类命运共同体的角度来看，更是中国文化的优秀代表。

黄东治（Dong-Jhy Hwang）等人[③]探讨了中国台湾日据时期日本把柔道作为其殖民教育重要手段的重要史实。柔道在日据时期引进中国台湾后，成为日本同化政策的前驱者，带头推广日本的武术文化，时至今日，柔道已经成为中国台湾的一项主要运动。

[①] VERTONGHEN J, SCHAILLÉE H, THEEBOOM M, et al. Mediating factors in martial arts practice: A specific case on young girls[M]//CHANNON A, MATTHEWS C R. Global perspectives on women in combat sports. London: Palgrave Macmillan UK, 2015: 172-186.

[②] SLEGERS R. Educating the martial spirit[M]//Adam Smith's moral sentiments in vanity fair. Berlin: Springer Cham, 2018: 55-79.

[③] HWANG D J, MANGAN J A. Japanese cultural imperialism in Taiwan: Judo as an instrument of colonial conditioning[M]//MANGAN J A, et al. Japanese imperialism: Politics and sport in East Asia. Singapore: Palgrave Macmillan, 2017: 195-216.

日本利用学校、俱乐部、警署和"日本武德会"的准官方私人组织来推广柔道，其目的是向中国台湾人民灌输对天皇忠诚和军国主义思想。从本质上说，柔道是日本军国主义的工具。最终，柔道超越了日本殖民意图而成为中国台湾体育文化的一部分，对光复后的中国台湾体育发展产生了深远影响。黄东治等人的研究是当前国际上少数从历史学视角进行武技教育研究的成果之一。准确来说，该研究的对象并非武技教育，而是以柔道为例梳理了日据时期日本对中国台湾的文化殖民（日本以"柔道殖民教育"为手段侵略中国台湾，进一步暴露了其无所不用其极的本性），但是作者的研究思路却值得借鉴，即以武技的视角研究历史，而非以历史的视角研究武技。

戈登（Michael A. Gordon）[①]以合气道为研究对象，指出合气道作为一种防御性的武术，在"身心协调"的原则基础上通过冷静以及勇士精神化解外部的挑战。他将"合气道"作为一种转换型、关系型和沉思型教育模式进行了展望。作为一种"移动冥想"，合气道被强调为一种修身养性的方法，对教育工作者、学生以及生活的和谐关系都是有益的。戈登的研究事实上是在强调合气道的重要价值，全文基本上是在探讨合气道的优点，因此有广告式研究之嫌。戴克赫伊岑（C. Jeffrey Dykhuizen）[②]则探讨了日本和美国合气道教育的文化差异。研究指出：日本和美国合气道练习者对合气道的理解存在差异，表现在各自文化中的教学重点不同；合气道教师在授课中融入了本国文化的价值观，在两种文化背景下对练习者训练的意义也不尽相同。这也说明了在一种文化背景下被证明是有效的教学实践在其他文化背景下则没有一定的确定性。因为跨文化沟通方面的低效率，作为教育者需要谨慎地对待教学内容。当今文化分享实践的速度比历史上任何时代都要快，分享文化活动经验的教育者和学习者对同一文化的含义可能会有不同理解。合气道是日本武术发展的代表性项目，近年来得到了国际武技学界的关注。事实上，文化的流变性是文化传播的基本属性，这也给中华武术的对外教育带来了启示，即中华武术只有由中国人来教育才是最合适的。中华武术的国际影响力需要进一步提升。

---

① GORDON M A.The way of the classroom：Aikido as transformative and embodied pedagogy through self-cultivation[M]//Aikido as transformative and embodied pedagogy. Cham：Palgrave Macmillan, 2019：139-161.
② DYKHUIZEN C J. Training in culture：The case of aikido education and meaning-making outcomes in Japan and the United States[J].International Journal of Intercultural Relations, 2000, 24（6）：741-761.

3.2 定量研究关注于武技教育的功能与武术教学质量的提高

摩尔（Brian Moore）等人[1]通过教育心理学实证研究，探讨了武技对促进中学生心理健康的作用。在10周的实验后，研究人员证明武技练习能够减轻焦虑和抑郁的症状，促进相关幸福指标的提升。然而，由于样本的数量较少，现有研究的有效性和可靠性存在不确定性。

梅克斯纳（T. Meixner）等人[2]探讨了以正念为基础的武术课对自控力较差的青少年的干预措施，并在干预后，对由24名学生、2名组长以及10名教师组成的小组进行半结构式访谈，收集了他们对促进或阻碍实施过程的因素的看法。研究结果表明，准确的课程、课程的实施以及课程实施环节的交流是保障正念法在武技课中得以实施的三个基础。基于此，研究提出了在中学普及武技正念教学法的建议。

桑托斯（Olga Santos）[3]则对合气道的教学方法进行了技术支持研究。研究指出，当前的合气道学习技术支持都是通过光学字幕技术跟踪学习者的姿态或手势，并对表演提供非个性化的视觉支持。基于此，桑托斯提供了一种基于传感器的学习环境，旨在跟踪学习合气道技术时的身心互动，在学习者的动作不同于预期的表现时提供个性化的振动触觉支持。

瓦希迪（Armin Vahidi）等人[4]对电子支持下的武术教学进行了研究。他们认为武技教学是体育领域中最耗费时间的训练活动之一，因此，在武技教学中，教授正确身体姿势的电子支持已经是越来越重要的因素。他们通过一年时间的运动跟踪收集不同受试者的数据，然后对这些数据进行了分析，并提出了武术教学的改进建议。研究详细介绍了电子支持下的训练程序、运动跟踪器的设置及未来的用例。

莱克斯（Kimberley D. Lakes）等人[5]研究了学校武技训练对学生自我调节能力的

---

[1] MOORE B, DUDLEY D, WOODCOCK S.The effects of martial arts participation on mental and psychosocial health outcomes: A randomised controlled trial of a secondary school-based mental health promotion program[J].BMC Psychology, 2019, 7(1): 60.

[2] MEIXNER T, IRWIN A, MISCIO M W, et al. Delivery of integra mindfulness martial arts in the secondary school setting: Factors that support successful implementation and strategies for navigating implementation challenges[J]. BMC Psychology, 2017(9): 15-18.

[3] SANTOS O C.Towards personalized vibrotactile support for learning aikido[M] //Data driven approaches in digital education. Berlin: Springer International Publishing, 2017: 593-597.

[4] VAHIDI A, MÜLLER N H. E-learning supported martial-arts-training[C]// Learning and collaboration technologies. Vancouver: 4th International Conference, LCT 2017, 2017: 294-302.

[5] LAKES K D, HOYT W T. Promoting self-regulation through school-based martial arts training[J].Journal of Applied Developmental Psychology, 2004, 25(3): 283-302.

影响，提出了包括认知、情感和身体三个领域的自我调节框架。研究将幼儿园至小学五年级的 207 名学生分为干预组（武技组）和对照组（其他体育项目组），采用多维、多模式评估。结果显示，3 个月后，武术组在自我认知调节、情感调节、社会适应、课堂行为和心理测试中的表现均优于对照组，并且男生比女生表现出更大的改善。文章解释了这种相互作用的缘由，以及武技训练对学龄儿童的自我调节发展的影响。

艾瓦佐（Shiri Ayvazo）等人[①]则对武技教育对学生社会适应能力和心理健康的影响进行了研究。研究指出班级同伴辅导（CWPT）与行为导向的过程结合时，会对学习成绩产生积极的影响。研究以小学三年级学生为研究对象，采用 ABAB 单受试者设计，研究 CWPT 对社交技能的影响。结果表明，武技练习对受试者的社会表现有所改善，对运动表现的改善则好坏参半。

从当前国际上的武技教育定量研究来看，其研究方法主要是针对选定样本的实验研究；在研究内容上，不仅有武技教育的干预研究，亦有针对提高武技教学质量的穿戴设备研究。从研究结果来看，武技教育能够对受教育者产生积极影响已成定论。对国际上的武技教育研究相关文献归纳和整理后可以发现：首先，目前国外学者对中国武术教育的研究并不多见，更无中央国术馆研究。国外学者对武技教育的研究集中在以"合气道"为代表的亚洲武术上，这说明了中国武术教育研究的国际学术影响力有待提高。其次，注重武术教育的深度研究和研究方法的量化，且能够与最新的科技相结合以提高武技教学的质量是国外武技教育研究最为显著的特点，这为我们提供了方法和研究视角上的启示。与国内研究相比，国外的武技教育研究存在多学科融合不足的缺陷。第一，国外研究大多是基于武技课堂本身的实验研究，虽然在研究方法上具有实证意义，但是研究结果只是说明了武技教育对受教育者具有一定的身心促进价值。第二，在论述上，国外的定量研究只是说明了武技教育的重要性，虽有结合哲学、历史学、社会学的相关研究，但只停留在理论梳理上。

4 中央国术馆武术教育研究总体述评

总之，尽管当前的研究取得了长足的进步，但是从研究现状来看，还存在中央国

---

① AYVAZO S, ALJADEFF-ABERGEL E. Classwide peer tutoring in a martial arts alternative education program: Enhancing social and psychomotor skills[J].Preventing School Failure: Alterative Education for Children and Youth, 2019, 63（4）: 359-368.

术馆武术教育研究碎片化、民国武术教育研究宏观化、武术教育历史研究薄弱化三个主要问题。

基于学术史梳理的各类研究给予了研究团队深刻的启示：其一，中国武术教育更应该结合中国本土进行深度研究。中华武术源自中国传统文化，应从人类命运共同体的高度，探究中国武术的历史经验、时代价值和未来贡献，这也进一步明确了研究中央国术馆武术教育的重要性。其二，多学科融合是提高武术教育研究水平的重要理路，本书虽是基于历史学和教育学的中国武术研究，亦需要借鉴哲学、民俗学、社会学等学科的最新研究成果以提高研究深度。其三，在研究方法上，除了基本的史料考据外，还应该将计量史学作为参考方法，以对历史资料进行定量分析，使研究趋于精确。

另外，国外虽无中央国术馆研究，但也有着启示意义：中国武术教育更应该立足中国本土展开研究。因此，基于学术史梳理以及前人的研究，研究团队得到了充分的启发，即在"立足中国、挖掘历史、把握当代、面向未来"的思路上，以民国武术教育典范之中央国术馆为例，基于论从史出、史论结合的技术路线，还原一段史实，探讨一些启示，进而寻求中央国术馆武术教育理念与实践的历史意义与现实价值。

第4节 理论基础

1 历史观的选择

历史观是人们对历史的根本观点、总的看法。不同的史观皆有利弊，本书基于研究对象的需要，选择了唯物史观、进步史观与大历史观，力求形成三维立体的中央国术馆武术教育研究历史观。其中，唯物史观是本书研究的基础，将有助于本书准确把握中央国术馆武术教育的历史真实。当然，唯物史观在强调从物质实践出发解释观念时比较忽略对人的精神世界的追寻，本书则同时汲取进步史观和大历史观，将中央国术馆武术教育研究与领导者、教师、学生的辛勤付出相结合，以展示中央国术馆武术教育全面而丰富的历史面貌，进而从较长的历时态出发，省思过去，展望未来。

1.1 唯物史观

唯物史观是正确看待历史问题的关键。中央国术馆武术教育不是凭空产生的，而是必然有其前因后果。在所有的历史观中，唯物史观既克服了黑格尔用范畴构造体系的唯心主义的弊病，又充分重视马克思的哲学革命变革的成果，用人及其生存的实践基础来解说历史，认为历史不过是"追求着自己目的的人的活动而已"①。唯物史观承认历史的主体是人，唯物史观的根本原则是从物质实践出发解释观念的形成。社会存在决定社会意识，社会意识又可以塑造与改变社会存在。唯物史观是对中央国术馆武术教育进行历史解释的思想利器。基于唯物史观，能够深层次地剖析中央国术馆武术教育的成因、教育目的的确定，及其发展轨迹、课程、教学、武德，进而去伪存真，发现历史真实的画面，填补历史空白。

因此，本书将着眼于从总体上、全局上对中央国术馆的武术教育进行总体评价，进而在启示上，有选择地继承与发扬中央国术馆武术教育的本土经验，同时反对历史虚无，也摒弃厚古薄今，从而以史为鉴，做出价值选择。

1.2 进步史观

马克思主义认为，历史具有进步的客观必然性。那么，如何确定历史具有持续进步的客观必然性呢？在历史问题上，马克思主义不管是基于哲学视角还是基于史学视角，尽管考察的切入点分着"权"，但"根"是统一的，即历史进步性的逻辑是统一的②。无论是从近景还是从远景的视角考察中央国术馆的历史，进步史观对于中央国术馆的价值判断具有重要的意义，因为历史运动是不可能永久停滞的。从近景来看，中央国术馆武术教育的历史与中国近代史有着逻辑上的统一性。近代中国的积贫积弱唤起人们追求民族生存与复兴的意识，觉醒与振作成为进步之识。从远景来看，中央国术馆武术教育在历史上起到了承上启下的转型作用：将口传心授、师徒传承的传统模式，升级至打练结合、学院教育的现代范型。因此，本书运用进步史观，力求将中央国术馆的武术教育置于近景与远景中，着重对其功绩与进步的历史意义进行论述。

1.3 大历史观

习近平总书记主持中共中央政治局第十四次集体学习时，对"五四运动"的历史

---

① 张奎良. 唯物史观与历史唯物主义的生成和特点 [J]. 马克思主义与现实，2012（2）：52-53.
② 龚培河，万丽华. 马克思主义考察历史进步性的四个视角及其逻辑关系 [J]. 马克思主义研究，2018（12）：45.

研究进行了强调：要坚持大历史观，把五四运动放到中华民族5000多年文明史、中国人民近代以来170多年斗争史、中国共产党90多年奋斗史中来认识和把握①。诚如大历史观的倡导者黄仁宇所言："生命的真意义，要在历史上获得，而历史的规律性，有时在短时间尚不能看清，而须要在长时间内大开眼界，才看得出来。"②中央国术馆武术教育研究选择大历史观亦是如此。中央国术馆武术教育的研究不应仅停留在史料的搜集、整理和考述的真相揭示上，更要从较长的时段来观察历史，思考历史的结构性变动和长期发展趋势。因此，本书在论述中央国术馆武术教育课程、教学、武德的历史意义以及对其进行总体评价时，力求从历史逻辑、实践逻辑、理论逻辑相结合的角度进行分析，并在研究的启示与省思部分思考未来。

2 教育原理的运用

中央国术馆武术教育是本书的核心内容。柳海民指出，教育原理是对教育学原理中教育一般原理性问题的研究，它的内容不可能不涉及课程、教学、德育等学校中必不可少的工作③。基于中央国术馆武术教育的历史实际，本书的章节结构将依据教育原理，分为中央国术馆武术教育的背景、目的、发展，以及课程、教学、德育。

2.1 中央国术馆武术教育的历史背景、教育目的与发展历程

首先，教育学作为研究教育现象及其规律的一门科学，要科学、透彻地阐明有关教育的一系列问题，就必须对教育产生的源流脉络有个清晰的了解和把握④。同理，要解决好中央国术馆有关教育现象及其规律方面的若干问题，也有必要对该馆武术教育的产生和发展情况做出历史的考察。其次，教育目的在教育活动中居主导地位，对整个教育活动具有定向的作用，它贯穿整个教育活动的始终⑤。因此，中央国术馆武术教育目的的确立离不开一定历史背景的制约。对中央国术馆武术教育历史背景、目的与发展历程的论证正是基于教育原理的切实要求。

---

① 新华社.习近平主持中共中央政治局第十四次集体学习并讲话[EB/OL].（2019-04-20）[2021-05-06].http：//www.gov.cn/xinwen/2019-04/20/content_5384742.htm.
② 黄仁宇.万历十五年[M].北京：生活·读书·新知三联书店，1997：269.
③ 柳海民.教育原理[M].长春：东北师范大学出版社，2000：2.
④ 柳海民.教育原理[M].长春：东北师范大学出版社，2000：40.
⑤ 柳海民.教育原理[M].长春：东北师范大学出版社，2000：269.

2.2 中央国术馆武术教育课程研究

教育目的通过各方面的教育和学校的各项工作来落实。要做好教学工作必须解决"教什么"和"怎么教"的问题。前者是教育内容,后者是教学方法(广义的),两者又是密切地联系着的[①]。同理,中央国术馆武术教育课程研究论证了该馆武术教育"教什么"的核心问题。本书第3章将依据教育原理课程版块,以及中央国术馆武术课程的历史实际,对该馆武术课程展开深入研究。

2.3 中央国术馆武术教育教学研究

在课程确定以后,就必须解决"怎么教"的问题。例如,教师应当用什么方法去教、用什么组织形式教,学生的学业成绩怎样评定等[②]。同理,中央国术馆武术教育教学研究论证了该馆武术教育"怎么教"的关键问题。本书第4章将依据教育原理教学版块,以及中央国术馆教学的历史实际,对该馆武术教学展开深入研究。

2.4 中央国术馆武德教育研究

德育在教育中占着极为重要的位置。不同时期会有不同的社会问题,这些社会问题会直接或间接地影响学校的德育工作。学校教育是在大环境之下进行的,学生的德育工作必须符合时代的要求[③]。中华武术自古以来尤为注重武德教育,这是其相比于其他体育项目的显著特征。因此,中央国术馆武德教育研究论证了该馆如何使人为善的重要问题。本书第5章将依据教育原理德育版块,联系中华武术武德与中央国术馆武德教育的历史实际,对该馆武德教育展开深入研究。

---

① 金一鸣.教育原理[M].2版.北京:高等教育出版社,2002:231.
② 金一鸣.教育原理[M].2版.北京:高等教育出版社,2002:289.
③ 金一鸣.教育原理[M].2版.北京:高等教育出版社,2002:337.

第 5 节　研究框架

1　研究目标

1.1　研究的总目标

本书的研究总目标为：通过中央国术馆武术教育相关史实的考证，最大限度地还原中央国术馆的办学历史，归纳中央国术馆武术教育的特征，论述中央国术馆武术教育的历史意义，并力争在此基础上对中央国术馆武术教育进行总体的客观历史评价，从而以史为鉴，对今日武术教育提出本土经验总结基础上的启示。为了完成总研究目标，本书拟分成四个分目标逐步完成。

1.2　研究的分目标

第一步目标（史料搜集与整理）：本书在"中国历史文献总库""全国报刊索引""爱如生申报数据库""中美百万册数字图书馆""中国国家图书馆（民国图书数字化资源库）""南京图书馆（民国图书数据库）""上海图书馆（全国报刊索引）""大成故纸堆"等数据库，以及中国第二历史档案馆、重庆市档案馆、江苏省档案馆、南京市档案馆、天津市档案馆等的信息和资料的基础上，对中央国术馆的史料进行搜集。然后，对史料的真伪进行考据和整理，奠定本书的文献基础。

第二步目标（历史考证）：在第一步目标完成的基础上，对中央国术馆武术教育的历史背景与教育目的进行分析，按照时间顺序，还原中央国术馆武术教育发展历程。基于此，结合现有史料，依据教育学原理，对中央国术馆武术教育目的、课程、教学、武德的开展进行考证，并归纳其特征，论述其意义，力求全景式地论证出中央国术馆武术教育的全貌。

第三步目标（历史评价）：在第二步目标完成的基础上，对中央国术馆武术教育的成败得失进行总体的客观评价。

第四步目标（以史为鉴）：在前三步目标完成的基础上，基于中央国术馆武术教育的本土经验，结合现实背景，探讨启示。

2 研究思路

如图 1-2 所示，本书在前人零散的中央国术馆研究基础上，以武术教育为主线，在对中央国术馆武术教育史实进行详细考订的基础上，对其武术教育的经验和不足进行客观评价，进而以史为鉴，探讨中央国术馆武术教育的本土经验启示。为此，本书将遵循论从史出、史论结合的技术路线，按照历史学研究范式，依据教育学原理，基于唯物史观、进步史观、大历史观，通过对中央国术馆武术教育历史背景、教育目的、发展历程、武术课程、武术教学、武德教育的考证，力求还原中央国术馆武术教育的办学历史，总结其特征，论述其意义，并力争基于此对中央国术馆的武术教育进行总体的客观历史评价，进而以史为鉴，对今日武术教育提出本土经验总结基础上的启示。

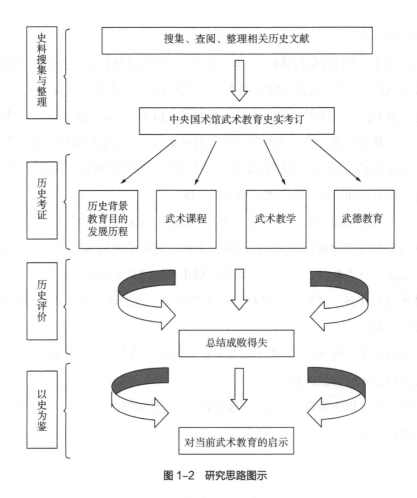

图 1-2　研究思路图示

3 研究方法

3.1 文献资料法

本书的选题决定了文献资料法是为基本方法，而该方法主要目的在于文献的搜集、整理和研究。中央国术馆武术教育文献搜集与整理的基本原则和具体方法如下：

3.1.1 基本原则

"全"，即全面性原则。搜集与中央国术馆及其武术教育的有关史料，力求完备和完整，为重建史实做好准备，以避免盲人摸象、各得一面的不足。首先，在种类上，对有关中央国术馆武术教育的档案、报纸、期刊、文集、自印材料、人物传记、会议记录等尽量做到"地毯式搜索"。其次，在内容上，既搜集中央国术馆武术教育的主要内容，也搜集次要的；既收正面的，也收反面的；既收全面的，也收片面的。在宁多勿少的基础上，对可要可不要的史料，都作提要式抄录或要点摘录，并注明其具体来源和出处，以便需要时能很快找到。

"联"，即联系性原则。历史学在主张逻辑联系的同时，更注重各事实之间的联系。在查找中央国术馆武术教育的各种史料时，本着"打破砂锅问到底"的精神，随时留意、追问各种载体史料之间的关系，以便形成中央国术馆武术教育问题的"证据链"。首先，注重目录工具书与史料之间的联系。例如将纸质版的《民国国术期刊文献集成》与电子版的《全国报刊索引》结合使用，以弥补纸质版的不足。其次，注重史料与逻辑之间的统一关系。在中央国术馆的史料事实与武术教育目的、课程与教学、武德教育的研究之间力求做到逻辑上的统一，形成以事实为基础的逻辑关系。

"合"，即各种不同性质的史料之间互相结合的原则。不同性质的史料各有优点，本书力求做到：一是新旧结合。发掘保存在各大图书馆、档案馆中尚未被发现或未被人注意和使用的史料，同时保证已为人所知、为人所用的《中央国术馆汇刊》《国术周刊（南京）》等旧史料亦在研究中起到基础作用。二是直接史料与间接史料相结合。藏在档案馆、图书馆的中央国术馆直接史料比较可信，但不能因此忽略查找间接史料。

3.1.2 搜集史料的方法

在程序上，循序渐进、先易后难。先查找中央国术馆及其武术教育的直接史料，后间接史料；先基本史料，后增广史料；先普通史料，后珍贵史料。力求认真爬梳史料。

在空间上，由近到远，由小范围到大范围。由研究团队收藏的史料到学校图书馆；由研究团队附近的档案馆、图书馆到中国第二历史档案馆、重庆市档案馆等外地档案馆。

获取史料后，将史料录入电脑，建好文档，分类保存。注意：在打字抄写时，要注明详细出处，以便再次校对；在打字抄写时要集中注意力，及时记录产生的思想火花，不假他人之手。

3.1.3 整理史料的方法

初步分类。将收集到的史料依据教育学原理分成中央国术馆历史背景类，领导者、师生及其相关言论类，武术教育目的类，发展历程类，武术课程类，武术教学类，武德教育类等。

比较考异。通过不同载体和类型史料的比较得其真伪。对于截然相反、有分歧和矛盾的记录，力求考证出其具体表现，并进一步指出它们之所以差异或相反的缘故。

归纳提炼。仔细阅读史料内容，记录提炼主要观点。注意发现此史料与彼史料之间所存在的各种联系，力求形成"证据链"。

在全面研究文献资料的基础上，结合民国时期武术教育发展的特点以及社会文化背景，探索中央国术馆武术教育发展的影响因素、整体脉络、学术特点及其对现代武术教育的影响，努力做到"论从史出"。

3.2 历史分析法

历史分析法是历史研究的基本方法。通过文献资料法获得史料后需要对其进行分析，辨别历史文献的真伪和异同，这是微观史学领域中必不可少的基础层次研究法。基于此，本书将对搜集到的中央国术馆史料加以鉴定与分析。

（1）史料的校勘。史料在流传、复印等过程中免不了出现讹误。对中央国术馆的文献资料进行校对勘误，目的在于校订史料中存在的字词、语句上的错误。由于中央国术馆出版的书籍和论文版本较少，因此，在校勘上主要运用本校法和理校法，以校对错误。

（2）史实的考证。虽然中央国术馆历史时间不长，但是由于在这百年内中国社会发生了深刻变化，记载的史实与历史事实之间不可避免地存在不同程度的背离，因而夹杂了一些偏见和歪曲。因此，在史实的考证上主要运用：求源法，考证中央国术馆相关的史料；旁证法，利用中央国术馆以外的资料作为依据，对某一史事加以他证或补证，达到考订史实的目的。

（3）史料的分析。马克思辩证唯物主义是历史分析法的重要认识方法和研究方法。本书运用历史分析法，将中央国术馆武术教育置于近代的历史时空中，考察其发展的历史及其影响。

基于此，本书将本着严肃认真、实事求是的态度，力避真假不辨、望文生义、牵强附会、曲解材料的大忌，力求探寻符合历史真相的结论。

3.3 历史比较法

文献整理法和历史分析法是对史料进行还原以确定历史事实，是本书"考"的部分，而历史比较法则主要运用于本书"论"的部分。通过比较，可以认识诸多武术教育的共同点和差异点，从而更好地把握事物矛盾运动的普遍性和特殊性，更好地把握历史发展的规律和特点，以完成本书"以小见大"的路线图。因此，历史比较法将是本书中历史评价和现实启示两部分的主要方法。纵向上，本书将以中央国术馆武术教育为点，将其与中国古代武举制、师徒制，当代学院制、班级授课制的教育组织形式进行比较；与中国古代言传身教、秘而不宣，当代讲解示范、图解教材的教学方法进行比较；与中国古代十八般武艺，当代体育学科的课程设置进行比较。横向上，本书将其与民国时期中国教育、体育、社会思潮、武术发展进行比较。

3.4 专家访谈法

由于本书课题属于跨学科研究，因此，对于相关学科需要有很好的把握能力。而这就需要通过对专家进行访谈，从而更深入地了解民国武术教育的发展和社会背景。研究期间，研究团队利用"东北亚体育史学会学术大会""全国体育科学大会"及专家报告会等机会，利用"当面访谈""电话访谈"等形式，对该领域专家进行了非结构式访谈，以获得对研究的一些建议。此外，在研究过程中，拟定结构式访谈提纲，在录音条件下，对一些专家进行了结构式访谈（见表1-1），并对获得的访谈资料进行整理。这些访谈有益于本研究开阔视野，汲取有益经验和指导，为本书的研究奠定了基础。

表1-1 访谈专家列表（姓氏笔画排序）

姓名	单位	访谈日期、形式
吉××	南京师范大学	2019年12月1日，约定面谈
乔××	清华大学	2019年8月21日，专题会议会后面谈
苏×	南京师范大学	2018年3月25日，约定面谈
李×	苏州大学	2020年8月25日，专题会议会前面谈
罗××	苏州大学	2020年8月25日，专题会议会前面谈

续表

姓名	单 位	访谈日期、形式
侯××	中华书局	2020年6月22日，约定电话访谈
徐××	台湾体育大学	2019年8月22日，专题会议会后面谈
曹××	上海师范大学	2019年5月22日，约定面谈
温×	武汉体育学院	2020年12月5日，电话访谈
谭×	华南师范大学	2019年3月22日，专家座谈会互动环节
戴××	上海体育学院	2020年8月25日，专题会议会前面谈

3.5 口述史法

口述史是用现代科技产物录音机、录像机来实现口述语言、声音、形象的保留，是有声音、可倾听、可观赏的历史[①]。然而，通过专家访谈法得知，中央国术馆的亲历者们大多已离世，研究团队很难联系到健在的中央国术馆师生员工。因此，本书中口述史方法的关键之处在于选择合适的受访者。研究团队根据研究内容，通过采访"一馆一校"的亲密联系者或其亲朋好友的形式，对万乐刚、周仲霞、郝凤岭3位受访人进行了口述史采访（见表1-2）。

表1-2 口述历史访谈名单（姓氏笔画排序）

姓名	身份简介	采访日期、形式
万乐刚	张之江外孙，在张之江晚年时常年生活在其身边	2021年3月16日，微信语音采访
宋茂田	中央国术馆学生，2019年离世	由中央电视台采访、在2020年12月30日首播的纪录片《藏着的武林》第5集《道·天地人心》20分48秒至30分50秒部分，研究团队对视频内容进行了整理与记录
周仲霞	国立女子体育专科学校1946级学生，西南大学体育学院退休教师，与陈正桂（国立国术体育专科学校1943级学生，西南大学体育学院教师，2019年离世）共事半生	2021年3月16日，电话采访
郝凤岭	郝鸿昌（中央国术馆教授，1946年3月至闭馆担任该馆教务处处长，1994年离世）之子。郝鸿昌常年跟随张之江，郝凤岭本人名字便由张之江所取	2021年3月11日，微信语音采访

---

① 杨祥银. 美国现代口述史学研究[M]. 北京：中国社会科学出版社，2016：1-2.

首先，通过专家访谈法，由专家推荐一批受访人员名单。其次，根据与中央国术馆师生员工关系的亲密程度初步确定受访人员名单。再次，通过初步沟通，了解受访人员的实际情况，确定最终名单。例如，通过初步沟通了解到，西南大学体育学院退休教师、中央国术馆体育专科学校（国立国术体育专科学校）1943级学生陈正桂已不幸于2019年离世。随后在初步沟通的基础上联系到与陈正桂共事半生的西南大学体育学院退休教师、国立女子体育专科学校1946级学生周仲霞。基于初步沟通，根据本书研究内容以及受访人的经历和特点设计了访谈提纲，力求使得采访提纲可以激发受访人的回忆，帮助他们尽快进入与亲历者生活、工作的回忆状态。在采访阶段，受疫情影响，也为了更高效率地完成口述史访谈，与受访者全部通过微信语音或电话的形式完成访谈。

鉴于并非当面采访，研究团队为了营造好的谈话氛围，并没有照本宣科地按照采访提纲提问，而是根据访谈的实际情况加强引导。采访结束后，受访者全都提供了有关中央国术馆的直接史料与间接史料以及研究建议。例如，郝凤岭提供了其父郝鸿昌的聘书与撰写的文章，周仲霞之子李竞新提供了其母参加民国第7届全运会女子跨栏的照片，等等。整个采访过程中研究团队收集了约90分钟的音频采访素材。根据音频，研究团队进行了整理，获取了中央国术馆武术教育亲密联系者或其亲朋好友的口述史料。

4 研究内容

4.1 中央国术馆武术教育的历史背景、教育目的与发展历程

中央国术馆是中国近代武术发展到一定阶段的产物，其创建有着深刻的时代背景。中央国术馆作为民国时期最高武术管理机构，在武术教育上施行了诸多开创式的举措，并将中国近代武术教育推向顶峰。本书将结合中国近代社会历史变迁和民国时期武术教育开展的时代背景，从文化、政治、教育三个视角对中央国术馆武术教育开展的先决条件进行论证，完成中央国术馆武术教育的成因判断。基于此，对中央国术馆武术教育目的进行考证与分析，初步勾勒出该馆武术教育的历史轨迹，为后续进一步的历史事实判断与价值判断奠定基础。

4.2 中央国术馆武术教育史实考证

中央国术馆的基本职能是"教授中国武术"。那么，它是如何开展武术教育的？这

个问题的答案必须通过历史考证的方法获得。本书拟在立体化的史料合围基础上，对中央国术馆武术教育史实进行考证——此为本书的重点部分。本书将依据教育学原理对中央国术馆的武术教育课程、武术教育教学和武术道德教育三个部分进行深入考证，对其特征进行归纳，对其历史意义进行论述，基于论从史出和史论结合的技术路线，力求对中央国术馆武术教育完成课程、教学与武德上的事实判断和价值判断。

4.3 中央国术馆武术教育总体历史评价与现实启示

在上述各部分的考证和分析基础上，本书将从宏观上对中央国术馆武术教育完成总体上的价值判断。本部分将力求把中央国术馆放在一个较长时期的历史过程中，结合中国武术史、民国断代史和中国近现代史，对中央国术馆武术教育进行历史评价，重在考察其较深远的历史影响和意义，对其历史贡献和局限进行论断。基于此，本书将从中央国术馆武术教育的本土经验与局限出发，结合现实探讨该馆武术教育的启示，力图达到以史为鉴的目标。

5 研究重点、难点与创新点

5.1 研究重点

要达到还原史实、以史为鉴的最终目的，全面、准确、客观的历史研究是重中之重。因此，本书将以教育原理为依据，在中央国术馆武术教育相关史料搜集的基础上，力求对该馆武术教育进行较为全面的分析，对其武术教育特征进行归纳，对其历史意义进行论述。

5.2 研究难点

5.2.1 中央国术馆史料的搜集

中央国术馆成立迄今已近百年，这段时间内中国经历了诸多重大历史事件。尽管类似《国术周刊（南京）》《中央国术馆汇刊》《中央国术旬刊》等中央国术馆一手资料已被数据化处理，但这只是该馆史料的一部分。除中国大陆外，其他地区是否有关于中央国术馆的史料？如何获取这些史料？在时间有限的情况下，这些问题较为棘手。

5.2.2 如何客观地评价中央国术馆武术教育

要正确、客观地评价中央国术馆武术教育，不仅须论从史处，亦须结合不同的史观进行探讨。这不仅考验对中央国术馆史料的整理程度，同时也是对研究团队知识积累的一种挑战。

5.3 研究可能的创新点

5.3.1 问题选择的创新

通过学术史梳理与述评发现，目前中央国术馆研究正处于片段式和零碎式的研究状态，没有研究主线。而本书以武术教育为主线，则能够对中央国术馆最主要的武术教育功能进行全面深入的研究。尤其是中央国术馆武术教育的研究几乎处于浅层状态，本书的研究正弥补了这方面的不足。本书研究的对象是中央国术馆，重点之一在史料整理，要解决的问题是武术教育层面的内容。抓住此点，可以不迷失研究的手段、方法与技术等问题的要求与水平，从而保证研究的质量与效率。同时，研究过程中对各类民国文献的搜集与整理丰富了民国武术研究领域的研究史料与文献，有助于进一步深化民国武术断代史研究，为广大学者的后续研究略尽绵薄之力。

5.3.2 学术观点的创新

中央国术馆武术教育研究将历史学、体育学、武术学与文献学紧密结合。这是因为中央国术馆武术教育既是历史学研究的对象，也是教育学研究的对象，更是体育学研究的对象。本书在重视史料整理的同时，兼顾这些历史文献所具有的多重属性，从多学科视角来研究，力求将民国武术教育本土经验与当代武术教育研究相结合，提出与借鉴国外经验相对应的本土视角的学术观点。

5.3.3 研究方法的创新

本书对于文献资料法采取全面普查的方法，"毕其功于一役"，避免了零敲碎打的弊病，也节约了后续研究的成本，使研究成果得到充分利用。同时，运用系统论方法，处理研究方方面面的问题，做到有理、有利、节时、节能，避免了人力、物力、财力的浪费。如在普查文献时，不但目录明确，还要尽可能获得文献文本，同时对所遇不确定的文献，也及时保留与录入，避免撰写论文时再耗费时间。

第2章 中央国术馆武术教育的历史背景、教育目的与发展历程

"庚子事变"之后,在"数千年未有之变局"的背景下,"武术何为"一时间再度成为热心武术发展之人思考的问题。南京国民政府成立后,中国完成了形式上的统一,展开了一系列恢复国内建设的举措,学界因此渴望解决积弊已久的教育问题。中央国术馆在南京国民政府成立次年展开了武术教育,并在这一历史时期的文化背景、政治背景和教育背景下,对武术教育展开了全新的探索与实践。那么,特定的历史背景是如何影响中央国术馆武术教育目的的?中央国术馆在高起点下,又是如何界定"武术何为"的元命题的?中央国术馆依附于国民政府的高起点武术教育特征,给其发展武术教育带来了不同于同时期其他武术组织的绝对优势。然而,正是这种泛政治化的特征使得中央国术馆随国民政府的命运而沉浮,经历了南京时期发展、流离时期衰落的演进历程。本章即欲论述与分析中央国术馆武术教育的缘起与目的,回答中央国术馆武术教育源自何处,又前往何处的根本问题,并借此从宏观上梳理中央国术馆武术教育的脉络,为中央国术馆武术教育后续的深入研究奠定论述基础。

第1节 中央国术馆武术教育的历史背景

历史事件抑或历史组织在什么历史情况下发生,实质上包括原因和条件两个方面内容,即必要性和可能性。中央国术馆武术教育的产生与民国时期的文化背景、政治背景和教育背景密切相关。那么,这三种背景是如何推动中央国术馆武术教育的开展的?不同的背景对于中央国术馆武术教育的产生是必要性原因还是可能性条件?本节将通过对民国文化史、政治史、教育史的宏观梳理与分析,对中央国术馆武术教育的历史背景进行论述与归纳。

1 文化背景：武化运动——近代中国积贫积弱唤起尚武精神

1915年9月，陈独秀从日本归国后，在上海创办《青年杂志》（从第2卷起改称《新青年》），揭开了新文化运动的序幕[①]。不久，以提倡民主、反对专制，提倡科学、反对迷信，提倡新道德、反对旧伦理，提倡新文学、反对旧文学为主要内容的新文化运动开始席卷全国。新文化运动引进的民主思想与科学观念，有利于冲破自然经济、农耕文明对人与自然的本然诠释。从新文化运动开始，近代中国开始全面反思中西文化。中西文化的沟通过程中产生了民族文化复兴的自觉意识和必要的精神条件，从排斥西方文化开始逐渐在中西文化结合的基础上发展了新文化。经过新文化运动，封建思想遭到前所未有的冲击和批判，人们的思想得到空前的解放。这种思想的解放给重新审视武术迎来了新局面。

1919年巴黎和会外交失败直接导致了五四爱国运动的爆发。五四运动之后各种政治主张与社会思潮在中国喷涌勃发。五四运动促进了新文化运动的进一步发展，使马克思主义成为中国思想家的主流并开始得到广泛传播。当然，由于当时中国各方面的基础仍然十分薄弱，社会改革的前途并不十分明朗。社会逐渐走向激进，各种思潮也仍在不断激荡中[②]。同年，孙中山在参加精武体育会成立10周年纪念活动时，亲自题赠匾额，书写"尚武精神"。在为该会特刊《精武本纪》撰写序文时，孙中山指出："概自火器输入中国之后，国人多弃体育之技击术而不讲驯，至社会个人积弱愈甚，不知最后五分钟之决胜，常在面前五尺地短兵相接之时……我国民族，平和之民族也，吾人初不以黩武，善战策。我同胞然处竞争剧烈之时代，不知求自卫之道则不适于生存……"[③]孙中山提倡以尚武精神来达到自强保种、救亡图存的目的，不仅是其武术观念的体现，亦是其民族主义思想的反映。孙中山的"尚武精神"犹如醍醐灌顶。面对中国的前途问题，与新文化运动相对应的武化运动之"尚武思潮"开始登场。

"尚武思潮"表达了对内忧外患的担忧，主张新文化运动之时亦须展开新的武化运动，再一次将武术置于"国之大事"的层面进行探讨。张溥泉在1922年率先发出了武化运动的倡议，一针见血地提出："提倡新文化，不如提倡新武化，新武化实为

[①] 张宪文，等.中华民国史：第一卷[M].南京：南京大学出版社，2006：343.
[②] 张宪文，等.中华民国史：第一卷[M].南京：南京大学出版社，2006：409.
[③] 孙文.《精武本纪》：序[M]// 陈铁生.精武本纪.上海：精武体育会，1919：1.

救国强身之要图。"①与此同时，署名为"IH"的作者在《努力周报》上撰写了题为《武化运动》的文章。作者剀切指出新文化运动把军人阶级排斥在新文化的范围之外，认为这是提倡新文化的人一时疏忽。现在要想补救这个错处，应该赶快从武化运动下手："以宣传新文化的方法来化导武人，不要把武人看作新文化的仇敌，要把武人看作新文化的朋友，并且要把军人阶级收入，使军人阶级也要变为新文化的宣传人。"②在张溥泉和IH的发起下，"武化运动"作为一个新的概念开始受到关注，文治武功再次受到有识之士的关注，正如IH提出的"武化运动"看到了被新文化运动所忽视的"军人阶级"。

将"武化运动"推向高潮的是1925年发生的五卅惨案。此时，"武化运动"比"新文化运动"更重要的观点开始发酵，如何推行"武化运动"亦得到充分讨论。鲁继曾认为"外抗强权所以必须提倡新武化运动，内除国贼而必须作新武化运动"，并依此提出了教育上的方法："军事教育、童子军训练、教师之示范、运动之普及。"他进而愤慨地指出："如欲报复英寇在沪屠杀我同胞之国仇，请自提倡武化教育始。"③李璜认为："新文化是学得西洋的文学、哲学、美术、科学各种长处来增加我们的精神，新武化是仿效西洋的军事教育和组织来锻炼我们的身体。"李璜为此剀切指出："新武化的运动比新文化的运动更重要，不然，我们终是无武力无组织的民族，终不足以言预备作战，终是要被人欺辱屠杀而无可奈何。"④是以，面对帝国主义和军阀混战的双重压迫，当时国内的部分人士提出了以"武化运动"来提升军事训练，继而抵御外辱、救亡图存的方略。与此同时，丘汉兴具体探讨了"武化运动"的意义与途径。诚如丘氏所述："经李璜先生这么一提，我原来的意思因此更加浓厚了。现在从各方面观察，更使我觉得这个问题的重大，认为有急行鼓吹讨论的必要。""何谓新武化运动？新武化运动就是预备把武化的精神移植到萎靡的、堕落的、死气沉沉的社会。引伸（申）言之，就是设法把软弱的、萎靡的、畏怯的、退缩的、虚伪的、驯服的、懒散的、苟且的、好逸的、享乐的、不按时的、不守规的、无为的、贪生的、斯文文的、死沉沉的——文化的精神连根拔去，重新下武化的新种子。"他进而提出了全盘西化的"新武化"观点："一方面极力的排斥废除东洋文化的——懦弱的文明，（另）一方面努力的接受培养西洋武

---

① 时报社. 中华武术会开会记 [N]. 时报, 1922-09-23（10）.
② IH. 武化运动 [J]. 努力周报, 1922（20）：3-4.
③ 鲁继曾. 新武化运动 [J]. 长虹, 1925（创刊号）：25-28.
④ 李璜. 我们怎样预备作战？[J]. 艺林旬刊, 1925（8）：2-6.

化的——壮烈的文明。不过新武化运动是求普遍的，不是在局部的，狭隘的；是本末兼顾的，不是头痛医头，脚痛医脚。"①他认为新武化的目标是："要铲除这种病根，只有提倡新武化运动，要想救国，亦只有主张武化救国。武化运动的目标就是在铲除中国萎靡懦怯、死气沉沉的病根，强身健神，救国保种。"基于此，丘汉兴提出应该从"发展军事教育、注重各种运动、复兴中国武术、改革中国服饰、实行国民武装、奖励武侠精壮之士、提倡壮烈的文学"七个方面实现"武化运动"的路径。"复兴中国武术"作为第三种路径，不仅将"武化运动"从军事手段回归到武术本身，同时使武术对接"国之大事"的思想开始得到关注。丘汉兴指出："中国武术本为强身尚武之一种方法，数千年来相传不堕，可以说是中国的一种国粹。新武化运动对于中国固有的武术也不能忽略过去，应当设法使之复兴，俾助成强身尚武之效。"②丘汉兴提出"新武化运动"方略之后，支持"复兴中国武术"的观点得到了当时武术界人士的积极回应。

1925年，万籁声在《晨报副刊：新少年旬刊》中提出："我国青年自受新思潮影响，均专注意于恋爱自由、思想解放等上，但对于固有强种之武术，鲜有人提及，且犹有鄙视之倾向，殊为扼腕。"他审视了中国武术的历史、价值，并将中国武术与西方武术进行了比较后认为："如国人均擅武技，身健体壮，则不独国家之幸，抑亦个人终身之幸也。"③由"新武化运动"关注武术自身的发展在万籁声的文章中得到强调。他呼吁："政府须设立国技研究馆，提倡各项运动，奖励精壮之士，俾朝野一变其官僚腐败之习气，感知体育为可贵，则庶乎上行下效，一洗今日之沉疴。"④借助国家力量发展现代武术事业是万籁声发出的时代最强音。自古以来，官方武术与军事作战挂钩，延续千年的武举制直至晚清仍被视为统治阶级巩固政权的工具。然而清朝只设武举而无武学，鸦片战争以后，频繁的侵略战争显露出武举制已不能适应时代之需。官民分途的武术发展模式又使得民间武术无序发展，最终导致"义和团"运动夹裹着封建迷信，中国完全沦为半殖民地半封建社会。庚子事变之后，武术一度被人斥为江湖末技。

20世纪初叶，随着军国民主义的兴起，中西方文化激烈碰撞下的中国武术已从夹裹着极端民族主义的"义和拳"，发展至民国初年初步接纳西方文化的"中华新武

---

① 丘汉兴. 新武化运动发端（一）[J]. 晨报副刊：新少年旬刊，1925（4）：1-2.
② 丘汉兴. 新武化运动发端（二）[J]. 晨报副刊：新少年旬刊，1925（5）：1-5.
③ 万籁声. "新武化运动"与"中国武术"[J]. 晨报副刊：新少年旬刊，1925（5）：3-6.
④ 万籁声. 新武化运动之实现[J]. 晨报副刊：新少年旬刊，1925（8）：5-6.

术"。然而，新武术毕竟只是模仿了西式体操，其"以令带操"的表现形式虽契合了军国民主义思潮，甚至在1915年一度被审定为官方教材内容，但终因内容单调、习者日少而仅仅对武术产生了一定的普及意义。当1919年孙中山呼吁的"尚武精神"演变成"武化运动"后，武术再次回归公众的视野并得到了一定程度的正视。

以万籁声1925年发出的"政府须设立国技研究馆"为代表，重新借助国家力量弘扬尚武精神已箭在弦上。两年后，武术已上升为国术，中央国术馆的前身"国术研究馆"已发起成立。因此，从中央国术馆武术教育的文化背景来看，将武术对接成为"国之大事"已得到了一定程度的发酵，由唤起"尚武精神"，演变为一场武术救国的"武化运动"，进而提出了国家扶持的武术发展策略。其中，教育途径作为弘扬"尚武精神"的根本举措被有识之士提出。"武化运动"虽然不及"新文化运动"所产生的广泛社会影响，但是在孙中山肯定武术价值的前提下趁势发起的这一运动，还是使得国民政府部分要员认识到"武术救国"或许是国家建设的方案之一，而设立了一个官方武术组织，自上而下地推行武术教育，无疑是传承与弘扬"尚武精神"的切实载体。武化运动的文化背景成为中央国术馆开展武术教育的前提条件之一。

2 政治背景：以武促建——国民政府建立后武术与政治联姻

中央国术馆成立之际，正值国民党二次北伐激战正酣之时。自辛亥革命失败后，孙中山及其领导的革命党人为中国的民族独立、民主共和、富强统一而不懈奋斗。俄国十月革命成功后，孙中山深为触动，进而明确了反对帝国主义和封建军阀的民主革命任务。1919年，孙中山将中华革命党改组为中国国民党。在共产国际和苏联代表的帮扶下，中国国民党和当时崛起于政治舞台的中国共产党实现了合作，拉开了大革命的帷幕。与此同时，在1916年袁世凯死后，北洋军阀分裂为直、皖两系，奉系军阀和其他地方军阀也相继形成，各军阀间为争夺地盘、扩充实力，连年混战，民不聊生。打倒北洋军阀，结束封建军阀的黑暗统治，已成为中国人民迫切的要求。

1926年7月9日，蒋中正就职国民革命军总司令并誓师北伐。1928年12月29日，张学良在东北通电东北易帜，宣布效忠南京中央政府，这宣告了历时两年半的北伐战争的成功。中国完成了形式上的统一。北伐结束后，南京国民政府正式统治全中国，成为中国在国际上的唯一代表政权。然而，国民政府内外仍有不同势力割据，这造成了日后中原大战等一连串内斗冲突的发生。此外，北伐战争期间，蒋介石和汪精卫先后在上海和武汉发动反革命政变，北伐战争的胜利果实被窃取。这次战争中共产党被抛弃、被屠杀的教训，使共产党人深刻认识到建立共产党领导的无产阶级军队、独立开展武装斗争的极端重要性，从而走上了创建中国工农红军，进行土地革命，以农村包围城市，武装夺取国民党政权的另一条革命道路。因此，就当时的政治背景而言，初步掌握全国政权的国民政府并没有因为形式上的统一而致力于改善国计民生，相反，1928年国民党二届五中全会后，蒋介石以实施"训政"的名义，采取了一系列强化个人专制统治的措施[①]。当然，相比于北洋政府的四分五裂，南京国民政府自成立至全面抗战前对政治、军事、经济、社会、文教等各方面施行了一系列举措。1951年9月19日，美国阿尔伯特·魏德迈将军（Gen. Albert C. Wedemeyer）在美国国会第82届报告中说："1927年至1937年之间，是许多在华很久的英、美与各国侨民所公认的黄金十年。在这十年之中，交通进步了，经济稳定了，学校林立，教育推广，而其他方面也多有进步的建制。"尽管魏德迈所赞赏的"黄金十年"并未得到海内外学术界一致赞同，但是不容忽视的是，为备战与支持军事建设，国民政府确实已尽力发展各项建设[②]。

武术在南京国民政府成立之时就已进入官方的视野。在西北军著名将领张之江等人的发起下，"国术研究馆"于1927年成立。张之江认为武术是祖国的国粹，为此向国民政府申请将"武术"改称"国术"以将武术的价值置于崇高地位，并获得批准。筹备初期的"国术研究馆"不仅是武术研究机构，其中还设有武术训练队以培养武术师资。当"国术研究馆"初具学术教育性质之时，张之江拟向国民政府教育部申请备案，但是却遭到了拒绝；一再申请后，国民政府拟将其批准为民众团体。筹备初期的张之江为此奔走呼吁，通过人脉关系联络到李烈钧。李烈钧彼时任职国民政府常务委员，与张之江是辛亥革命云南起义的老战友，交情甚笃。当张之江把教育部备案一事告诉李烈钧时，李建议："教育部既然不批准，干脆由国民政府直接领导，属于国民政府直属机构，经费由财政部国库开支。"在李烈钧的建议下，"国术研究馆"改称为"中央国术馆"，并于1928年3月15日《国民政府公报（南京1927）》第41期的第174号公文批准备案[③]。郝凤岭口述佐证："张之江经常对我父亲说，没有李烈钧，中央国术馆是成立不起来的。"此外，蒋介石也比较支持中央国术馆的创建。万

---

① 茅家琦，徐梁佰，马振犊，等. 中国国民党史[M]. 南京：江苏人民出版社，2018：322.
② 张宪文，张法玉. 中华民国专题史：第六卷 南京国民政府十年经济建设[M]. 南京：南京大学出版社，2015：1-2.
③ 中央国术馆史编辑委员会. 中央国术馆史[M]. 合肥：黄山书社，1996：34.

乐刚口述佐证:"蒋介石知道,没有张之江的协助,北伐军难以统一北方,所以我外祖父讲的话蒋介石还是很给面子。最后在李烈钧、于右任、蒋介石等人的帮助下成立了中央国术馆。"至此,在获得国民政府批准备案后,武术与政治实现联姻,获得政治推力,这为中央国术馆自上而下的武术事业发展奠定了政治基础。

中央国术馆成立的政治背景在《中央国术馆宣言》中表露无遗,其字里行间流露出借助政治力量发展武术的期待。鉴于其为国民政府弘扬"尚武精神"的切实载体,国民政府部分人士对此回应得亦颇为积极。发起者高呼:"我们应当努力的,原不是国术这一件事,须要知道不强种说不到强国,不武装讲不起和平,铲除军阀,必须冲锋格斗,我们要贯彻先总理的主张吗? 就要赶快锻炼身手,从国术一条路上做起。"①与此同时,发起者进一步将孙中山的民族主义强行与武术挂钩,强调:"先总理最后的遗言说,和平奋斗救中国。我们为什么要奋斗?为的是和平。我们怎样能得着和平?只有奋斗。我们凭什么奋斗?只有研练国术。"发起者最后将武术上升到政治高度,指出:"国术界的同志们要认清我们今后所负的使命,是本着三民主义来努力革命工作救国的。"宣言最后露骨地高呼:"中国国民党万岁,国民政府万岁,中华民族万岁。"②是以,中央国术馆成立之时通过运用孙中山言论的影响力,进一步解读了发展武术的政治意义;作为政治工具,符合国民政府建立之初巩固统治和发展军事的需要。因此,国民政府高层对此进行了颇为积极的回应。

1928年3月5日,中央国术馆召开筹备会,公推张之江为馆长。3月15日,成立会正式召开,于右任、谭延闿、李宗仁分别代表国民政府党、政、军致词以资鼓励。于右任代表国民政府中央党部训词:"我们以身作则,锻炼体魄,使全体民众均国术化,便是给党国增加无数的奋斗的新力量,新本领。"谭延闿代表国民政府行政院训词:"人人要国术化,有尚武的精神,而使中华民国成为最健全的国家。"李宗仁代表国民政府军事委员会训词:"现在必须把民族精神振兴起来,以抵抗帝国主义,一方要实现三民主义,我们民族的精神,就是最显著的国术。"张之江答词:"成立中央国术馆以期自强强种自救救国,恢复固有的技能以发扬民族的精神。希望党国领袖及诸同志不吝指教,使国术早日普及全国。"副馆长李景林发言:"把旧技能恢复起来,发扬我们民族的精神,才能抵抗侵略我们的帝国主义,以期促进国民革命早日成功,

---

① 编者. 中央国术馆宣言 [J]. 中央国术馆汇刊, 1928(1): 7.
② 编者. 中央国术馆宣言 [J]. 中央国术馆汇刊, 1928(1): 9.

三民主义早日实现。"①蒋介石表示："民族图存，必以武力为后盾，而武力之短兵相接，冲锋格斗，国术往往能操胜算。研究国术小可保障身家，大可捍卫种族，一经提倡，全国风行，发扬尚武精神，增进健全体魄，转弱为强，可立而待也，岂仅党国前途之幸而已哉。"②在《中央国术馆汇刊》刊载的一份中央国术馆发起人名单中，国民政府41位高级官员赫然在目，他们是：阎锡山、孔祥熙、钮永建、柏文蔚、贺耀祖、王宠惠、薛笃弼、何应钦、白崇禧、陈调元、戴季陶、宋子文、张学良、宋渊源、杨树壮、胡汉明、蒋梦麟、何香凝、邵力子、方本仁、蒋中正、吴稚晖、宋美龄、马福祥、李石曾、谭延闿、王伯群、郑毓秀、蒋作宾、李济深、蔡元培、孙科、李德全、张人杰、张继、李景林、王正廷、李烈钧、李宗仁、朱培德、张之江③。为了回应国民政府的鼎力支持，中央国术馆发布的《国术同志应遵守之规律》中，第一条便是"遵守党义国法"④，以明确中央国术馆是为国民政府培养武术人才的组织。国民政府高层重视武术具有鲜明的政治目的，即注重武化教育，提高军事训练，继而巩固统治，抵御外侮，救亡图存。而作为馆长的张之江则旨在通过政治力量的干预，自上而下地推进武术事业，进而弘扬国粹、强种救国。武术与政治正是在这一特定的政治背景下得以紧密结合，以武术辅助国民政府的政权建设，从而为中央国术馆开展武术教育带来了极高的起点。以武促建的政治背景成为中央国术馆开展武术教育的前提条件之二。

3 教育背景：以武育人——学生成为近代武术重点发展对象

基于"尚武精神"的唤起，在政治力量的支持下，通过何种途径发展武术事业是中央国术馆面临的首要问题。《中央国术馆组织大纲》中明确提出了该馆的四项基本职能：研究中国武术、教授中国武术、编著关于国术及其他武术之图书、管理全国国术事宜⑤。"教授中国武术"作为中央国术馆发展武术事业的基本职能，从其成立之初就被放在了重要位置，并对其他三项职能影响至深且巨。通过"教授中国武术"

---

① 张之江. 本馆馆长答词 [J]. 中央国术馆汇刊，1928（1）：4.
② 蒋中正. 序 [J]. 中央国术馆汇刊，1928（1）：2.
③ 编者. 本馆发起人 [J]. 中央国术馆汇刊，1928（1）：39.
④ 编者. 国术同志应遵守之规律 [J]. 中央国术馆汇刊，1928（1）：56.
⑤ 编者. 规章：中央国术馆组织大纲 [J]. 中央国术馆汇刊，1928（1）：19.

培养什么样的人才，如何培养人才，与当时学校武术教育和教育发展的背景密切相关。近代以降，西学东渐，现代学校设立。鉴于国人体格之弱，一些有识之士和教育家开始呼吁"尚武精神"应以学生为重点发展对象。从1911年6月北京举行的"中央教育会议"中的《请定军国民教育主义案》的倡导，到1914年徐一冰上书教育部"高等小学中心师范亟待添习技击一门"，再到1915年4月北京教育会提出的《拟请提倡中国旧有武术列入学校必修课案》，直至1918年10月教育部召开全国中学校长会议通过的决议"全国中学校一律添习武术"，武术进入学校得以肇始。在教育思想上，民国时期的学校武术教育经历了军国民主义教育思潮和自然主义教育思潮，这两种思潮对中央国术馆武术教育产生了深远影响。

"文武合一，术德兼备"是军国民教育的核心理念，其意旨通过教育培养国民具有军人知识、技能、态度、习惯、情操与理想，用以爱护民族、效忠国家、内抗专制、外御强敌，以求民族统一、国家独立之谓也①。1902年蔡锷在《新民丛报》上发表了《军国民篇》，写道："中国据今日而不以军国民主义普及四万万，则中国其真亡矣，倡议国民皆需具备军人之智识、军人之精神、军人之本领。"②蔡锷因此成为近代较早明确提出军国民教育的人士。同年，蒋百里又在该报发表了《军国民之教育》，提出了军国民教育的学校、社会和家庭三种方案，以及军人精神的爱国心、名誉心、公德心、质素和忍耐力四大主张③。由于报刊的宣传，军国民教育思潮在清末得到广泛传播。辛亥革命之后，军国民教育思想进一步得到强化。1912年民国首任教育总长蔡元培把军国民教育列为教育方针五大内容之一。蔡元培指出："列强交逼，亟图自卫，而历年丧所失之国权，非凭借武力，势难恢复。故不得不采行军国民教育。"④民国初许多学校都组织了"童子军"和"少年义勇团"，以培养学生的尚武精神和军事技能。虽然清末民初"尚武精神"一定程度上成为社会共识，然而其理论和实践都是以军事化为主要目的，对于军事化手段之一的武术教育则鲜有人进行整理和研究。随着中国武术界为适应时代需求创造"新武术"，民国时期对于武术教育本身的研究得以肇始。

1918年10月北洋政府教育部召开全国中学校长会议，山东省立第二中学校长

---

① 瞿立鹤. 清末民初军国民教育思潮[J]. 师大学报，1984（29）：27.
② 蔡锷. 军国民篇[M]. 新民丛报影印本. 台北：艺文印书馆，1966：80-81.
③ 蒋百里. 军国民之教育[J]. 新民丛报，1902（22）：47.
④ 蔡元培. 教育方针之意见[N]. 时报，1912-03-19（2）.

郭葆珍、第三中学校长张道镛、第六中学校长丛涟珠、第七中学校长孔令灿等提请全国中学校一律添学中华新武术①。翌年第四届全国教育会上，为了学校"加授武术"能够顺利推进，山东省教育会提出了《推广中华新武术案》，拟使用的教材则正是《中华新武术》，其中包括《率角（摔跤）科》《拳脚科》《棍术科》和《剑术科》四部教材。新武术主要有三个特点：一是将内容繁杂的中国武术简化为剑术、棍术、拳脚三个代表性科目。二是将摔跤纳入"新武术"，以补缺我国传统拳术的赛制缺陷。三是模仿西方体操，运用"带数口令"的方法对中国武术传统的师徒言传身教加以改进，以适应武术进学校的集体式教学。在教学程序上，由基本教练、连贯教练、对手教练和连贯对手教练四个先后部分组成；由于遵照了循序渐进的教学原则，利于学习者掌握基本动作。这次对中国武术的改造具有一定的创造意义，《中华新武术》系列教材及理论是对中国武术转型的尝试，也是武术主动体育化的起点②。然而《中华新武术》主要聚焦于武术动作教学，其教育价值取向单一。它的兵操式武术也有诸多弊端：将武术简化成操，淡化了武术的攻防属性；口令式教学方法单调枯燥，学生容易失去兴趣。新武术虽有利于武术的横向普及，但是不利于纵向传承。当然，新武术对民国武术教育甚至今日都有一定的影响。因此，"新武术"也可以说是民国武术教育研究的基点之一。

美国体育教育家麦克乐（C. H. McCloy）来华后为中国武术教育的发展提出了全新的观点。在《麦克乐所拟之武术大纲》中，麦克乐从武术教育目的、选择教材之标准、教授法之标准三个方面为中国武术教育拟定了一份纲要式的指导方案。例如在"教授法之标准"中，麦克乐指出：①教授时须按照学生之天资以定其进步之速度，不宜依照呆板式之武术课程。②体操式的运动可将其大纲同时授于大多数的学生。③一切训练应有增加神经肌肉合作之功能。④初学者开始时应授予实用的技巧。⑤同时应学习其他运动，如田径、网球和棍球等，以免顾此失彼。⑥关于现代武术如摔跤、西洋拳术、柔术、刀术等，亟应规定章程以为判断竞争之标准，此项标准应注意攻守应付之技巧，不可按呆板不变的老套。⑦从国技中取较花巧的一部以脱胎一种新式的中国土风舞，但此种舞只可视为一种武舞，切勿作自卫的技能。③麦克乐的"教授法之标准"虽无武术的具体教法，但是体现了他所注重的武术教学原则，

---

① 申报社. 全国中校长会议续志 [N]. 申报，1918-10-21（13）.
② 温力. 中国武术概论 [M]. 修订版. 北京：人民体育出版社，2019：387.
③ 编者. 麦克乐所拟之武术大纲 [J]. 中华教育界，1925，15（6）：8.

即因材施教、循序渐进、力求符合生理特征、中西体育并举、强调应用和注重套路。此外，在"教学目标"上，麦克乐注重武术对学生身心健康的培养；在"教学内容"上，注重选择符合学生身体特点的武术项目，优选徒手技能而器械次之，教材内容须有科学依据，武术的神秘性内容应摒弃。麦克乐的武术教育观具有鲜明的西方"自然主义"和"科学主义"教育思想的痕迹，给当时的武术教育注入了新鲜的血液，犹如杜威之于民国教育界。随后，翔高认为："团体操、潭腿和八段锦更适合小学生练习，原因在于这类项目足以养成奋斗、刚毅和坚忍不拔的精神，足以养成轻捷雄健的身手，没有性别、年龄和体质上的妨碍，随时可行，不受人数、场地的限制，极省费用。"[1]北京体育研究社亦撰文对武术教材的编撰提出了意见："武术教材以合乎体育原理而无害于生理卫生为主，不然揠苗助长适以害之，与提倡原意不合，故于选择教材上不可不审慎者也，如徒求肌肉发育而不顾及内脏受损尤为不可，且运动材料与年龄攸关，如青年儿童身体虽正在发育尚求完成，稍激烈之运动固不妨，过激烈者尚宜避忌。"尤其在谈到学校武术与军事武术的不同之处时，北京体育研究社认为："学校武术须注意人格之修养及陶冶性情者方为适当，故学校锻炼应探知觉运动之材料，所谓身心合一、内外交练者是也，非如军队之仅如机械的运动即呈敷用也，技术优良为其职业，如好勇斗狠恰其本色。"[2]从军国民主义教育到自然主义教育，不仅促进了武术教育在学校和社会的展开，同时也给中央国术馆的武术教育注入了新的活力。中央国术馆武术教育"文武兼修、术德并重"的指导思想正是在审视了这两种教育思潮后形成的新理念。

近代以降，以学生为武术发展重点对象对"武化教育"的倡导与建设给中央国术馆开展武术教育提供了教育政策上的支持。广州国民政府成立之初，许崇清、韦悫相继发表了《国民政府教育方针草案》，力主积极实施"武化教育"，以养成党治下之健全国民。张九如则在《党义教育下各科教学法纲要》中倡导军事化的"武化教育"，第六条"体育科"中指出：在军事教育与童子军教学上，每日宜有定程，逢国耻之日，宜集合邻近学校举行阅兵式、会操式，并宣传国际局势，以振作其精神而鼓舞其敌忾同仇之气概。在各省县举行联合运动会时，应以县或省为单位，演习战斗技能、战略行使，以比较其优劣。若于集会时，能请军政机关派一军事教育专

---

[1] 翔高.我国武术的优点[N].时报，1927-08-29（8）.
[2] 编者.体育研究社呈教育部规定武术教材文[J].体育丛刊，1924（11）：295-303.

家前来统帅，以得校正之效①。是以，广州国民政府时期具有鲜明军事色彩的"武化教育"业已将学生作为重点发展对象，对武术教育的具体要求亦较为笼统。

1929年4月26日，国民政府正式通令公布其教育宗旨。为实施此教育宗旨，第三、第四次中国国民党全国代表大会议决第七条再次对体育教育方针进行了规定：各级学校及社会教育，应一体注重发展国民之体育，中等学校及大学专门学校，须受相当之军事训练。发展体育之目的，固在增进民族之体力，尤须以锻炼强健之精神，养成规律之习惯为主要任务。②此时的体育教育已对中等以上学校提出了相对要求，夹裹着军事化的"武化教育"仍被视作体育教育的重点，但在目的上已由广州国民政府时期的注重"振作精神"，进化为体力与精神并重。国民政府加强实行民族主义教育，目的在于培养国民自治能力，训练国民生产技能，力求实现民族主义达到完全的民族独立。正如孙中山所述："民族主义是国家图发达和种族图生存的宝贝。"③因此，国民政府尤为重视军事训练与武术。尤其九一八事变之后，社会精英开始认识到教育改造为拯救民族根本之图，所以国民政府希冀用民族精神教育学生来提高国民的国家意识与加强民族同化，达到抗敌御辱的目的。是时，武术的"国术"称谓已基本得到认同。邵元冲认为教育的基本工作是唤起一般人的民族精神，来完成民族复兴的任务。他剀切指出："以国防教育予一般国民以军事科学即军事组织之训练，是要每一位国民无论在平时或战时，皆能发挥其效能而人人能尽其守土之责。"④鉴于此，《教育杂志》特别出版"全国专家对于教育救国的信念"专号。蒋介石在《救国的教育》一文中，着重强调：人格教育要注重修身，救国教育要注重体格训练⑤。蒋氏特别重视用军事训练来抵御外辱、救亡图存，认为这是当时迫切需要努力的工作之一。早在广州时期为了对抗军阀和帝国主义，国民政府已经注意到必须将军事训练扩及各级学校学生。所以，韦悫草拟的《国民政府教育方针草案》特别提倡尚武精神。囿于国民政府忙于北伐，并无暇于学校教育彻底实施军事训练，直到1928年5月，大学院召开全国教育会议时，才设"体育及军事教育组"讨论各级学校实施军事教育之相关事宜。与"武化教育"相辅相成的便是对体育的重视。1929年4月，

---

① 张九如. 党义教育下各科教学法纲要[M]. 上海：新时代教育社，1927：31.
② 原春辉. 中国近代教育方略[M]. 台北：著者自印，1963：181.
③ 广东省社会科学院历史研究所，等. 孙中山全集：第九卷[M]. 北京：中华书局，1986：210.
④ 张宪文，张玉法. 中华民国专题史：第十卷 教育的变革与发展[M]. 南京：南京大学出版社，2015：187.
⑤ 蒋中正. 专载：救国的教育[J]. 上海市教育局教育周报，1933（182）：1–3.

国民政府公布《国民体育法》，规定高中以上学校均须以体育为必修科，与军事教育方案同时确实奉行，如无该两功课之成绩不得毕业。负责推动全国体育的机关是训练总监部，正与负责军训教育的机构相同。其后，训练总监部在国民军事训练处之下，设立体育科，主要业务在与国民军训配合①。

教育政策的主要作用，在于因时制宜，以求教育宗旨的实现。武化教育作为民族主义实现的切实载体，得到了教育界的重视，从而给中央国术馆的武术教育奠定了政策依据。是以，国民政府成立后，在以学生为武术重点发展对象的实践基础上，中央国术馆开展武术教育得到了国家关照。以武育人的教育背景成为中央国术馆开展武术教育的必要条件。

第 2 节 强种救国：中央国术馆武术教育目的探析

南京国民政府成立前后武化运动的文化背景、以武促建的政治背景、以武育人的教育背景，形成了中央国术馆推行武术教育的三维历史背景。那么，中央国术馆开展武术教育的目的是什么，又是如何诠释"武术何为"的元命题的？中央国术馆武术教育目的的提出和确立，正是基于特定的历史背景。因为，教育目的不是一个超社会、超历史的永恒范畴，它具有一定的时代性。教育目的总是反映着一定时代的社会、政治、经济条件和人的身心发展水平的要求②。中央国术馆武术教育目的的确立不仅是国民政府成立时的历史背景体现，同时也要符合学生个体身心发展的特点与水平。民国时期学生身心发展水平犹如青年毛泽东所剀切指出的："国力恭弱，武风不振，民族之体质，日趋轻细，此甚可忧之现象也。"③国家的积贫积弱，伴随着人民体质的衰弱。对于如何转弱为强，毛泽东提出了"文明其精神、野蛮其体魄"，而中央国术馆武术教育目的则从武术特有的技击属性出发，再次将武术与"国之大事"对接，抛出了"强种救国"的武术教育目的。

---

① 吴文忠. 中国近百年体育史[M]. 台北：台湾商务印书馆，1967：52-54.
② 柳海民. 教育学原理[M]. 北京：高等教育出版社，2011：120.
③ 毛泽东. 体育之研究[M]. 北京：人民体育出版社，1979：2.

1 中央国术馆武术教育目的的内容结构

一定的社会关系及社会中的物质关系和思想关系，对教育目的起着直接的决定性影响。一个社会需要什么样的人，具有什么样的政治倾向和思想意识，需要哪些类型与规格的劳动力，都集中反映在所制定的教育目的上[①]。自清末以来，帝国主义侵略纷至沓来，使中国濒临灭亡的边缘，于是种种应运而生的教育目的，无不直接或间接地以复兴民族为目的。国民革命军完成北伐后，国民政府加强实行三民主义教育，致力于培养国民自治能力，训练国民生产技能，力求实现民族主义，达到完全的民族独立。正如孙中山所述，民族主义是"国家图发达和种族图生存的宝贝"[②]。所以，国民政府特别重视军事训练与武术。中央国术馆武术教育很大程度上贴合了时代背景和民族主义，在强调发挥武术技击价值和健康价值的同时，对武术教育的教育目的进行了建构。正如《中央国术馆史》所述：发扬固有文化，增进全民健康，化除派系，整理教材，训练师资，统一教学，研究改进，务求普及，以达明耻教战、自卫图强之使命[③]。这一目的建构统摄了中央国术馆的武术教育，也明晰了该馆武术教育目的的程序性。其"强种救国"的武术教育目的内容结构如图2-1所示。

图2-1 中央国术馆武术教育目的图示

1.1 第一层武术教育目的："强种"以增强国民体质

中央国术馆武术教育目的的第一步为"强种"，即促使全民健康，以期增强国民体质。明清以降，社会的发展形成了人们对武术的新需要，促使武术技术向着更有利于增强体质健康的方向发展。张之江认为增强体质应被置于抵御外侮与国家建设的重要位置。他说："国家的强弱既然担负在民族身上，我们认为中国第一件大事，

---

① 柳海民. 教育学原理[M]. 北京：高等教育出版社，2011：121.
② 广东省社会科学院历史研究所，等. 孙中山全集：第九卷[M]. 北京：中华书局，1986：210.
③ 中央国术馆史编辑委员会. 中央国术馆史[M]. 合肥：黄山书社，1996：43.

先要把民族体质强健起来。"① 对于如何增强国民体质，张之江认为应该发展武术事业：
"强国必先强种，强种必先强身。我国在国际地位的低降，东亚病夫是其一大原因。
其实，我们四万万同胞，无论体力智慧都不逊于欧美，衰弱的唯一原因便是忽略了
讲求自卫的国术。"② 与此同时，张之江对当时的社会"三毒"之"烟、赌、娼"进行
了抨击，向人们呐喊："我今介绍一个良方，可以矫正一切不良习惯。什么方法呢？
乃是国术。学国术的人，讲的是节欲，重的是早起，绝对不嫖不赌才合资格，尤其
是与吸烟背道而驰，因为吸烟的疲弱身体，停滞血脉，流毒子孙，摧残国力，没有
一分好处。"③ 此外，张之江在上书国民政府教育部的《关于增进国民体育效率的提案》
中，结合当时征兵体质较弱的弊端，提出了倡导国术的议案："为挽弱图强计势须积
极提倡我国国术。盖国术者为我民族固有之体育，具有健身、强种、自卫御辱之功效，
经济、便利、易知易行，不限组织、不拘时地，男女老幼尽可习，最适合于国民体
育之需用。"在此提案基础上，张之江提出了普及武术的对策："全国各级学校及全国
社会教育机关、团体应列国术为必修课程。全国各级党政军机关团体，列国术为公
余运动之主要项目之一。"④ 希冀以武术达"强种"，体现了张之江的拳拳爱国之心。

由于武术的内容非常丰富，形式多样，既有套路练习，又有对抗性练习，套路
练习中既有多种拳术又有多种器械，既有单人练习又有对练，并且还有多种拳种和
众多流派，这些不同的练习内容和运动形式各有其特点，可以相互补充，所以练习
武术能全面促进身体健康。此外，张之江鉴于当时国民体质的羸弱，希冀通过武术
来增强国民体质。他认为："个人健康不够，应该使整个民族都健康，方能雪'东亚
病夫'之耻。武术是中国所固有的，是国粹，应该称为国术。强国必先强种，强种
必先强身。……身强种强国强，我们民族的精神才能发扬，世界上的和平才有希望。"⑤
为此，张之江剀切指出："欲求强国，当先富民，欲富民，当努力增加生产，欲增加
生产，当从强身健体入手，研究国术即为强健身体之捷径。"⑥ 张之江的言论清楚地表

---

① 中央国术馆.张之江先生国术言论集[M].南京：中央国术馆，1931：28-29.
② 中央国术馆.张之江先生国术言论集[M].南京：中央国术馆，1931：7.
③ 南京特别市政府秘书处.五月五日中央国术馆馆长张之江在首都大戏院之演词：1934[A].南京：南京市档案馆（全宗号：1001，案卷号：10010011895（00）0077）.
④ 张之江.关于增进国民体育效率的提案：1943[A].重庆：重庆市档案馆（全宗号：0127，案卷号：01270001000004000097000）.
⑤ 中央国术馆.张之江先生国术言论集[M].南京：中央国术馆，1931：7-11.
⑥ 中央国术馆.张之江先生国术言论集[M].南京：中央国术馆，1931：2.

明,增强国民体质是中央国术馆武术教育的首要目的,而这则缘于他军旅生涯的切身体会。万乐刚口述佐证:"我外祖父出身自武术之乡沧州,他自己也有一些武术实践,在南口大战中付出了很大代价,南口大战结束后他中风了。然后他的警卫员教他武术,不久后康复了,中药西药都没有(使他)痊愈,练了武术之后康复了。"因此,在《中央国术馆缘起》一文中,张之江强调:我国民气不振相习成风,年龄尚未就衰,魂魄已游墟墓,操作不力、生产日减,民贫国弱多坐于此。欲求强国,当先富民,欲富民,当努力增加生产,欲增加生产,当从强健身体入手,研究国术即为强健身体之捷径。旧法具存,师资不远,急起直追事半功倍,此发起国术馆之理由[①]。是以,中央国术馆武术教育目的的第一层内容即为增强国民体质的"强种"愿望。由强调武术的健身价值和积贫积弱国情背景下武术习练的相对优越性,再鉴于国民身体健康欠佳引发的民气不振,中央国术馆把武术教育的"强种"意义置于首要位置便具有了一定的合理性。

1.2 第二层武术教育目的:"救国"以担民族救亡重任

中央国术馆提出"强种",其最终指向为该馆武术教育的终极追求——救国。中央国术馆成立前夕,中国仍然处于内忧外患交迫的双重危机中:内有国民党二次北伐正在紧锣密鼓地准备着,外有日本欲武力侵占东北。正是在内忧外患的时代背景下,武术被赋予了艰巨的时代使命,练武者不仅肩负着文化重建的责任,而且还是民族救亡的倡导者和政治建设的中坚力量。据万乐刚口述:"我的外祖父当时他已经看到了内忧外患。在当时中国热兵器还不是特别发达的情况下,武术在抵抗外来侵略,特别是最后的白刃战中是有作用的。尤其是1925年底,他率领大军进攻天津的时候,最后占领天津靠的是白刃战,这给了他很大的启发。后来事实证明宋哲元的大刀队,也包括西北军的大刀队,在喜峰口、长城抗战中都发挥了作用。所以他发展武术教育就是为了保家卫国。"

在民族救亡中武术的军事价值再次凸显。如张之江所述:"现在民众为争求自由平等,处新旧帝国主义铁蹄之下,战争断难幸免,虽火器精利,枪林弹雨中似不需要,然遇夜战、雾战、肉搏战,最后之胜负必视此为分判,故格斗杀敌致果,国术尤能独

[①] 中央国术馆.张之江先生国术言论集[M].南京:中央国术馆,1931:11-12.

操胜算。"① 因此，尽管在现代战争中武术的技击价值进一步弱化，但是张之江认为武术的军事价值着重体现在战争的特殊情况下，即短兵相接之时。从武术的军事价值出发，中央国术馆进而希冀将武术教育当作"救国"的中坚力量。正如《中央国术馆宣言》中写道："国术的计划是要普及全国民众，使人人均有强健的体魄和奋斗的方法，以图自卫卫国。国术唯一的目的就是要用强身强种的法子来做根本救国的运动。"②

武术教育的"救国"目的在"一馆一校"时期仍然没有改变。张之江指出："我们相信任何学术事业与国家社会都应该发生一种密切关系，我们提倡国术其目的在完成中国的民族解放运动，所以我们研究实施的体育和国术都应该向军国民这条路上前进。"③ 因此，中央国术馆武术教育的最终目的是"救国"。中央国术馆将学生个人与国家紧密联系，大力引导学生关心国家的前途命运，从而使得该馆的武术教育具有更强大的动力。中央国术馆武术教育的目的，由"强种"而达增进全民体质，由"化除门派""中西交融"搭建桥梁，并最终指向"强种救国"的宏大蓝图。据万乐刚口述："强种救国是我外祖父一生挂在嘴边的词，他晚年一直和我生活在一起，他也一直对着我讲'强种救国'。因为他很喜欢我，也一直带着我，所以他一直对我讲'强种救国'，'强种救国'是他一生最大的心愿。"

1.3 实现教育目的的手段："化除门派""中西交融"以搭建现代武术教育之桥梁

"化除门派""中西交融"，是中央国术馆力求实现武术教育目的的"左膀右臂"，其在武术"强种"与"救国"之间起到了实现教育目的的手段作用。武术在历史的发展过程中由不同的技法风格而演变为不同的武术流派。但是，由于中国长期处于封建社会，受到封建宗法观念的影响，重视血缘关系促成了家族本位，故而中国武术拳种常在家族中流传，即使在家族以外的师徒之间传承时，师徒关系往往也有一种类似于家族的关系。这种家族关系使得练习各拳种的人员内部具有一种特殊的凝聚力，同时又具有一定的排他性。这种情况在不同拳种的流传过程中，一方面使各拳种的发展相对来说更加封闭，缺少外来营养，另一方面也为各拳种相对独立的发展和传承提供了条件④。因而，基于武术教育"强种"的首要目的，中央国术馆成立之时的棘手问题之

---

① 中央国术馆.张之江先生国术言论集[M].南京：中央国术馆，1931：45.
② 编者.纪要：本馆宣言[J].中央国术馆汇刊，1928（1）：34—37.
③ 中央国术馆.张之江先生国术言论集[M].南京：中央国术馆，1931：49.
④ 温力.中国武术概论[M].修订版.北京：人民体育出版社，2019：99.

一就是推行武术教育的同时如何化除门派，以破解民间武术传授的封闭性，从而为该馆武术公开教学奠定基础。该馆声明："急起直追地提倡国术，亲爱精诚地邀集各名家，团结各宗派，化除界限，公开研究，以期自强强种，自救救国，恢复固有的技能，发扬民族的精神，不结党、不营私、不嫉妒、不骄矜，始终如一贯彻到底。"

正是基于化除门派的武术教育目的和撤门户设教务处的制度保障，中央国术馆在教育实施上力求将武术融入现代教育体系，在该馆初期的武术教育中不仅对课程设置展开了全新探索，在武术教学上亦结合班级授课制初建了现代武术教学体系。尤其是在"一馆一校"时期，武术教育体系发生了重大转变，为培养中西交融的武术人才留下了光辉一笔。正如中央国术馆体育专科学校刊物中编者所指出的："张校长见有独到，提倡国术又恐闭门造车，未能悉合时代所需，乃于两年前创办国体专校，熔中西体育精粹于一炉，为复兴民族之张本，中国本位之体育，基于斯焉！无民族性之体育，确无补于目前之中国，深愿追随先进之后，对此共同努力。"① 又如，张之江本人谈及在已有中央国术馆基础上创建体育专科学校时指出："创办这个学校其目的无非想要造就一批体育与国术的人才出来，以适应本国现况的需要。"② 当然，张之江搭建现代武术教育体系也受制于当时的物质生产水平。南京国民政府时期全国的武术师资培养远远不能适应社会需求，张之江因此在"一馆一校"办学模式时期希冀培养出武术和体育并举的师资人才。张氏已然认识到武术的传统传授模式不利于救亡时期下的"强种救国"。因而，由"化除门派"为中央国术馆推行武术教育扫清障碍，由"中西交融"发展现代武术，在该馆"强种"与"救国"之间搭起了一座桥梁。

2 中央国术馆武术教育目的的实质

2.1 为南京国民政府培养武术人才

中央国术馆武术教育目的的精神实质，是培养国民政府所需要的武术人才，通过武术教育教化学生，以维护国民政府统治的根本利益为宗旨，这在中央国术馆有关武术教育目的的论述中有其文本来源。中央国术馆教育目的具体内容之"救国"，不仅是救中国于水深火热之中，更是救国民政府政权之统治根基。国民政府时期，中央国术

---

① 阚冠五. 校史 [J]. 中央国体专校季刊，1935，1（2）：12-17.
② 中央国术馆. 张之江先生国术言论集 [M]. 南京：中央国术馆，1931：42.

馆虽然倡导教育的民主与公平，但在教育中渗透着党化教育和价值观，明确要求武术教育要培养为国民政府奉献终身的人。一个社会需要什么样的武术人，具有什么样的政治倾向和思想意识，需要哪些类型与规格的武术人才，都集中反映在所制定的武术教育目的上。中央国术馆武术教育目的渗透着"三民主义"政治精神，明显地表现为弘扬民族精神，为培养心甘情愿为国民政府巩固统治而服务的人。这些都是国民政府对中央国术馆教育目的的直接制约。

2.2 烙印着"积贫积弱"的时代背景

中央国术馆武术教育目的的确立，与"积贫积弱""救亡图存"的历史背景密切相关。首先，中央国术馆将"强种"以增强国民体质作为武术教育的第一层目的，这是近代中国国民体质羸弱的直接反映。从梁启超所提出的"奄奄如病夫"，到毛泽东所指出的"民族之体质，日趋轻细"，加之国民政府成立时期社会"三毒"的猖獗，中央国术馆俨然认识到"强种"是"救亡图存"的前提。其次，在西学东渐的文化背景下，武术与现代体育的价值冲突显著地表现在宗法血缘与标准科学的差异上。在现代社会前进的巨轮下，中央国术馆为了传承与发展武术，不得不进行武术教育价值体系调适。"门派的"作为中央国术馆推行武术教育的内在障碍，只有力求"化除"方能使武术融入现代教育体系，从而希冀公开教学与研究为"强种"与"救国"之间搭起跨越障碍的桥梁。最后，在积贫积弱的国民政府时期，形式上的统一虽给中国带来了短暂的发展机遇，但在日寇虎视眈眈的国际背景下，武术的军事价值不得不再次提上日程，进而希冀在军事战斗之短兵相接之时，发挥武术"救国"之使命。是以，中央国术馆武术教育目的的确立，深刻烙印了"积贫积弱""救亡图存"的时代背景，即在"强种"的基础上改造"病夫"之身体，由"化除门派""中西交融"搭起武术教育之桥梁，最终实现中央国术馆武术教育之"救国"蓝图。

2.3 武术教育社会本位取代个人本位

法国实证主义哲学家孔德认为：真正的个人是不存在的，只有人类才存在，因为不管从哪方面看，我们个人的一切发展都有赖于社会[①]。中央国术馆正是基于这种认识，认为武术教育的一些活动应服从、服务于国民政府的需要，武术教育的目的是促进国

---

① 孔德.论实证精神[M].黄建华，译.北京：商务印书馆，1996：67.

民政府秩序下的社会发展。无论是"强种"以提振民气,抑或是"化除门派"被界定为纪律要求,再或是"强种"以图民族救亡之重任,中央国术馆武术教育的目的完全从武术的社会本位出发,其全部目的皆为社会本位。将武术教育推崇至"国之大事",虽有利于学生习练武术时的动力提升,但是却与当时教育界倡导的"自然主义"教育思潮相悖。中央国术馆认为武术教育必须服从民族振兴本无可厚非,但是过于拔高了武术的社会价值,使得该馆的武术教育被赋予了艰巨的时代使命。质言之,中央国术馆"强种救国"的武术教育目的忽略了学生的个性发展。当武术教育目的的社会本位取代个人本位,武术的发展就会因为缺乏人的主观能动性而减缓。这一点上,中央国术馆所拟之武术教育目的未能统筹武术教育之中的社会和个人,为该馆虎头蛇尾的发展路线埋下了伏笔。

第3节 中央国术馆武术教育的发展历程

基于特定历史背景和教育目的的构建,中央国术馆武术教育由此展开。尽管中央国术馆的泛政治化技术路线给予了该馆开展武术教育活动非常高的起点,但其命运不可避免地随国民政府的起落而沉浮。国民政府的"南京十年"给中央国术馆带来了相对稳定的发展环境,彼时在张之江的带领下该馆走出了一条近代武术独树一帜的教育道路。那么,全面抗战前中央国术馆是如何开展武术教育的?全面抗战爆发后,该馆又是如何坚持武术教育的?抗战胜利后,该馆的武术教育又如何烟消云散了?对中央国术馆武术教育发展历程进行梳理,不仅是教育原理的切实要求,亦是深入解答该馆武术教育诸多问题的基础。

1 南京时期:渐次优化地传承与发展武术教育(1928—1937)

1.1 成立初期大刀阔斧地发展武术教育

1927年国民政府定都南京后,迫切希望对教育事业进行规划、整理和规范,使教育成为整合和控制社会的工具,成为推动国家现代化、维护政权合法性的基础。1928年5月,大学院召开第一次全国教育会议时,确立了三民主义教育的政策。尽管三民主义教育的实施并没有达到其所期望的目标，也遭到教育与文化界人士的激烈批判，但是南京国民政府对于教育行政和教育事业的整顿和规范，推动了该时期教育的持续发展。是以，全面抗战爆发前的10年的党化教育虽引发各界的争议，这段时期仍然被誉为"民国以来教育学术的黄金时代"[①]。国民政府注重对教育事业的推动。在"尚武精神"的文化背景和"以武促建"的政治背景之下，中央国术馆开始以积极的姿态推行武术教育。

时任国民政府主席的谭延闿、常务委员李烈钧于1928年3月4日在国民政府主办的国术游艺大会期间倡议组建中央国术馆，并于次日在南京廖家巷1号召开筹备会。会后达成议决，拟就中央国术馆呈报国民政府备案，并请以该馆直接率属国民政府，公推张之江为馆长、李景林为副馆长，拟编制预算呈请国民政府每月拨给1万元[②]。

3月24日，中央国术馆正式成立，并通电国民政府、军事委员会、中央党部、大学院、外交部、财政部、农矿部、工商部、内政部、江苏省政府、公安局，以及城内外军政学各机关、各报馆、各省政府、各大学、各工会、各商会[③]。《中央国术馆组织大纲》中明确提出了该馆的宗旨：以提倡中国武术增进全民健康为宗旨。四项基本职能为：研究中国武术、教授中国武术、编著关于国术及其他武术之图书、管理全国国术事宜[④]。因此，"教授中国武术"作为中央国术馆的基本职能之一，在成立之初即被置于重要位置。

1928年3月24日中央国术馆正式成立后，在国民政府的扶持下迎来了快速发展。中央国术馆成立之初的首要任务是人才引进。中央国术馆于1928年10月举行了第一届全国武术国考，以选拔武术尖端人才充实中央国术馆。除却民间聘请的武术家，本次武术国考的优秀考生多数被招纳至中央国术馆充任武术教师，许多近代著名武术教育家，如朱国福、佟忠义、杨松山、万籁声、马英图等人，参加了本次武术国考。在教育目标上，中央国术馆在筹备期间即提出了武术教育应该达到"术德并重、文武兼修"的目标[⑤]。这也成为中央国术馆办学的基本原则。张之江认为："习武的过程中要博采众家之长，门户派别之偏见的陋习不利于武术之教育。武术应成为全国全

---

① 郭廷以. 近代中国史纲[M]. 香港：香港中文大学出版社，1980：670.
② 编者. 本馆筹备会纪事[J]. 中央国术馆汇刊，1928（1）：32.
③ 编者. 本馆筹备会纪事[J]. 中央国术馆汇刊，1928（1）：34.
④ 编者. 规章：中央国术馆组织大纲[J]. 中央国术馆汇刊，1928（1）：19.
⑤ 中央国术馆史编辑委员会. 中央国术馆史[M]. 合肥：黄山书社，1996：42-43.

民族共同财富，教授给更多的人，而非少数人擅长藏私的奇货。"①武术教育的专业化与普及化成为张之江等人努力的主要目标。

在教育管理上，中央国术馆起初（1928年）设立武当和少林两门以进行管理。然而，这种划分存在门派之争，传统的宗派门户恶习在两门派的思想领域中作祟。为此张之江于当年（1928年）取消两门，参考现代教育重设教务处统一教学理。此外，在中央国术馆制定的六条《国术同志应遵守之规律》中，除第一条"遵守党义国法"，第二条即为"化除宗派畛域"②。撤门户设教务标志着中央国术馆在管理上已向现代教育靠拢，其力求通过化除门派以统一武术教学，并通过设立教务处为该馆武术教学奠定了管理基础。

在教学组织形式上，中央国术馆开设了诸多班种推行武术教育。1928年中央国术馆发布的《教授班招生简章》中明确指出：教授班专为养成教授师资而设，专以预备党政军警学各机关及各省市分馆教授人才为宗旨；练习班以供应民众练习国术之需求而设，以使国术技能普及全国各界，发扬民族精神，养成健全体魄为宗旨；女子练习班专为妇女有志练习国术者而设，以国术普及全国女界练成健强躯干为宗旨；研究班专为各机关男女职员有志研究国术者而设，为普及国术共同提倡，以唤起民众强种救国为宗旨③。故中央国术馆早期所开的四个班种分别为武术专业教育的"教授班"，武术普及教育的"练习班""女子练习班"，以及学术性质的"研究班"。1933年中央国术馆在"教授班"的基础上创建了师范性质的"师范班"，开始面向学校培养武术师资。此外，中央国术馆还附设了自费生班，具有小学毕业文化水平，有一定武术功底且20岁以下身体健康的国民都可报名④。多种形式的武术教学组织是中央国术馆全面推进武术教育的基础，亦在一定程度上体现了该馆武术教育的因材施教原则。

在教学内容上，中央国术馆提出："应该按照学生的年龄特征和年级选择合适的课程内容，循序渐进地促进学生武术技能的掌握和健康水平的提升，并在图文并茂和通俗易懂的基础上编写武术教材和参考教学法，并将之普及。而对于传统武术教学中的神秘性应该被破除，故弄玄虚应当被摒弃，民间拳书应该按照学生实际重新编写。"⑤

---

① 中央国术馆史编辑委员会. 中央国术馆史 [M]. 合肥：黄山书社，1996：43-44.
② 编者. 国术同志应遵守之规律 [J]. 中央国术馆汇刊，1928（1）：56.
③ 编者. 规章：本馆教授班（练习班/女子练习班/研究班）简章 [J]. 中央国术馆汇刊，1928（1）：54-56.
④ 编者. 章则：中央国术馆师范班添设练习生简章 [J]. 国术周刊（南京），1934，114：9.
⑤ 金一明. 国术教学法编制大意 [J]. 国术周刊（南京），1934，107：3.

也正是因为设立教务处的改制，中央国术馆重新审视了教学内容。史料显示，张之江认为："除令采取各门之精华编为各种固有国术以示保存国粹外，复命召集各国术专家共同研究，除制初级中级拳术等书，以期融化门派，发扬光大……世之通行各种拳术书籍，固然分道扬镳，各有特长，若论其出类拔萃，则或未能也，惟斯编采取各家之长，参伍错综，以集其成，斯可谓完善之教材矣。"①在确立了"博采众长"的教学内容选择原则后，中央国术馆开始进一步探索教学实践以适应现代武术教育。

在教育实施上，对于武术应该"怎么教"的问题，中央国术馆有明确的答案，即"打练结合"。与当前武术教学普遍采用的"基本功—基本动作—套路"的教学模式特征不同，对于"打练分离"，张之江形象地比喻为旧时衣店的"待沽之衣"，即"有的只有上身没有下身，有的只有下身没有上身，偶然似乎两件成套，而仔细考究，不是肥瘦不同，便是颜色各异"②。对于当时一些地区武术考试着重套路表演、忽视两两相当的技击比试，张之江认为："把套路当做武术不合实际，若当戏看，博人一笑矣。"张之江要求套路练习应与技击比试相结合。因此，在中央国术馆的教学模式中，"打练结合"贯穿始终。

在教育评价上，中央国术馆的教学评价宏观上分为馆外的水平比试和馆内的阶段考核。馆外水平比试主要为武术国考、省考和市考，其中武术国考由中央国术馆组织，省考和市考则由地方国术馆自行组织，以资鼓励和获得教学反馈。除探索武术教育实践外，张之江积极向先进国家学习以完善本土武术教育事业。1930年5月21日，利用第九届远东运动会在日本举办之机，张之江首次率队赴海外考察③。因此，至1933年，中央国术馆在初创期不仅网罗了一批武术人才，同时对武术教育的目标、管理机制、教育组织形式、教学内容以及教学实施进行了全新探索，成为当时全国武术教育的龙头。

1.2 "一馆一校"促进武术体育之融合

中央国术馆大刀阔斧地推行武术，并未使得发展武术立竿见影地成为社会共识。20世纪30年代，中西体育的价值观问题在体育界成为争论的焦点，并形成了中国近代体育史上著名的"土洋体育之争"事件。该问题争论的焦点为以"武术"为核

---

① 吕光华. 著述：国术教范基本拳（续）：初级之部：附图 [J]. 中央国术旬刊，1930（12）：6-14.
② 周伟良. 简论张之江先生的国术技击观 [J]. 中华武术（研究），2017，6（3）：8.
③ 时报社. 国术参观团动身 张之念一日续往 [J]. 时报，1930-05-18（6）.

心的民族体育和以"更高更快更强"为核心的西方体育谁该成为主流。在《大公报》上激烈地争论过后，学者们趋于理性，认为中西体育都有可取之处，应该融会贯通。张之江在中央国术馆成立初期是"土体育"的坚定支持者，乃至于1932年8月15日在《大公报》上发表了一篇题为《土体育之应声》的文章，认为"发展体育，起弊振衰，非提倡土体育之国术不为功"①。然而，正是因为思想的碰撞，张之江在1933年后亦看到了西方体育的优点。因此，中央国术馆体育专科学校的办学理念是"中西交融"的，即以武术为主体，同时学习西方体育的学科内容，最后将民族体育发扬光大。这种办学理念在国体专校的课程设置中得到印证。国体专校的课程以国术、体育为主，并辅以学科内容和军事训练，以培养出其校训所谓的"慈勇智恒"之人。国体专校正是以培养具有武术底蕴同时又有体育科学素养的学生为主要目标，希冀养成一批融会中西体育的武术人才。

中央国术馆初期的人才就业主要面向机关和分馆。1932年8月16日至21日，张之江参加在南京召开的全国体育工作会议时发现国内体育师资十分缺失②。另据不完全统计，1928年底，全国只有12所体育学校（科）在招生③。为了满足国家需要，张之江拟在馆内附设"体育传习所"，以融会中西体育，大量培养中西并用的武术人才。因为早在1928年11月，张之江就认为："一般之国术家往往功夫甚好，不能用科学方法教授他人也，一家一派之术仅及于个人之传统，如欲教授于团体或人数较多之班组则不能有宏效，故中央决筹设此校，以期普及。"④为此，中央国术馆向当时的教育部提出申请，拟将体育传习所改为独立的高等学校。然而，教育部并不同意，张之江通过其前高级军官的人脉关系进行游说后教育部才同意申办，但要求其应由中央国术馆主办，最后定名为"中央国术馆体育专科学校"，英文名称为"The National College of Physical Education"，并于1934年2月10日获得教育部1413号公函修正备案，教育部每月下拨补助经费4680元，不足之处，自行筹措⑤。自此，中央国术馆体育专科学校正式成立，形成了中央国术馆与体育专科学校同时办学的"一馆一校"武术教育新局面。正如国民政府教育部年鉴所记载：张之江于1933年鉴于国民体格衰弱国势衰颓，若不提倡体育发扬固有国术不足以挽救，于1933年呈请国

---

① 谢凌宇. 试析中国三十年代的"土洋体育之争"[J]. 体育科学，1989（2）：9.
② 中央国术馆史编辑委员会. 中央国术馆史[M]. 合肥：黄山书社，1996：52.
③ 罗时铭，赵诶华. 中国体育通史：第四卷[M]. 北京：人民体育出版社，2008：97.
④ 阚冠五. 校史[J]. 中央国体专校季刊，1935，1（2）：12-17.
⑤ 阚冠五. 校史[J]. 中央国体专校季刊，1935，1（2）：12-17.

民政府林森主席核准成立中央国术体育传习所，率属行政院，设址南京孝陵卫，有三年制专科及师范科各一班[①]。体育专科学校正式成立后，内部的机构设置和管理机制为其有序运行奠定了基础。国体专校的行政组织系统主要为校长负责下的一会三处，即校务会议、教务处、训导处、总务处，并设置了不同的具体事务室与委员会，如秘书室、会计室、招考委员会、实习指导委员会、图书室、国术体育学术研究会、人事委员会[②]。因此，体育专科学校是具有完备机制的近代高等院校。教务处是国体专校的教学管理机构，负责该校的日常教学工作；训导处负责管理学生的纪律和思想工作；总务处负责学校的财务、基建、宣传、卫生等综合服务。

国体专校的校长由张之江兼任。教务处主任萧忠国为德国国立柏林大学教育硕士，张之江出国交流时，由其代校长之职。训导处主任张鹜为中央陆军军官学校第八期炮兵科毕业生，他树立了纪律严明的校风。总务处主任庞玉森毕业于西北政治专科学校，于1996年主编的《中央国术馆史》成为如今研究中央国术馆的重要资料。文书课长兼注册课长阚文璪毕业于国立北京农业大学，国体专校行政组织大纲和行政章则均由其撰写。此外，在师资配置上，国术教师全由中央国术馆调任，同时聘请了一些讲师和当时著名的教授负责教学学科课程，如"体育教学法"由程登科教授，"人体肌动学"由吴蕴瑞教授，"世界体育史"由吴征教授[③]。吴蕴瑞是现代体育的主要倡导者之一，其在《大公报》上撰文指出："今后欲应社会需要，为捍卫国家计，宜训练智勇兼备之士，养成跑跳奔攀之技，绝非土体育所能奏效。"[④]然而，吴蕴瑞却欣然接受了张之江的邀请，成为国体专校的兼职教授。这从侧面反映出当时"土洋体育之争"趋于调和，并最终获得了"中西体育融合发展"的共识。

"硬件"设备是办学的基本条件。在当时的国力背景下，国体专校的建设经费主要来源于教育部下拨给中央国术馆的经费，以及通过中央国术馆筹得的大量捐款，共35 000元。国体专校的校址位于南京中山陵南侧，背靠中央体育场，在今天的南京体育学院内。当时的校舍建筑以招标的方式进行，由南京刘明计营造厂施工建设，全部建筑费用28 600元[⑤]。国体专校的校舍和一切体育设施较为完备，有教室、

---

① 应征第二次中国教育年鉴文稿：国术体育师范等专科学校概况：1939[A].南京：中国第二历史档案馆（全宗号：5，案卷号：2150（1））：15.
② 阚冠五.校史.国体之行政[J].中央国体专校季刊，1935，1（2）：12–17.
③ 编者.本校人物志[J].中央国体专校季刊，1935，1（2）：27–30.
④ 吴蕴瑞.论今后国民体育问题[N].大公报，1932-08-27（3）.
⑤ 中央国术馆史编辑委员会.中央国术馆史[M].合肥：黄山书社，1996：52.

礼堂、男女宿舍、会议厅、校长办公室、各处主任办公室、男女浴室、男女教员宿舍、食堂、传达室、图书阅览室、室内体操馆等，仅次于当时的国立中央大学体育系（科）[1]。国体专校的体育场所和器械主要分为武术、体育和军事三个类别，每个类别的器械及场所相对充实完备，能够很好地适应各种教学的需要。国体专校的"硬件"建设不仅满足了一个体育院校办学的基本条件，同时也完善了体育教学的各种需求。

国体专校的学制为三年制专科，招收高中毕业学生。国体专校除在中央国术馆招生外，另在上海、北京、天津、武汉、济南、郑州、太原等地设有招生处，属于全国招生。据当时的各地招生处描述，报考学生非常踊跃，其中大多数是第四、第五届全运会成绩较好的运动员和当地的知名运动健将。考试地点主要设在南京、天津、上海、武汉，考试内容有体格检查、体力测验、党义、国文、英文、数学、物理、化学、国术体育军事（三选二）、技术测验（国术、田径、球类等）。考试完毕后一星期内招生委员会即发通知是否入学。考生被录取后，需要有保证人陪同填写入学志愿书和保证书。国体专校免收学费，但需缴纳膳食、制服、书籍等费用[2]。在教学组织上，国体专校已形成了全面的武术师范教育，通过引进的讲师、教授进行术科和学科的教学。另外，国体专校还面向社会推行武术教育，根据学生的能力差异开设了武术专项班，主要分为甲、乙两组：甲组为速成班，学制1年，每期招66人；乙组为深造班，学制2年，每期招54人。在作息时间方面，国体专校规定每日5时起床，5~7时为国术早操，8~18时为术科、学科教学时间，19~21时为自修时间，22时就寝。国体专校的军事化管理，奠定了严明的校纪校风。

与中央国术馆只注重武艺的传授和国立中央大学体育系（科）移植美国大学体育系的课程不同[3]，国体专校延续着中央国术馆的武术教育目标，即"术德并重、文武兼修"，在课程设置上主要分为学科和术科两大类，并采用学分制的形式管理学生的学习过程。学科内容有公开基础课和专业课两大类。术科内容除武术为必修科目外，也涵盖了当时西方体育的主流项目，并创造性地结合了季节特征开设了不同的课程；并且，国体专校注重课内外一体化的教学管理，术科内容又分为正课与课外活动两部分，从学生兴趣出发，开设了不同的选修课程。

---

[1] 罗时铭，赵诿华. 中国体育通史：第四卷[M]. 北京：人民体育出版社，2008：102.
[2] 编者. 中央国术馆体育专科学校招生简章（民国二十四年六月修正）[J]. 中央国体专校季刊，1935，1（2）：32.
[3] 徐镰. 南京高等师范、国立东南大学、国立中央大学体育系简史[M]. 成都：四川教育出版社，1988：208.

其间，为了进一步促进武术与体育的交融发展模式，张之江远赴海外学习国际经验。1935年8月7日，张之江前往欧美考察体育，并说明了此行的目的："出国考察，参酌世界潮流，庶可对症发药，他日回国，愿共所知再追随诸位，再接再厉，共同努力。"①归国后，张之江深感"欧美各国体育事业均甚发达，其深入人民间及普遍发展之精神，我国诚瞠乎其后。故欲言民族之强健，非谋体育之普遍发展不可"②。张之江旋即表示："本人返国后，刻正计划国术馆之推行办法，以期逐渐普及，馆内并将增设一'国术推行处'专司其职，并分函菲律宾、新加坡，拟筹设海外分馆向世界推广中国武术。"与此同时，张之江主动组建"国术团"赴全国各省市宣讲武术③。中央国术馆优秀武术学员组成的"国术团"，先行在中央军校表演后，于1936年下半年至全面抗战前，先后前往山东、天津、北京、山西、河南、安徽、湖南、湖北、上海等地机关、学校和国术分馆进行表演以资提倡④。在此次全国范围的巡演中，学校是张之江率团表演最多的地方，如当时的同济大学⑤、上海交通大学⑥、安庆崇文中学⑦等高校和中学校刊均记载了"国术团"莅临表演的经过。这进一步证明了教育是中央国术馆武术事业的核心部分。总之，中央国术馆"一馆一校"办学局面的形成，标志着该馆的武术教育已步入成熟阶段，反映了该馆领导人对初期文化保守主义进行了反思。尤其是以武术为主体、中西交融的中央国术馆体育专科学校的创建有力推动了近代中国武术专业教育乃至体育师范教育的发展。

2 流离时期：战时与战后颠沛流离之后的衰落（1937—1948）

2.1 辗转五地最终落脚重庆

全面抗战爆发前，中央国术馆和体育专科学校正在进入它们的黄金阶段，不仅有着卓越的领导人，而且体制已臻完善，校风鲜明。此间，张之江积极投身近代体育事业。中华体育学会已由王正廷、张伯苓、张之江等60人于1936年5月在中央

---

① 编者.国术馆国体专校同人欢送张之江先生出国[J].国术周刊（天津），1935（11/12/13）：34-35.
② 大公报社.考察体育历时八月 张之江昨晨返国 张谈欧美提倡体育我万不及[N].大公报（上海），1936-04-11（8）.
③ 新闻报社.张之江谈普及全国国术将设国术推行处[N].新闻报，1936-06-04（14）.
④ 大公报社.张之江拟率领国术团遍游全国[N].大公报（上海），1936-09-05（8）.
⑤ 校闻：中央国术馆馆长张之江先生来校演讲并表演国术[J].同济旬刊，1937，130：2.
⑥ 校闻：中央国术馆馆员来校表演，馆长张之江亦出席演讲[J].交大校友，1937（3）：8.
⑦ 安庆崇文中学近闻：张之江将军至崇文中学演讲[J].安庆教务（月刊），1937（8）：41-42.

大学发起成立[①]。1936年12月，张之江获赠奥林匹克勋章，以褒奖其对中国体育事业发展的贡献[②]。此外，发展社会武术得到了一些地区政府的支持，例如江苏省第四届全省代表大会形成议决：发展组训工作，增强自卫力量，普遍建立国术团体[③]。然而，1937年"七七事变"爆发后，中央国术馆武术教育发展遇挫。

全面抗战爆发后，张之江应李宗仁邀请担任第五战区高级顾问，协助李宗仁指挥徐州会战。随着东部城市相继沦陷，机关、学校、各类企事业单位与团体开始撤离，形成滚滚巨流。"一馆一校"按照张之江的指示，由南京撤离，先行落脚湖南长沙，后经广西桂林、龙州，绕道越南河内，再至云南昆明[④]。"一馆一校"抵昆明时为1940年冬，1941年又迁至重庆江津，最终于1942年奉令落脚在重庆北碚严家湾[⑤]。早在1937年秋，鉴于南京不宜久留，经总务处主任庞玉森和教务处主任萧忠国联系，决定先行迁至长沙。1937年底，落至长沙后"一馆一校"经费来源断绝，师生人心涣散、徘徊无措。中央国术馆的师生大部分离去，只有各处处长吴翼翚、吴峻山、张瑞堂、李滋懋、郭锡山等仍留馆内。而国体专校的师生们亦开始离去，教务处主任萧忠国，体育教师吴寿琪、田汉祥、胡耕九、周月英等相继离校。此时的"一馆一校"办学形势急剧恶化，总务处主任庞玉森给张之江发电报汇报了当时的艰难处境。张之江回电道："希望大家想方设法克服困难把馆校维持住，如果实在难以维持即把馆校宣告结束并解散。"不久，庞玉森召开会议时讨论了馆校是维持保持还是全部解散。会间，留下来的师生一致认为，馆校在历史上做出过辉煌成绩，解散了可惜。大家一致表示："风雨同舟，力挽狂澜。"正如《中央国术馆史》中所述：馆校师生虽然意志坚定，但在缺衣少粮的情况下饱尝了辛酸苦辣，踏尽了荆棘坎坷[⑥]。

流离期间，李宗仁赠送给张之江一辆卡车，张之江随即将此车用于运输馆校的职工眷属、文件、物资等，而他自己存放的衣物全然顾不上搬运。为此，张之江不

---

① 时报社. 中华体育学会定期成立 王正廷张伯苓张之江等发起 [N]. 时报社，1936-05-13（6）.
② 编者. 大事汇述：褚民谊张之江接受奥林匹亚勋章 [J]. 中央周报，1937，472：25-26.
③ 江苏省政府. 电请转饬各县政府会民县党部拟具普遍建立国术团体等实施计划由：1937[A]. 南京：江苏省档案馆（全宗号：1006，案卷号：1006-002-0137-0052）：52.
④ 应征第二次中国教育年鉴文稿：国术体育师范等专科学校概况：1939[A]. 南京：中国第二历史档案馆（全宗号：5，案卷号：2150（1））：15.
⑤ 中央国术馆. 关于请以第三号信箱寄存本馆信件致北碚邮政局的函：1942[A]. 重庆：重庆市档案馆（全宗号：0343，案卷号：0342000100285000008）.
⑥ 中央国术馆史编辑委员会. 中央国术馆史 [M]. 合肥：黄山书社，1996：65.

止一次受到夫人的埋怨。他却说："有国才有家，有土斯有财，其余则在所不计。"①全面抗战时期，条件的艰苦、经济的拮据，甚至人为的歧视给"一馆一校"的发展造成极大困难。正是在这种艰难的环境下，"一馆一校"由长沙一直维持到昆明。至昆明时，龙云慷慨相助，借给办学场地。1940年，时任教育部部长的陈立夫到昆明视察时发现中央国术馆及其体育专科学校仍在维持，欣慰地表示："国难期间，该校也迁到昆明，真不简单，精神可嘉。"②为此，陈立夫提议把体育专科学校改为"国立国术体育师范专科学校"，并增加每月经费2000元。

2.2 重庆时期克服艰辛顽强办学

"一馆一校"于1941年5月迁至重庆后，正是日军疯狂进攻陪都之时，同年6月发生了震惊中外的校场口隧道惨案。经过休整，1942年3月26日，国民政府教育部高字第20066号训令该校正式于1942年4月1日起将国立国术体育专科学校改组为国立国术体育师范专科学校，以培养国术、体育师资为宗旨，增设五年制师范专科，学生一律公费待遇，并任命张之江为校长③。因此，更名后的中央国术馆体育专科学校，即便在抗战最艰难的阶段仍能维持办学。如该校1942年的招生简章中所载：不论战区与非战区学生伙食一律由学校供给，每生每月发给零用津贴15元，每生每年发给服装津贴120元，该校每年设有林主席奖学金、中正奖学金及本校清寒优秀学生奖学金若干名，其他各费一律免收④。周仲霞口述佐证："我们和体专因为是师范学校不用交学费，如果学校伙食费有结余就发给学生做生活费，买牙膏、牙刷。"相比之下，此时的中央国术馆已无经济来源，不得不自筹经费勉强维持。即便如此，中央国术馆仍不忘全面抗战前夕在"一馆一校"学习的学生。中央国术馆相对稳定于陪都重庆后，便开始着手给全面抗战爆发后在南京"一馆一校"学习但尚未毕业的学生颁发修业证明。正如史料所载："国术师范班因抗战内迁解散，该班原有学生本应发给一年级修业证明书。"⑤

中央国术馆体育专科学校虽然改为国立高校，但馆与校之间有着患难与共的感

---

① 张润苏.张之江传略[M].上海：学林出版社，1994：67-68.
② 中央国术馆史编辑委员会.中央国术馆史[M].合肥：黄山书社，1996：66.
③ 中央国术馆.关于将国立国术体育专科学校改为国立国术体育师范专科学校致北碚邮局的函：1942[A].重庆：重庆市档案馆（全宗号：0342，案卷号：03420001002820000064）.
④ 中央国术馆.国立国术体育师范专科学校招生考试的有关文件：1942[A].南京：中国第二历史档案馆（全宗号：5，案卷号：6007）：29.
⑤ 中央国术馆.国立国术体育师范专科学校、中央国术馆合办国术师范班证书领发办法：1942[A].重庆：重庆市档案馆（全宗号：0127，案卷号：01270001000180000001000）.

情。在中央国术馆经济困难的情况下，部分教师被调入国体专校工作，如藏宝颜、田锡纯、陈寿康、张竞如等人，他们在国体专校担任出纳员、庶务员和办事员等职以维持生活。初至北碚时，孔祥熙将财政部的部分房屋给馆校使用，在经济困难时，钮永建出任中央国术馆副馆长，国术馆借助他的声望向当局申请经费①。尽管如此，"一馆一校"在全面抗战期间坠入低谷，办学能力大不如前。战前不愁生源的中央国术馆体育专科学校迁至重庆时生源锐减，不得不补招多次。1942 年该校原定招收新生 50 名，但经评定结果仅计录取 19 名，尚不足预定名额，为此，该校在北碚金刚碑续招一次，以资足额②。据周仲霞口述："那时候学生不多，都很贫困，很难去上学。"

当然，中央国术馆体育专科学校的恢复离不开经费的支持。抗战进入最艰难的阶段，教职工的生活非常拮据，为了生存只有自力更生。1943 年，张之江率领庞玉森等人先后两次访问了陶行知于 1939 年在重庆创办的育才学校。张之江被陶行知在极端困难条件下自力更生的办学精神所感动，尤其是在当时连一副篮球架都置不起的情况下，陶行知因地制宜地带领学生打太极拳以锻炼身体。在陶行知精神的鼓舞下，为了筹措资金摆脱困境，张之江和同事们与当时归国的华侨马戏团取得联系，由中央国术馆负责请领演出执照、派员表演武术及搭盖马戏棚，演出所得进行均分。此次演出历时 5 个月，总收入约 11 万元。马戏团分得 4 万元，"一馆一校"分得 5 万元，资本家分得 1 万元，重庆国术馆分得 1 万元。"一馆一校"利用这次收入，在北碚建了一座室内体育馆，另购置了体育器械、图书，买了 12 间平房供教职工居住和办公。继马戏团演出后，"一馆一校"又与湖北京剧团取得联系，在北碚演出一个多月，获得收入 1.5 万元③。两次活动既宣传推广了武术，又在一定程度上补助了馆校经费以维持办学。中央国术馆提倡武术的坚强意志值得肯定。

2.3 战后"一校"迁至天津继续办学，"一馆"则奄奄一息

抗战胜利后，陪都重庆的"一馆一校"建筑物此时已交由重庆北碚区管理局接收并暂为保管④。张之江回到南京后便忙于为"一馆一校"的复员寻觅办公的地点。囿于

---

① 中央国术馆史编辑委员会.中央国术馆史[M].合肥：黄山书社，1996：65.
② 中央国术馆.国立国术体育师范专科学校招生考试的有关文件：1942[A].南京：中国第二历史档案馆（全宗号：5，案卷号：6007）：16.
③ 中央国术馆史编辑委员会.中央国术馆史[M].合肥：黄山书社，1996：65-67.
④ 中央国术馆.关于请派员接受中央国术馆中心体育馆致北碚管理局的公函：1946[A].重庆：重庆市档案馆（全宗号：0081，案卷号：00810004047930000063000）.

南京时期的建筑物全部毁于战火，在新址创建又一筹莫展，他只得在自己家——南京市游府西街廖家巷 2 号门口挂上"中央国术馆"的牌子，着手筹备重建工作。而体育专科学校经研究后，决定复员到天津。由于河北省、天津市的行政官员多为张之江的故旧，他们将华北体育场拨给体育专科学校作为校舍，复员工作进展较为顺利。不久后，该校师生于 1946 年 10 月 26 日抵津，并于 11 月 18 日正式在华北体育场新址办公开课①。

除却"一校"，张之江对重建"一馆"充满信心，不顾将近七旬高龄，奔走于宁、津两地之间，并于 1948 年初在严重的通货膨胀背景下多次赴天津发起中央国术馆的重建捐款申请。如史料所载："胜利复员感于经费拮据，经各方首长社会贤达筹商发起筹募本馆建筑经费及教育基金运动，此次在天津预拟筹集 50 亿元。"②为此，张之江编印了 1000 份捐款册，力求筹集中央国术馆的重建经费③。然而，至 1948 年秋，张之江发起的建馆基金募捐活动才正式展开，邀请了当时天津部分企业家，仅募捐得 12 万元④。中央国术馆重建希望已极其渺茫。此时的体育专科学校虽然已经复校开课，但是由于通货膨胀，师生的处境同样极其艰难，师生们的日常生活都开始难以保障。张之江特致函天津市政府部门请求帮助，正如史料所载："函请天津市社会局设法维持国术体专学校伙食。因物价高涨影响员工学生伙食不能维持，请查照协助，俾利进行。"⑤张之江仍然关心着"一校"的师生员工，并且积极要求天津市卫生局来给师生接种疫苗，又积极向各界推送自己的毕业学生。如史料所载："本校全体员生工友及眷属共约 260 人，为防患未然，特函请贵局予订期派员莅校注射防疫。"⑥"本年度五年制毕业班学生 34 人，已结束实习，值此人才缺乏之际，各校各团体求材，本校更为谋学生之学以致用起见，特为推之。"⑦不久后，随着解放战争平津战役的打

---

① 国立国术体育师范专科学校. 为迁校事给第三区公所函：1946[A]. 天津：天津市档案馆（档案号：401206800-J0032-1-000155-100）.
② 中央国术馆. 为本馆在津筹募经费及印发捐启用印事致天津市政府社会局函：1948[A]. 天津：天津市档案馆（档案号：401206800-J0025-2-003634-004）.
③ 张之江. 为感谢贵局准中央国术馆筹募经费等事致天津市社会局函：1948[A]. 天津：天津市档案馆（档案号：401206800-J0025-2-003634-003）.
④ 中央国术馆史编辑委员会. 中央国术馆史[M]. 合肥：黄山书社，1996：74.
⑤ 天津市社会局. 为要求维持国术体专学校伙食与天津市社会局的往来函：1948[A]. 天津：天津市档案馆（档案号：401206800-J0025-2-002940-042）.
⑥ 国立国术体育师范专科学校. 贵局展开市区防疫工作之期为本校注射防疫事与天津市政府卫生局的来往函：1948[A]. 天津：天津市档案馆（档案号：401206800-J0116-1-000839-003）.
⑦ 国立国术体育师范专科学校. 关于函询毕业生可否前往服务一事给中纺一厂的函：1948[A]. 天津：天津市档案馆（档案号：401206800-J0156-1-000123-004）.

响,"一校"师生于 1948 年 12 月 17 日迁往河北女子师范学院①。中华人民共和国成立后,体育专科学校与河北省立女子师范学院体育系合并,演变成为今日的河北师范大学体育学院,而中央国术馆的命运则从仅募捐得 12 万元后就奄奄一息了。

中央国术馆战时与战后颠沛流离的客观原因在于日本侵华战争给武术事业带来的毁灭性打击,而其主观原因则在于战后国民政府的腐败统治致使中央国术馆陷于奄奄一息的境地。与国民政府几乎同样"短命"的中央国术馆最终昙花一现,这深刻地说明了虽然中国武术可以在政治背景下取得短暂的辉煌,但是武术毕竟只是优秀的体育项目之一,其发展虽有赖于政治的助推,却也奠定在价值转变基础之上(见图 2-2)。

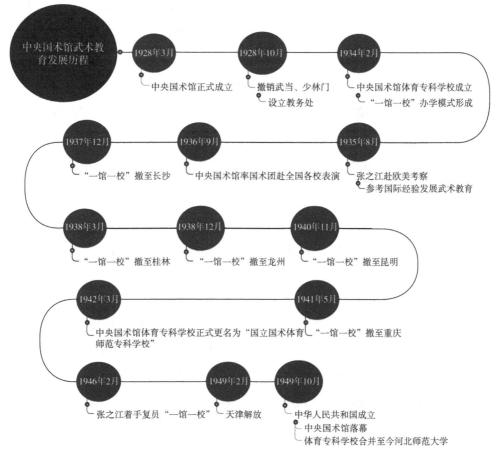

图 2-2 中央国术馆武术教育发展历程大事记

---

① 国立国术体育师范专科学校.为迁移地址事致第三区公所的函:1948[A].天津:天津市档案馆(档案号:401206800-J0032-1-000227-060).

第 3 章　中央国术馆武术课程

课程是武术教育的核心和基础。中央国术馆明确了武术教育目的之后，在教育者有计划、有组织的开发下，设置了大量的武术课程。该武术课程是中央国术馆为回答武术教育活动应培养什么人和怎样培养人的问题而交出的一份答卷，它不但影响中央国术馆武术教育的质量，也在一定程度上影响了近代武术的发展。那么，中央国术馆武术课程有哪些类型，全部内容是什么？该课程与同时期和中国古代的武术学习内容有什么区别？中央国术馆的武术课程对该馆武术教育以及中国近代武术的发展有何历史影响？本章将在史料搜集的基础上，对中央国术馆武术课程方面的资料展开梳理与研究，力求解答中央国术馆"教什么"的武术教育核心问题。

第 1 节　中央国术馆武术课程类型

武术课程在武术教育中处于核心地位，它是实现武术教育目的的主要途径，是开展武术教学的重要依据。当中央国术馆将中国武术教育由传统师徒制转变为现代学院制后，建构武术课程的基本框架成为课程设计的前提环节。基于武术教学的技术特点、武术学科化转型以及学校化发展的必然要求，中央国术馆设置了四种类型的武术课程。

1　武术学科课程

武术学科课程是中央国术馆根据教育任务和学生发展水平，从各门科学中选出基本的原理、知识，组成的各种不同学科课程。中央国术馆彼此分离地安排它们的学习顺序、学习时数和期限。简言之，中央国术馆武术学科课程是以学科为中心设计的课程，是以武术文化遗产为基础组织起来的各门学科系统的总称。它的主导价值是发扬中国武术和人类体育文明已有的成果，使学生通过间接经验的方式掌握学科知识。张之江非常重视武术学科课程，曾说："诸同志除了正课以外的余暇，就要努力地在求知识方面下功夫。若单与国术关系切要的说，如生理、卫生、心理、教育学等要用心研究。"①

中央国术馆从初期以"教授班"为教学组织形式的武术专业教育开始，就对武术课程进行了学科和术科的分类。早期的学科课程内容不多，大多与武术知识直接相关，以武术源流、武术教学法、军事学为主。因此，初期的中央国术馆学科课程具有鲜明的中国武术本位特征。至中后期，中央国术馆进一步探索了武术学科课程设置，课程内容日趋完善，现代教育学和体育学的学科课程被纳入学科体系。此外，三民主义课程贯穿中央国术馆学科课程的始终，以配合国民政府实施"党化教育"的目标，着重于在馆内实施党义（三民主义）的灌输与思想的改造。

2 武术术科课程

万乐刚口述："中央国术馆成立教务处后，八极拳、练步拳、苗刀等都有所练习。我母亲跟我说，他们大部分的拳都会练习，都会研究。"武术术科课程是中央国术馆根据教育任务和学生武术技能水平，从中国传统武术中选出的适合武术专业教育和武术普及教育的教学内容。张之江对武术术科课程亦非常重视，曾说："本馆是以国术为主课，要努力锻炼、精益求精。"②张之江要求套路练习应与技击比试相结合的"知行合一"思想对中央国术馆开展武术教育有着极其深刻的影响，使得该馆的武术术科课程朝着切合实用并突出武术技击价值的方向发展。张之江并非武术科班出身，但他认识到历来习武之人都不把套路练习和对抗练习决然分开，往往是兼而习之，正如拳谚所云："练时无敌当有敌，用时有敌当无敌。"基于此，中央国术馆对武术术科课程进行了分类。从初期教授班的拳术科、刀术科、剑术科、枪术科、棍术科、摔跤科的六分法，到中期师范班的腿法科、拳术科、器械科、竞技科、选修科、特别科、军事科的七分法，该馆武术术科课程不仅条理清晰，层次一目了然，且更

---

① 中央国术馆. 张之江先生国术言论集 [M]. 南京：中央国术馆，1931：73-74.
② 中央国术馆. 张之江先生国术言论集 [M]. 南京：中央国术馆，1931：63.

有利于遵循循序渐进和因材施教的教育原则。除中国武术内容外，师范班时期拳击、搏击等术科课程的纳入，为中央国术馆培养中西交融、技术全面的人才奠定了基础。同时，对竞技规则成熟的拳击、搏击课程的接纳也反映了中央国术馆与时俱进，其理念并非文化保守主义的课程设置理念。

3 武术活动课程

中央国术馆的武术活动课程是以学生活动为中心，使学生通过亲身体验获得直接经验的课程。该馆的活动课程是学科、术科课程的重要补充，是打破学科逻辑组织的界限，以学生的需要和能力为基础，由教师主导、学生积极组织的一系列活动实施课程。质言之，它是以学生主体活动经验为中心组织的课程，它的主导价值是使学生通过直接经验来获得关于现实世界的认知和体验。

中央国术馆的武术活动课程从国术讲习班开始设置，通常置于周末，定名为"科学演讲或远足"。该课程由学生自行组织，主题主要为武术流派探讨、武术科学研究、武术技法探究以及现代军事武器的解析等，而远足的地点主要为南京地区的风景名胜。学生通过远足来锻炼体能和野外生存能力[1]。在"一馆一校"时期，该馆的武术活动课程得到进一步丰富与完善，并以由学生发起、教师辅助的形式开展各种研究会。如国术体育学术研究会由各年级学生负责组织，每两周一次于晚间自修时举行，分聘教员担任指导；运动裁判研究会由高年级学生组织，注重学术裁判问题之研讨，聘请教员指导并领导见习；教材教法研究会由高年级学生组织召集有关教员研讨教法，创编教材并注重实验[2]。此外，中央国术馆武术活动课程的设置亦与重大事件密切相关。1931年九一八事变爆发后，中央国术馆在民族救亡背景下开设了有关军事课程。如史料所述：中央国术馆全体员生鉴于暴日横行东北，激昂异常，所有男生组织救国义勇队，女生组织救护队，加紧训练准备对日，兹悉该馆全体职员亦皆踊跃参加，每日上午军操，下午野外演习，晚间并授军事课程，由该馆军事教授吴敬珉、李滋懋担任一切训练事宜[3]。

---

[1] 编者.中央国术馆学生旅行记[J].国术周刊（南京），1932，86：6.
[2] 阚文璪.中央国术馆体育专科学校行政章则汇编[G].南京：中央国术馆体育专科学校，1934：42.
[3] 中央日报社.中央国术馆组义勇队[N].中央日报，1931-10-19（8）.

4 武术实习课程

严格来说,中央国术馆的学生武术实习并无课程,而是学生武术实习计划。该馆早期的"教授班"由于学制只有 6 个月,学生没有实习计划,通常毕业后直接派往各机关、学校和国术分馆任教。而"讲习班"时期的武术实习课程并没有明文要求,该班学生通常在在读期间被派往南京市及周边各地进行武术普及教育,面向大众教授武术技能。直至"一馆一校"时期,中央国术馆体育专科学校虽明确了实习计划和要求,但是并未确立具体实习课程。该校规定师范专科至最后一学期须依照实习计划分别在校内试教及校外实习,且须注重 7 项原则,分别为:①组织教学实习指导委员会分聘教师担任委员并讨论决定实习计划;②试教之实施限于应届毕业班及全校学生早操及课外运动指导;③实习之内容分行政与教学两种;④校外参观与见习由教学指导委员会办理;⑤校外实习限于本校附近地区之学校;⑥应届毕业生于实习期间应努力毕业论文之写作;⑦实习期间应遵照教务处规定之事项编制报告①。全面抗战期间,该校依然坚持教学实习活动。张之江认为,教学实习对学生的武术教学技能水平的提高以及学校武术管理能力的提高实有莫大裨益,并且国民政府教育部亦规定师范学生于毕业前应赴各地学校参观以做理论研究之实证。例如,1943 年,张之江在经费极端困难的情况下,积极向当局申请学生的实习经费,并剀切指出了武术教学实习不应中断的理由。如史料所载:"本学期馆校应赴重庆沙磁(文化)区参观各学校及体育行政团体并做国术表演以期唤起各学校及社会人士之注意,而作将来服务之参考,拟请准许学生观摩团赴重庆等地各校参观,期望教育部拨发参观经费使生等有机会对国术体育扩大宣传,竭尽提倡之责。尤其是毕业生等亟应参观他校之教学与行政,而为将来服务。"②此外,周仲霞口述佐证:"我们和体专都是最后一年,要毕业的时候去实习,由学校联系安排实习学校。"是以,教育实习是该馆武术专业教育计划的重要组成部分。

---

① 教育部.国立国术体育师范专科学校教务计划大纲(国立国术体育师范专科学校一九四四年度教务计划大纲,第二学期修订):1944[A].南京:中国第二历史档案馆(全宗号:5,案卷号:5605):12-15.
② 教育部.国立国术体专等校呈报学术观摩团经费预算等文书:1943[A].南京:中国第二历史档案馆(全宗号:5,案卷号:5809):3.

第 2 节　中央国术馆武术专业教育课程设置

武术专业教育在中央国术馆武术教育中占据主导地位，亦是该馆开展武术普及教育的前提。那么，中央国术馆在推行武术专业教育时，面对纷繁复杂的中国武术内容，以及大量的现代体育课程，是如何在专业课程设置中落实该馆所提出的"强种救国"武术教育目的的？基于此，本节以中央国术馆武术专业教育发展的标志性事件——体育专科学校的创建为界限，分前后两段对中央国术馆武术专业教育课程的设置进行梳理与研究。

1　中央国术馆创始时期"重术轻学"的武术专业教育课程设置

基于"强种救国"的宏伟蓝图和国民政府大量高级官员的关注，中央国术馆创始时期以"武术普及全国"为主要教育目标。为了实现这一远大目标，中央国术馆初期以短期培训为主要形式，开设的教授班学制只有 6 个月，加之中央国术馆在初期经历了由"门派"到"教务处"的教育制度变革，因此处于向现代武术专业教育转型初期的中央国术馆并无完整课程概念，而是主要着手新编了一批武术教材以应用于该馆的短期武术教学。当然，该馆在探索初期的武术专业教育虽有不足，却展开了一系列的课程设计，为该馆后续的武术专业教育课程设置积累了经验。对武术课程进行术、学两科的划分，便是中央国术馆在该时期的主要举措。

中央国术馆撤"门户"设"教务处"的教育制度变革为其武术专业教育奠定了管理基础。结合"术德并重，文武兼修"的武术教育理念，中央国术馆对武术专业教育课程进行了"术、学"分类。从首期教授班开始，中央国术馆便将武术专业教育课程的术科设置为拳术、刀术、剑术、枪术、棍术和摔跤六科，学科课程设置为三民主义、国文、国术史和算学四科[①]。从史料（见表 3-1）中可以发现，中央国术馆初期的武术专业教育课程中"术科"内容相对丰富，但是"学科"内容明显不足。这一重"术"轻"学"的课程设置与中央国术馆初期武术专业教育学制过短，以及急于培养武术人才、面向社会普及武术有着直接关联。由于教授班学制仅有 6 个月，教学课时不足，这直

---

① 申报社.国术馆介绍投考教授班人员[N].申报，1929-02-27（教育消息版）.

接导致了该馆未能合理设置术、学二科的课程比例。此外，教授班所培养的人才主要面向国民政府、军、警、学校及国术分馆，以填补当时的实用型武术人才缺口，从而间接致使该馆初期偏重于术科课程的设置。

表 3-1 中央国术馆教授班武术课程总表

类别	课　　程
术科	拳术科：八极拳、形意拳、杂拳、潭腿、查拳、八卦掌 刀术科：梅花刀、苗刀 剑术科：三才剑、青萍剑 枪术科：断门枪 棍术科：猿臂棍 摔跤科：摔跤式
学科	三民主义、国文、国术史、算学

资料来源：申报社. 国术馆介绍投考教授班人员[N]. 申报，1929-02-27（教育消息版）.

尽管如此，中央国术馆将武术专业教育课程分成术、学两科还是有着积极意义的。其不仅反映了中央国术馆使传统武术由师徒传承向学院专业教育迈出了重大一步，也标志着中国近代武术已开始积极融入现代教育体系。事实上，从南京高等师范专科学校和北京高等师范专科学校成立体育专修科开始，体育教育的课程设置已分为术科和学科。这一体育课程二分法不仅是对早期体操课邀请军人教授时粗野流弊的反思，亦是对体育学科话语体系的自觉构建。中央国术馆正是参考了这样的课程二分法，从而和民间武术会的技能培训有了本质不同；又因为中央国术馆所培养的人才主要是面向国民政府的机关和学校，并非"江湖卖技之流"，所以该馆从初期就进行了术、学分类的课程设置，以践行其"教授中国武术"的基本职能。武术课程术科和学科的分类与中央国术馆致力于构建现代武术教育体系的努力密切相关，其旨在推进武术成为一门独立专业。然而，中央国术馆初期的武术专业教育虽致力于开发武术"术、学"二科的课程，却仍是重"土体育"而轻"洋体育"，并没有产生中西并举的武术课程设置内容，这在教授班术科和学科的课程设置中可见端倪：其术科课程全为中国传统武术，学科课程也仅限于三民主义、国文、国术史和算学。这无疑反映了中央国术馆初期武术专业教育课程设置的"国粹"思想，具有严重的封闭性和排外性；而将"三民主义"置于学科课程的首要位置，则进一步体现了该馆早期的武术专业教育是一种党化教育，旨在培养符合国民政府价值体系的武术人才。

2 "一馆一校"时期中央国术馆"术学并举""中西结合"的武术专业教育课程编制

师范班是中央国术馆推行武术专业教育而在教学组织形式上的优化。据郝凤岭口述:"教授班所培养的武术人才仍被时人斥之为'一介武夫',因此,张之江反思了早期的课程设置,并着手引进西方体育术科与学科课程,以培养文武双全之武术人才。"1933年,中央国术馆为了使所培养的武术专业人才能够更好地践行"强种救国"之目的,开始将人才培养的就业方向转为各级学校,并因此将武术专业教育所开班种的名称由"教授班"更名为"师范班"(1935年更名为"国术讲习班")。此举说明,中央国术馆的武术专业教育从1933年开始已由教练式培训转向了师范式教育,其学制与课程设置也因此发生了巨大转变。师范班的学制由教授班的6个月增加到2年,其课程设置进一步细化,课程内容进一步丰富。1933年师范班的开设,标志着中央国术馆武术专业教育的课程设置进入了"术学并举""中西结合"的精细化阶段,武术专业教育课程体系初步完善。

《中央国术馆师范班招生简章》的史料中罗列了师范班的全部武术课程(见表3-2)。从中可以发现,师范班不仅增加了术科和学科的课程内容,其课程设置也更加细致。在术科课程方面,师范班相比于教授班不仅进一步明确了拳术和器械的具体项目,同时也将术科课程分成腿法科、拳术科、器械科、竞技科、选修科、特别科和军事科七类。首先,在术科课程内容中,师范班在教授班时期的中国传统武术本位基础上吸纳了西方体育项目,如拳击、搏击、竞走、棒球等。其次,除必修课程外,师范班在以中国传统武术为主体的基础上设置了六门限制性选修课程,要求学生修完规定武术课程的同时进行选修,以满足学生的武术学习兴趣和拓展武术技能。再次,除武术和体育技能课程外,师范班特设了军事科。这和当时的历史背景密切相关。1931年九一八事变爆发后,民族危机日益深重,师范班所设的基本教练和战斗教练正是在"救亡图存"背景下所设的特殊课程,以备战时所需。在学科课程方面,从教授班仅有的三民主义、国文、国术史和算术四科,增加到包括地理、生理学等十门学科课程。首先,师范班学科内容的增加,同样也是中央国术馆接受现代体育文明的表现,尤其是生理学课程的开设,标志着中央国术馆在努力揭开中国传统武术的神秘面纱,将武术推向学科的高度。其次,师范班选择将音乐纳入其学科课程之中,说明其武术专业教育已不再仅仅是技击术的传授,而是在陶冶学生情操中,寓教于乐,启迪学生智慧。再次,中央国术馆师范班武术课程与初期教授班相比显著的区别在于，此时已形成了术科、学科、活动课程并举的课程设置特征。

表 3-2　中央国术馆师范班武术课程总表

类别	课　　程
术科	腿法科：初级腿法、中级腿法、高级腿法、潭腿 拳术科：形意拳、太极拳、八卦拳、查拳、新武术、练步拳、杂拳、行拳、戳脚、劈挂 器械科：青萍剑、三才剑、昆吾剑、龙行剑、猿臂棍、少林棍、群羊棍、应战刀、劈挂刀、童子棍 竞技科：拳击、器械、摔跤、搏击、刺枪、劈剑 选修科：绵拳、罗汉拳、醉八仙、醉拳、猴拳、擒拿法 特别科：气功、铁砂手、红砂手、游泳、竞走、棒球 军事科：基本教练、战斗教练
学科	党义、国文、地理、历史、算术、国术源流、国术学、生理学、军事学、音乐

资料来源：中央国术馆.中央国术馆师范班招生简章[Z].南京：中央国术馆，1933：2-4.

师范班的课时计划如表 3-3 所示：每日的第一节课 6:10~7:30，第二节课 8:20~9:10，第三节课 9:20~10:20，第四节课 10:40~11:30，第五节课 14:00~15:00，第六节课 15:10~16:40，第七节课 18:00~19:30。从每节课的课时时长中可以发现，师范班的每日课程有大课、中课和小课之分。师范班的大课为每日的第一节课、第六节课和第七节课；第一节课时长 80 分钟，第六、第七节课时长 90 分钟。中课为第三节课和第五节课，每节课时长 60 分钟。小课为第二节课、第四节课，每节课时长 50 分钟。再从课程内容的课时分配来看，可以清晰地发现师范班的大课全为术科课程，中课、小课则为术科、学科五五开。充足的课时保障了武术术科必要的练习时间，尤其是每周 4 节大课的"拳械复习"课程设置进一步保证了该馆武术术科学习的质量。此外，师范班时期的武术术科课程已不仅限于中国武术，每周 3 节大课的"搏击"已被正式纳入该馆课程体系。正如张之江所述："有人说搏击是舶来品国术中不应有，亦复不对，人民分国界，学术不分国界。人家好的我当学他，人家不好的则不应学他。"[①] 中央国术馆"搏击"课程的设置标志着该馆武术课程朝着"中西结合"迈出了关键一步。

---

① 张之江.国术馆的性质[J].新生活周刊，1935，1（55）：11-12.

表 3-3　1933 年中央国术馆师范班春季课程表

星期	课程（课时）
星期一	上午：搏击（6:10~7:30）、国文（8:20~9:10）、纪念周（9:20~10:20）、纪念周（10:40~11:30） 下午：军事学（14:00~15:00）、摔跤（15:10~16:40）、散手番子戳脚（18:00~19:30）
星期二	上午：推手（6:10~7:30）、唱歌（8:20~9:10）、八卦（9:20~10:20）、太极（10:40~11:30） 下午：教育学（14:00~15:00）、摔跤（15:10~16:40）、拳械复习（18:00~19:30）
星期三	上午：搏击（6:10~7:30）、国文（8:20~9:10）、拳械复习（9:20~10:20）、形意（10:40~11:30） 下午：生理卫生（14:00~15:00）、摔跤（15:10~16:40）、散手番子戳脚（18:00~19:30）
星期四	上午：军操（6:10~7:30）、历史（8:20~9:10）、长短兵（9:20~10:20）、实习教授法（10:40~11:30） 下午：国术源流（14:00~15:00）、摔跤（15:10~16:40）、拳械复习（18:00~19:30）
星期五	上午：搏击（6:10~7:30）、党义（8:20~9:10）、拳械复习（9:20~10:20）、棍术（10:40~11:30） 下午：国术体育原理（14:00~15:00）、摔跤（15:10~16:40）、散手番子戳脚（18:00~19:30）
星期六	上午：军操（6:10~7:30）、地理（8:20~9:10）、推手（9:20~10:20）、形意（10:40~11:30） 下午：旅行（未定）、学术演讲（未定）
星期日	上午：德育讲演（未定） 下午：休假

资料来源：中央国术馆师范班男生春季学术科配当表[J]. 国术周刊（南京），1933，109：6-7.

经统计，师范班每周全部课时为 52 小时，其中：术科总课时 31 小时，占比约 60%；学科总课时 11 小时，占比约 21%；活动课程总课时 10 小时，占比约 19%（见图 3-1）。从课时分配来看，虽然师范班术科课程课时占据了 60%，但是学科课程课时和活动课程课时的比例已得到大幅提高。当然，从师范班的课程表中可以发现，这一时期中央国术馆武术专业教育课程的设置非常紧凑，不仅课程排满周一至周日，且每周仅有周日下午无课，而且周一至周六的每日课时时长达到 8 个小时。因此，中央国术馆虽致力于在时间上保障教学质量，但是未考虑学生的劳逸结合。

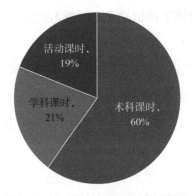

图 3-1　中央国术馆师范班课时比例图示

1935年1月，中央国术馆师范班更名为国术讲习班，并获国民政府教育部准予备案。史料记载："中央国术馆以该馆附设师范班办理有年，因入学程度及修业年限之不同，不便遽行合并，特照教育部所议，除仍赓续办理暨将师范班改称讲习班以示区别外，其师范班原有章程亦应依此名称修正为讲习班章程。"[①] 中央国术馆致力于发展其武术专业教育，除了将师范班进行更名外，其武术课程也进一步细化。在《中央国术馆师范班招生简章》中规定的术、学分类的课程基础上，国术讲习班的课程朝着"中西并举"的武术专业教育理念进一步迈进。在中央国术馆馆办刊物《国术周刊（南京）》刊载的中央国术馆附设国术讲习班课程表[②③]中，能够发现中央国术馆武术专业教育课程于一学期之中的具体内容：国术讲习班周一至周六全天有课，每日7门课程。

讲习班的课时计划为（见表3-4）：每日的第一节课 5:40~7:00，第二节课 8:00~8:50，第三节课 9:05~9:55，第四节课 10:10~11:30，第五节课 13:30~14:20，第六节课 14:35~15:35，第七节课 16:10~17:00。从每节课的课时时长中可以发现，讲习班的每日课程同样分为大课、中课和小课。讲习班的大课为每日的第一节课和第四节课，每节课时长80分钟；中课为第六节课，每节课时长60分钟；小课为第二节课、第三节课、第五节课和第七节课，每节课时长50分钟。从课程内容的课时分配上来看，讲习班的大课和中课多为武术术科课程（周一设纪念周），小课以武术学科课程为主，辅以军事课程和活动课程。该班之所以将大课和中课设定为术科课程，与武术技能的习得规律密切相关：每节课充足的教学时间，不仅有利于教师系统地教授武术技能，同时也给予了学生一定程度上的武术技能习练时间，从而为保障武术术科的教学质量奠定了基础。在武术课程的具体内容上，讲习班进一步贯彻"术学并举""中西结合"的教育理念，并在武术课程术、学分科的基础上，增设了军事课程和活动课程。术科课程内容中，中国武术课程有摔跤、弓箭、器械、拳术、推手及拿法、对手练习等6项，西方体育课程有搏击、球类游戏、器械操等3项。学科课程内容中有党义、国文、生理及解剖、国术史、急救法、算术、体育常识、史地、音乐等9项。军事课程内容中有军操、劈刺、军事学等3项。活动课程有纪念周、训话、科学演讲或远足等3项。

---

① 中央日报社. 中央国术馆师范班改称讲习班 [N]. 中央日报，1935-01-03（3）.
② 编者. 中央国术馆附设国术讲习班男生课程表 [J]. 国术周刊（南京），1935，138/139：封4.
③ 编者. 中央国术馆附设国术讲习班女生课程表 [J]. 国术周刊（南京），1935，138/139：封3.

表 3-4　1935 年中央国术馆讲习班春季课程表

星期	课程（课时）
星期一	上午：搏击[拳术（女生）]（5:40~7:00）、党义（8:00~8:50）、军操[器械（女生）]（9:05~9:55）、纪念周（10:10~11:30） 下午：国文（13:30~14:20）、摔跤[拳术（女生）]（14:35~15:35）、弓箭[对手练习（女生）]（16:10~17:00）
星期二	上午：器械（5:40~7:00）、生理及解剖（8:00~8:50）、劈刺[救护（女生）]（9:05~9:55）、器械[拳术（女生）]（10:10~11:30） 下午：国术史（13:30~14:20）、摔跤式与拳术[器械（女生）]（14:35~15:35）、球类游戏[弓箭（女生）]（16:10~17:00）
星期三	上午：搏击[拳术（女生）]（5:40~7:00）、急救法（8:00~8:50）、拳术[体操（女生）]（9:05~9:55）、拳术[器械（女生）]（10:10~11:30） 下午：国文（13:30~14:20）、摔跤[拳术（女生）]（14:35~15:35）、训话（16:10~17:00）
星期四	上午：拳术[器械（女生）]（5:40~7:00）、算术（8:00~8:50）、军操[太极推手（女生）]（9:05~9:55）、器械[拳术（女生）]（10:10~11:30） 下午：军事学（13:30~14:20）、摔跤式与器械[器械（女生）]（14:35~15:35）、器械操[对手练习（女生）]（16:10~17:00）
星期五	上午：搏击[拳术（女生）]（5:40~7:00）、体育常识（8:00~8:50）、推手及拿法[球类游戏（女生）]（9:05~9:55）、拳术（10:10~11:30） 下午：史地（13:30~14:20）、摔跤[拳术（女生）]（14:35~15:35）、对手练习[绘图（女生）]（16:10~17:00）
星期六	上午：拳术[器械（女生）]（5:40~7:00）、音乐（8:00~8:50）、音乐（9:05~9:55）、器械（10:10~11:30） 下午：科学演讲或远足（未定）

资料来源：中央国术馆附设国术讲习班女生课程表[J]. 国术周刊（南京），1935，138/139：封 3；中央国术馆附设国术讲习班男生课程表[J]. 国术周刊（南京），1935，138/139：封 4.

经统计，讲习班不同类别课程的课时占比分别为：术科课程之中的中国武术约占 42.3%，西方体育约占 14.5%，学科课程约占 30%；活动课程约占 13.2%（见图 3-2）。从课时占比中可以发现，讲习班的课程内容虽未偏离其"教授中国武术"的宗旨，但是相比于教授班和师范班，讲习班的课程设置已进一步发展，除延续之前武术课程的术、学分科外，还进一步丰富了西方体育项目课程；

图 3-2　中央国术馆讲习班课时比例图示

除此之外，活动课程之中的"纪念周"和"训话"是中央国术馆进行德育的重要载体，通常由张之江及馆中领导演讲，以向学生灌输其所认可的价值观。其中，"纪念周"侧重于政治层面的爱国主义教育，"训话"则侧重于个体层面的价值观塑造。例如，张之江在一次"纪念周"课中发表了"精神要军事化、学校化，事实要知行合一、文武合一"的主题演讲[①]，又在一次"训话"课中发表了"国术家要术学并重"的演说[②]。而每周六下午的活动课程"科学演讲或远足"，则是培养学生科学精神、拓展学生身体素质、促进学生身心健康发展的重要载体。

至于军事课程，1931年九一八事变爆发后，10月，国民政府教育部转发了国民党中央执委会制定的《学生义勇军教育纲领》。纲领规定：全国高中以上学校一律组织青年义勇军，初中以下各学校一律组织童子义勇军，实施军事训练，雪耻复国。在课程上，注重本国历史地理，特别注重外交史及国防地理；教导女生战时看护救伤等知识；文学艺术课程则注重发扬民族精神，造成雄壮勇敢之风[③]。中央国术馆学生所受的军事训练教育，完全依据国内外形势，配合国防需要逐年加强扩展。至讲习班时期，军事课程以灌输国防知识和培训军事技能为主要目标。这也正如张之江在对全馆师生的演讲中所强调："现在中等以上的学校均有军事知识，我们练历国术的人们，当应有奋斗的精神，教职员学生们均须有军队化的精神。"[④]因此，讲习班的学科课程中设置了军事学的相关理论与实践课程，以贯彻落实国民政府军事教育的目标。

当然，作为中央国术馆武术专业教育的主要班种，讲习班仍以术科课程为主，术科课程占全部课程的56.8%，中国武术占到了42.3%。在术科课程中，讲习班尤为重视武术的技击价值。课程中除了拳术套路外，摔跤、对手练习、推手及拿法都是对抗类术科课程，旨在弘扬武术的技击功能。然而，张之江似乎对这类课程的对抗强度并不满意，他在一次考试后指出："我见你们考试多不打头，亦复不对，要认定目的去攻击才可以将打法练出来。"[⑤]此言表明，中央国术馆的武术术科课程是张之江"向实"思想和"救国"教育目的的重要体现。讲习班的西方体育课程虽然只占到了全部课程的14.5%，但却体现了讲习班时期的武术教育已不再排斥西方体育。张之江"中西结合"

---

① 张之江.国术馆的性质：精神要军事化、学校化，事实要知行合一、文武合一（十二月十八日在本馆纪念周讲演）[J].国术周刊（南京），1934，107：1-2.
② 胥以谦.国术家要术学并重：十月十五日馆长在总理纪念周训话[J].国术周刊（南京），1934，128：1-2.
③ 教育部.学生义勇军教育纲领[J].教育部公报，1931，3（41）：26-28.
④ 张之江.国术馆的性质[J].新生活周刊，1935，1（55）：11-12.
⑤ 张之江.国术馆的性质[J].新生活周刊，1935，1（55）：11-12.

的武术教育观在讲习班的术科课程中得到了贯彻：在以中国武术为术科主要课程的基础上，周一至周六的第一节大课由中国武术与搏击交替设置；讲习班的术科课程还设置了球类游戏和器械操。讲习班的学科课程延续了师范班时期的课程，并无显著变化。当然，从史料中可以发现讲习班相比于师范班，在组织形式上进行了男女分组的改革（见表3-4）。表现在术科课程设置上，女生相比于男生有3个不同的课程，分别为太极推手、救护和绘图。由此可见，讲习班时期的武术专业课程设置已开始根据男女生身心差异设置不同课程。如：女生课程大幅缩减了身体对抗类术科课程，仅保留了"对手练习"；军事课程中，将劈刺、军操改为救护、绘图，体现了女生作为战时后勤保障主力的特点。

3 "一馆一校"时期体育专科学校"术学并重""中西融合"的武术专业教育课程编制

从"教授班"时期的"重术轻学"，到"师范班""讲习班"时期的"术学并举""中西结合"，至"一馆一校"时期的"术学并重""中西融合"，中央国术馆武术专业教育课程设置趋于成熟。这种成熟不仅体现在课程设置更加多元，更体现在张之江武术教育思想的与时俱进。创办中央国术馆体育专科学校是张之江武术教育思想转变的重要标志，而这种思想转变的基础则是张之江认识到体育和武术在"强种救国"教育目的下所具有的不同价值。如张氏所述："体育目的在发育、在健康，而国术除发育健康以外，则更有自卫卫国之技能在。国术用于平时，可增身心之娱乐，防不测之灾祸，用以卫国，不但增长敌忾同仇之壮气，尤收冲锋格斗之殊功。"[①] 因此，中央国术馆体育专科学校的创建为张之江进一步践行"中西结合"式的"强种救国"教育带来机遇。这也正如该校教师阚冠五所述："张校长于五年前鉴国难日亟，人种日衰，非恢复固有国术，提倡各种体育，并使国术军事化，军事体育化，体育国术化，三者合而为一，加以科学整理，融会贯通不可。遂向国府林（森）主席建议创设一种特殊教学机关，造就国术体育及军事三者兼备人才，以备国家推行国术，普及体育及实施军训之用。"[②] 而该校教师吴征的一段话则进一步说明了张之江创建体育专科学校推行武术教育的蓝图。吴征说："国人谈体育者动辄曰甲国如此、乙国如彼，而竞相效颦，一若忘其自身之为中国人者！张校长见有独到，提倡国术又恐闭门造车，

---

① 编者. 张校长言论[J]. 中央国体专校季刊, 1935, 1（2）：7.
② 阚冠五. 校史[J]. 中央国体专校季刊, 1935, 1（2）：13.

未能悉合时代所需，乃于两年前创办国体专校，熔中西体育精粹于一炉，为复兴民族体育之张本，中国本位之体育，基于斯焉！无民族性之体育，确无补于目前之中国，深愿追随先进之后，对此共同努力。"[1] 因此，基于张之江武术教育思想的转变和"强种救国"教育目的的进一步贯彻，"一馆一校"时期体育专科学校的课程设置已呈现出了"术学并重""中西融合"的特征，这在该校课程设计、课程课时以及课程学分上表现得尤为显著（见表3-5）。

表3-5 中央国术馆体育专科学校三年制专科各科课程

学年学期	课程（课时/周、学分）
一年级上学期	党义（1、1）；国文（2、2）；英文（2、2）；生理学（1、1）；社会学（2、2）；音乐（1、1）；教育概论（2、2）；国术概论（1、1）；国术训练（10、5）；体育原理（2、2）；竞赛运动（4、2）；军事学（3、3）
一年级下学期	党义（1、1）；国文（2、2）；英文（2、2）；生理学（1、1）；社会学（2、2）；音乐（1、1）；国术概论（1、1）；国术训练（8、4）；体育史（1、1）；竞赛运动（4、2）；军事学（3、3）
二年级上学期	党义（1、1）；国文（2、2）；英文（2、2）；国术史（1、1）；国术训练（8、4）；运动学（1、1）；体育行政及管理（2、2）；教练及裁判（1、1）；重器械操（1、0.5）；竞赛运动（3、1.5）；技巧运动（2、1）；军事学（3、3）
二年级下学期	党义（1、1）；国文（2、2）；英文（2、2）；国术史（1、1）；国术训练（8、4）；运动学（1、1）；民众体育（1、1）；体育教学法（2、2）；教练及裁判（1、1）；竞赛运动（2、1）；技巧运动（2、1）；军事学（3、3）
三年级上学期	国术训练（8、4）；解剖学（2、2）；个人及公共卫生（1、1）；急救法（1、1）；统计学（2、2）；竞赛运动（4、2）；游泳（1、0.5）；童子军（2、1）；技巧运动（3、1.5）；体育建筑及设备（1、1）；教育心理（2、2）
三年级下学期	国术训练（10、5）；解剖学（2、2）；个人及公共卫生（1、1）；推拿术（1、1）；体育新闻（1、0.5）；体育测验及统计（1、1）；健康检查（1、0.5）；竞赛运动（4、2）；技巧运动（2、1）；童子军（2、1）；游泳（2、1）；教学研究（2、1）；论文（1、1）

资料来源：阚文瑑.中央国术馆体育专科学校行政章则汇编[G].南京：中央国术馆体育专科学校，1934：26-32.

中央国术馆体育专科学校相比于"师范班"和"讲习班"，在教学管理制度上开始全面采取课程学分制。该校规定，各科课程总学分为120分，修满全部学分方可毕

---

[1] 编者.张校长之出国与本校未来的展望[J].中央国体专校季刊，1935，1（2）：24.

业①。由此可以看出，该校采用的是完全学分制。每门课程的学分按照该校培养目标和教学计划中该课程的学时和重要程度确定。从该校课程总体设置中可以发现，课程主要由术科、学科和军事课程三类构成。

图 3-3 中央国术馆体育专科学校课程学分比例图示

经统计，该校术科课程总学分为 46.5 分，占比约为 38.9%；学科课程总学分为 59.5 分，占比约为 49.6%；军事课程总学分为 14 分，占比约为 11.7%（见图 3-3）。术科、学科、军事并重的课程设置特征如该校教师李元智所述："本校课程是国术、体育、军事打成一片的，所以本校的精神与内容都与其他体育学校不同。本校所造就的学生，是为将来中国'新体育'的唯一指导人才，不是仅仅会练拳击剑就算完事。"②结合中央国术馆体育专科学校的课程设置，可以发现李元智的话不无依据。在该校的术科课程中，武术主要科目"国术训练"不仅在全部 6 个学期都有设置，其总学分亦达到了 26 分，约占全部术科课程的 55.9%。西方体育主要科目"竞赛运动"同样也设置在每个学期之中，其总学分为 10.5 分，约占全部术科课程的 22.6%。术科其他课程还有"教练及裁判""重器械操""技巧运动""急救法""游泳""推拿术""健康检查"7 项。因此，从中央国术馆体育专科学校的术科课程设置来看，其已基本践行了所提出的"造就国术、体育兼备人才"的教育宗旨。在学科课程方面，中央国术馆体育专科学校设置了更为丰富的学科内容，其学科课程总学分更是达到了全部课程的 49.6%，首次超过了其他课程的总和，这无疑反映了该校完全贯彻了张之江所提出的"术学并重"教育理念。

通过表 3-5 可知，该校学科课程分为公共基础课程和专业学科课程两大类别。

---

① 阚文琛. 中央国术馆体育专科学校行政章则汇编[G]. 南京：中央国术馆体育专科学校，1934：26-32.
② 李元智. 本校二年来国体军三部教学之回顾[J]. 中央国体专校季刊，1935，1（2）：7.

公共基础课程内容分为四类：思政类课程"党义""音乐"；语言类课程"国文""英文"；教育类课程"教育概论""教育心理"；健康类课程"个人及公共卫生"。专业学科课程内容分为两类：专业基础课程和专业主干课程。其中，专业基础课程内容有：运动人体类课程"生理学""解剖学"；体育人文社会学课程"社会学""体育史""国术史""体育行政及管理""民众体育""统计学""体育新闻"。专业主干课程内容有："国术概论""体育原理""运动学""体育教学法""体育建筑及设备""体育测验及统计"。首先，从该校公共基础课程和专业学科课程总学分的比例来看，前者达到了47%，后者为53%，几乎达到了1∶1的比例。质言之，尽管该校颇为重视学科课程，但是将公共基础课程置于同专业学科课程几乎同等重要的位置，导致了专业主干课程设置偏少，这显然不利于该校专业教育的推进与深入。其次，在专业学科课程中，未能将母学科内容与专业学科内容进行融合。例如将"社会学"设为独立课程，未能设置"体育社会学"课程；将"生理学""解剖学"设为独立课程，未能设置"运动生理学""人体肌动学"课程。尽管这一分裂式的课程设置特征和当时体育学科的不成熟密切相关，但是与该校同时期的其他学校的专业课程设置已有学科融合，例如当时的国立中央大学体育系[1]与私立上海东亚体育专科学校[2]已分别将"生理学"和"解剖学"设置为"运动生理学"和"人体肌动学"。再次，中央国术馆体育专科学校在仅有的三年学制基础上设置了34门课程，而同时期的国立中央大学体育系四年学制也才有31门课程[3]。并且，该校的课程设置存在重复现象，例如三年级上学期设置了"统计学"课程，却又在三年级下学期设置了"体育测验及统计"课程。该校在三年学制内设置如此多的课程，尽管流露出重视培养"造就国术、体育兼备"复合型人才的理念，但是对于如何确保课程实施的质量却存在着很大的疑问。

在军事课程方面，中央国术馆体育专科学校设置了"军事学"和"童子军"两门理论类课程。该校军事课程总共14个学分，"军事学"学分高达12分。"军事学"是国民政府军事教育目标的切实载体，同时也是该校贯彻"国术、体育、军事"并重教育理念的重要组成部分。而设置"童子军"课程则和当时中国的童子军教育背

---

[1] 罗时铭，赵浈华.中国体育通史：第四卷[M].北京：人民体育出版社，2008：101.
[2] 私立上海东亚体育专科学校呈报开办用表之四：1929[A].上海：上海市档案馆（全宗号：1，案卷号：643）：16.转引自：刘帅兵.民国时期武术教育的历史诠释[D].上海：上海体育学院，2019：99.
[3] 罗时铭，赵浈华.中国体育通史：第四卷[M].北京：人民体育出版社，2008：101.

景密切相关。南京国民政府成立后，国民党通过多种举措使得中国童子军的质与量均有提升——但执政党掌控童子军的根本目的在于维护其统治。那么，童子军课程的教师从何而来？当时的有识之士认为，童子军教师应由师范院校培养。正如孙移析所述："学校设置童子军必修科，必然需要大量学识丰富、富有经验的教练员来担任领导训练儿童的责任，童子军教练员的培训并非一般学校所能筹划，需要教育行政部门与师范院校之合理筹划组织。"[①]1934年，国民政府法定童子军为初中必修科。因此，为了配合国民政府童子军教育的开展，中央国术馆体育专科学校设置了童子军课程，以培养当时学校童子军教育所需要的教师。此外，据郝凤岭口述："中央国术馆体育专科学校重视军事课程的另一目标，在于向黄埔军校输送国术教官。"

流离时期，相比于中央国术馆，"一馆一校"之体育专科学校在更名后，由于有国民政府教育部固定的经费来源，其办学不仅未曾中断，且在抗战胜利前夕进一步完善了武术专业课程设置（见表3-6）。1942年该校增设五年制专科，在课程设置上已相当成熟。1944年，更名后的体育专科学校确定了教学指导意见，以贯彻其所提出的教育原则。1944年的《国立国术体育师范专科学校教务计划大纲》中，不仅明确了该校的教育宗旨，即"造就国术体育兼备之师范人才以适应当前之需要"，而且明确提出了"术学并重""中西融合"的9点课程要求，分别为：①学术科之教学以切合实际为主。②五年制师范专科前三年注重普通课程，后两年侧重专业课程。③各年制国术术科与体育术科并重。④教材教法、行政、裁判各课力求理论与实习并重以收知行合一之效。⑤各种术科项目依照季节作合理之支配分别实施。⑥各种学科注重平日笔记之考察。⑦各种术科均规定成绩标准令学生可于额外练习并定期测验。⑧组织各种研究会，利用课暇实施之。⑨以教育的态度与方法培养学理技术并重之专门人才。周仲霞口述佐证："我们和体专课程很多，四几年的时候就有很多课程。有外语、国文、生理、教育、体育、三民主义、童子军、武术等等。教我们武术的是女老师，叫李兴敏（音）和李兴丽（音），她们是哪个学校毕业的我倒没有过问。"

因此，流离时期的体育专科学校，相比于中央国术馆，不仅做到了由"术学并举"到"术学并重"的课程设置，其课程设置亦呈现出显著的"中西交融"特征。该校积极吸纳现代体育学和教育学的理论成果，将其设置为学科课程，同时学习了西方体育的优点以推进其持续发展。

[①] 孙移析. 中学童子军问题[J]. 江苏省立上海中学半月刊，1931（56）：1-2.

表 3-6　国立国术体育师范专科学校（中央国术馆体育专科学校）部分课程教学指导意见

课　程	教学指导意见
国文	注重应用文之讲授与习作，至少每两周作文一次
外国文	注重学生阅读能力之培养，至少每两周作文一次
社会学	政治、经济及法学通论可举行特约讲演，于课外行之
音乐	兼授乐理
教育概论	包括教育原理、中等教育及教育行政
教育心理	包括儿童心理、学习心理及普通教学法
体育原理	包括游戏原理及一般概论
体育史	包括世界体育史及中国近代体育史
国术史	包括国术派别
人体解剖学	选授与体育有关之应用部分，包括人体肌动学
运动裁判法	应尽量利用一切机会于课外实习
国术裁判法	包括裁判实习
体育行政	包括学校体育行政、社会体育行政及体育建筑设备
国术教材教法	包括拳术器械竞技等教材教法，应与体育心理一科取得密切联系
体育教材教法	包括体操、游戏、田径、球类、游泳等教材教法之研究，应与教育心理一科取得密切联系
童子军教育	包括野外生活技能训练组织管理及教材教法等
健康检查	包括简易体格诊断
体育测验	包括教育统计及实习
矫正运动及按摩术	包括实习并应与健康检查一科取得密切联系
卫生教育	包括学校卫生保健工作、医药常识及健康教育活动
社会体育	包括公共体育场管理，即成人休闲教育
教学实习	包括教学实习及行政实习，并于第三年第二学期指导见习及试教，每次须具预备、报告、讨论三种手段
毕业论文	最后一年选定论文题目，由教员指导，搜集资料，研究、实验、报告
国术术科	包括拳术、器械、竞技等
体育术科	包括体操、游戏、技巧、球类、田径及游泳

资料来源：国立国术体育师范专科学校教务计划大纲（国立国术体育师范专科学校一九四四年度教务计划大纲，第二学期修订）：1944[A]. 南京：中国第二历史档案馆（全宗号：5，案卷号：5605）.

第3节　中央国术馆武术普及教育课程及其对学校武术课程的推动

武术普及教育作为中央国术馆实现"强种救国"教育目的另一途径，主要通过馆内招学和馆外设站辅导的形式进行。然而，相比于武术专业教育，中央国术馆的武术普及教育逊色不少。该馆的武术普及教育主要担任社会服务的辅助角色，并且相比于武术专业教育的统一招生，召集社会闲散人员进行武术教学本身就有很大难度。尽管如此，中央国术馆的武术普及教育依然在全面抗战爆发前面向南京市民、全面抗战爆发后面向重庆市民，设置了一批面向大众的分级课程，力求循序渐进地普及武术。此外，中央国术馆亦努力推动了武术在各级学校的课程化发展。

1　南京时期分级培训模式下的武术普及教育课程

中央国术馆除了培养武术师资的专业课程外，亦有面向社会的武术普及教育课程。该馆通过开设"民众练习班"的形式进行武术普及教育，以期践行"强种救国"的教育目的。如《民众国术练习班简章》中所记载："本馆为普及国术，俾民众皆能强身自卫，以期强种救国。"[①]民众练习班对学员的入学资格要求较低，不论性别，年龄在12岁以上者皆可入班练习。其入学手续为：凡入班练习者，来该馆报名需填写志愿书，每期缴保证金1元，所缴保证金于毕业后如数退还，如在半途辍业者不退。其期限为：以3个月为一期，每期发给修业证，一年分4期。各级毕业，考试及格，发给证书。肄业1期或2期，如因要事请假，以后仍准继续入班。中央国术馆的武术普及教育和专业教育相比，只有术科没有学科，是以武术技能为课程设置的全部内容。"民众练习班"的武术课程遵循循序渐进的原则，分初级、中级和高级3个级别，每级设置10个武术课程（具体课程内容如表3-7所示）；每一级别的武术课程内容都分为4期。

---

① 编者.消息：中央国术馆之新设施：筹设民众国术练习班[J].中央国术旬刊，1929（9）：17-19.

表 3-7　中央国术馆民众练习班各级课程

级别	课　　程
初级	一期：燕青拳，十二路潭腿；二期：初级新国术，连环棍；三期：太极拳，四路查拳，连环枪；四期：查拳对打，形意拳，连环剑
中级	一期：五行拳，形意连环拳，连环单刀；二期：四把八式，连环双刀；三期：岳门八字功，杂式捶，梅花单刀；四期：十二行（鸡、鹅、蛇、燕）、断门枪
高级	一期：十二行（虎、鹞、猴、龙），少林棍；二期：十二行（鹰、马、熊、鮀），三才剑；三期：中级新国术、八大枪、连环大刀；四期：龙行对拳、虎行对拳、摔跤、搏击

资料来源：编者.消息：中央国术馆之新设施：筹设民众国术练习班[J].中央国术旬刊，1929（9）：17-19.

中央国术馆初级武术普及课程的教学内容以中国拳术和棍、枪、剑为主。以第一期的燕青拳和十二路潭腿为例：燕青拳又称迷踪拳，是中国传统武术的杰出代表，出自少林寺。其技法上肢有甩、拍、滚、搋等技法，下肢有跳、截、挂、缠等腿法，配合靠、闪、定、缩等身法，组成技击性较强的攻防技术。其步法强调插裆套步、闪展腾挪、蹿蹦跳跃。由于燕青拳刚柔相济、内外兼修，招式大开大合，专击人身要害，相比其他武术拳种往往一招半式就能制敌于死地，是以中央国术馆武术普及教育开篇即以燕青拳作为教学内容。这不仅体现了"强种救国"时代背景下武术普及教育对实用性的注重，亦符合了当时民众习武以掌握自卫技能的学习需求。而十二路潭腿则是中国武术的代表性腿法。如拳谚所说，"练拳不练腿，如同冒失鬼"，因而潭腿也被中央国术馆视为武术普及教育的基础内容之一。潭腿技法招数多变、攻防迅疾、节奏鲜明、爆发力强，多为上下肢同步出击，可令对手防不胜防。下肢发招讲究腿三寸不过膝，招式小、速度快。上肢进击以劈砸招数最多，力度大、拳势猛。潭腿口诀亦云："手是两扇门，全凭腿打人。潭腿四只手，人鬼见了都发愁。"在第一期的基础上，中央国术馆初级武术普及教育的第二期课程内容为初级新国术和连环棍；第三期课程内容为太极拳、四路查拳和连环枪；第四期课程内容为查拳对打、形意拳和连环剑。

中央国术馆中级武术普及课程的教学内容以中国拳术、功法、刀和枪为主。以岳门八字功为例：该功法为形意拳的主要套路之一，练法有奇、正两种。"正"的练法是劲法，"奇"的练法是招法。在形意拳中，以五行为体，八字功为用。实际上，通过八字功的锻炼不仅可以健身，而且还能迅速增长劲力，从而提高实战技巧。再以十二行为例：十二行是以模拟十二种动物的生活形态和搏斗的特长而组成的形意传统套路，包括鸡、鹅、蛇、燕、虎、鹞、猴、龙、鹰、马、熊、鲐。相较于五行拳，十二行增加了许多手法、身法、腿法和步法，形象丰富、劲力全面，不仅可以提高身体素质，还可掌握多种技击术，从而提高攻防实战能力。中级武术普及课程的第一期为五行拳、形意连环拳和连环单刀；第二期为四把八式、连环双刀；第三期为岳门八字功、杂式捶和梅花单刀；第四期为十二行前4种和断门枪。

中央国术馆高级武术普及课程的教学模式为"单对"，即双人格斗。课程内容以拳术和刀、枪、剑、棍的格斗练习为主。以第四期的课程为例：其内容为十二行中的龙行和虎行的双人对打，以及摔跤和搏击。中央国术馆将格斗课程内容作为最高级课程，体现了该馆在武术普及教育中同样贯彻了张之江"知行合一"的武术教育思想。

从中央国术馆"民众练习班"的各级课程内容中可以发现，中国传统哲学"体用兼备"的思想对中央国术馆武术普及教育的课程设置有着深刻的影响，使得武术普及课程内容在当时的历史条件下朝着体现武术技击价值的路径发展。在教学内容中将技击技术进行筛选、加工、提高，然后再运用于"单对"中，是中央国术馆编制武术普及课程内容的基本线索。武术普及教育的课程编制亦反映了"强种救国"时代背景下，中央国术馆"教授中国武术"的基本职能。这也正如中央国术馆《民众国术练习班简章》宗旨中所述："本馆为普及国术，俾民众皆能强身自卫，以期强种救国。"[①] 中央国术馆武术普及课程的编制奠定了该馆武术普及教学的基础，使得教者和练习者能够按图索骥、有的放矢地进行教与学。

2 流离时期假期培训模式下的武术普及教育课程

全面抗战期间，1942年之前的中央国术馆武术普及教育活动鲜有史料记载，直接原因在于中央国术馆从南京搬离后历经长沙、桂林、龙州、河内、昆明等地，这种居无定所的局面直接导致中央国术馆无法正常开展武术普及教育。迁至重庆后，"一馆一校"虽能勉强维持，但是二者的性质已发生变化。体育专科学校在教育部的扶持下更名为"国立国术体育师范专科学校"，成为武术专业教育的主阵地，而中央国术馆由于缺少了依附，成为一个"自力更生"的武术团体。正是因为全面抗战时期"一馆一校"的性质改变，中央国术馆此时不得不将重心放置在武术普及教育上，且只

---

① 编者. 消息：中央国术馆之新设施：筹设民众国术练习班[J]. 中央国术旬刊，1929（9）：17-19.

能利用假期勉强开展教学活动。如史料记载："中央国术馆兹利用1942年暑假期间特设暑期训练班，招收各级学校放假学生，及社会一般有志青年入班受训，班次合计分壮年班、幼年班，时间定为每日上午5时起至7时止，下午定为4时起至6时止。现已开班上课，报名参加者极为踊跃，理合呈报教育部核准备案。"[①] 暑期训练班通常由7月21日正式开学授课，至8月30日结束，共计5周；每日授课2小时，全期时数共计70小时（见表3-8）。

表3-8 中央国术馆附设暑期国术训练班全期教学科目时数及教育纲要表

课程（课时）	课程说明
基本动作（1）	各种步法、拳法、掌法，各种假腿法，各种溜腿法
练步拳（10）	共36式，分3段
初级拳（6）	共24式，分2段，练熟后对打练习
初级棍（8）	共24式，分2段
大刀舞（11）	共36式，以缠、撩、劈、抹、刺、砍、亮等势，配合《大刀进行曲》锻炼之
擒拿（4）	拿脱各种擒臂法，拿脱各种掀襟法，拿脱抱擒法，夺械法
摔跤式（6）	腰膀运动，高矮速度，上把前进后转，下把前进后转，前进踢，前进推
摔跤（10）	倒地方法，对摔法，教授对摔法，实摔法，裁判胜负法
毕业考试（4）	全期教学，全部考试
国术概论（4）	国术史略，国术流派，国术内容，国术特征，详解自卫法
精神讲话（6）	

资料来源：中央国术馆.中央国术馆呈报成立暑期训练班案：1942[A].南京：中国第二历史档案馆（全宗号：11，案卷号：9679）.

从中央国术馆"暑期训练班"的课程设置中可以发现，尽管全部教学时间仅有5周，但在这一时间段内，中央国术馆依然坚持将"术学并重"的武术教育理念贯彻到战时的武术普及教育之中。在术科课程中，设置了4种武术套路，即练步拳、初级拳、初级棍和大刀舞；2种格斗内容，即擒拿和摔跤。从课程教学说明来看，此时中央国术馆的武术普及教育具有鲜明的"打练"结合特征，由"练"入"打"是该班课程设置的基本线索，突出了武术表演和技击的双重价值。除却术科，该班学科课程内容亦呈现出显著的中国武术本位特征。是以，尽管中央国术馆在全面抗战期间坚持办学的精神

---

① 中央国术馆.中央国术馆呈报成立暑期训练班案：1942[A].南京：中国第二历史档案馆（全宗号：11，案卷号：9679）.

值得肯定，但是高度浓缩的暑期训练班课程在短时间内显然难以达到"强种救国"的教育目的。失去政治依附后的中央国术馆在全面抗战艰苦阶段速成式的武术普及教育实为无奈之举，然而，这种在极其艰难环境下坚持武术教育的精神仍然非常值得钦佩。

3 对编订大中小学武术课程标准的努力

除了积极编制武术课程、推行武术普及教育外，在当时中小学武术教学无课程标准可循的背景下，中央国术馆对中小学武术课程标准的编订进行了探索。1929年，中央国术馆自发编订了一份简易中小学武术课程标准，表达了对统一学校武术教学的期待。在这份标准中，编者对当时学校武术的开展给予了肯定，指出："近年吾国各界，对于国术虽无深刻之认识，却有提倡之同情，是故学校及军队多有添设国术一科，俾学生及士兵，按时练习，以期强身自卫、强种救国，是亦国术前途之乐观也。"但是，也正如编者所述，由于当时的学校武术没有统一的课程标准，武术的实际教学效果并不理想："惟查教者，未能分别刚柔程序，以及标准计划，恐其费力多而成功少。兹特拟定学校国术教程，由柔而刚，按年级教授，互相衔接，循序而进，庶免躐等之虞。"① 基于此，由中央国术馆编审处牵头，对中小学武术应该"教什么"进行了初探，并初步构想了中小学武术课程的内容。初级小学：第一学年，燕青拳；第二学年，十二路潭腿；第三学年，初级新国术。高级小学：第一学年，太极拳；第二学年，形意拳（劈、崩、钻、炮）；第三学年，形意拳（横）、连环拳。初级中学：第一学年，四把式、连环刀；第二学年，八式拳、连环棍；第三学年，中级新国术、连环剑。高级中学：第一学年，岳门八字功、连环枪；第二学年，四路查拳、查拳对手；第三学年，杂式捶、三才剑②。

中央国术馆发起的学校武术课程标准构建并未立即引起当局的重视，反而是该馆编辑的一批教材引起了国民政府教育部的关注。1931年6月教育部致函中央国术馆，谓该馆所编就之《初级腿法》一书，适于团体及个人练习之用，应公开发行。教育部剀切指出："查该书说明详晰、动作简易，适于团体及个人练习之用。闻中央国术馆以初级腿法曾于本学年内会同京市教育局，在首都各校试行，成绩甚为圆满。先拟即行

---

① 编者. 研究：学校国术教程规定之研究：中央国术馆教务处编审处拟 [J]. 中央国术旬刊，1929（9）：12-13.
② 编者. 研究：学校国术教程规定之研究：中央国术馆教务处编审处拟 [J]. 中央国术旬刊，1929（9）：12-13.

付印，以期早日出版，发行全国各校应用。"①直至1934年1月，国民政府教育部中小学体育课程编辑委员会议才商议确定：武术课程标准须适应目前国家情势之需要，教材应分小学、初中、高中，推定委员分别起草国术标准，编订教材由中央国术馆供给。此次会议出席者有教育部部长王世杰，以及体育领域专家吴蕴瑞、宋君复、陈莫梅、程登科、吴征、陈奎全、郝更生、郭莲峰等人。会议上先由郝更生、王世杰致辞，谓我国武术教学法及教材不甚整齐，希望经此改革后，渐得统一，并希望于暑假前编印完成。接着由吴蕴瑞报告提案内容：教材以一星期为单位，各级教授纲目中之国术教材，由本会制定标准，函中央国术馆查照标准，供给教材。②

在接到教育部的教材编订任务后，中央国术馆于1934年2月成立了教材编审委员会，并召开了第一次会议。此次会议出席者有姜容樵、吴峻山、黄柏年、马永胜、罗成立、郭锡三、杨松山、龚润田、马庆云、金一明。会议推选姜容樵为教材编审委员会主席。不久后的第二次会议中，姜容樵报告指出："本馆案准教育部函请，编制三级教材，查合乎现代应用之国术，仅有拳、棍、刀、剑等类，即以拳法而论，姿势各有不同，劲路亦复各异，自宜由简而后，后难先易，究应如何之处，应请公决。"基于此，此次会议共产生了5项议决，分别为：①先编制初中、高中两级教材各一学期，俟第一期教材编成后，再编第二学期。②先将初中、高中第一期采取教材之名称决定之，第二期采取教材之名称，俟第一期教材编成后，再行决定。③初中学校第一期教材计分4种：五行拳、潭腿、劈挂刀、三才剑。④高中学校第一期教材计分4种，即八极拳、八卦掌、梅花刀、昆吾剑。⑤五行拳教材由姜容樵、黄柏年编制，劈挂刀教材由姜容樵编制，三才剑教材由姜容樵、罗成立编制，八卦掌教材由吴峻山编制，梅花刀教材由郭锡三编制，昆吾剑教材由龚润田编制。暂编6种定于3月1日前编竣，新武术及青萍剑等及所提其他拳、刀、棍诸法教材，保留于下次会议时再行审定③。简言之，中央国术馆教材编审委员会在前两次会议上已明确了初中、高中第一学期的武术教材编写内容与编者。然而，令人遗憾的是，由于史料的欠缺，中央国术馆教材编审委员会的后续内容已无从查阅，并且中国近代第一份完整的《大中小学国术课程标准》是由北京市国术馆于1938年6月编订完成的。因此，中央国术馆后续或许未将重心置于学校武术课程标准编制之上。当然，这并不能否认中央国术馆在推动学校武术课程标准编制中所做的努力。

---

① 中央日报社. 教育部审定国术教材 [N]. 中央日报社，1931-06-04（5）.
② 申报社. 教育部中小学体育课程编辑委员会议 [N]. 申报，1934-01-16（13）.
③ 申报社. 中央国术馆通过教材 [N]. 申报，1934-02-08（16）.

第4节 中央国术馆武术课程设置基本特征

从武术专业教育到武术普及教育，中央国术馆在面对宗派众多、内容庞杂的中国武术内容时俨然找到了一条适应现代教育课程化发展的路径。尽管这一路径导向了"强种救国"的教育目的，但它对中国武术的课程化发展而言具有重要意义。在对中央国术馆各个阶段以及各个班种的武术教育课程史料的梳理与研究中，可以发现该馆的武术课程设置具有如下三个方面的显著特征。

1 遵守循序渐进的教育原则

从戴圣《礼记·学记》中提出的"学不躐等""不陵节而施之谓孙"[①]，到王阳明《传习录》中的"为学须有本原，须从本原上用力，渐渐'盈科而进'"[②]，至王宗岳"由着熟而渐能懂劲，由懂劲而阶级神明，然非用力之久，不能豁然贯通焉"[③]，武术循序渐进的习练原则在中国历史上有其教育学和武学的文本来源。面对包罗万象、博大精深的中国武术内容，中央国术馆起初（1928年）主要分为武当、少林两门并将武术内容糅合至两门派之中。然而，这种教育管理存在门派之争，传统的宗派门户恶习在两门派的思想领域中作祟。为此张之江当年取消两门，参考现代教育重设教务处统一教学管理。在课程编制上，中央国术馆遵循循序渐进的教育原则，并对既有武术教材进行了批判。正如编审处副处长金一明所指出："今国术书中，对于教学二字，打成一片，将授受之意义，含蓄一起，故课本中虽有一图一解、一势一法，而教授者嫌其太简，受学者觉其太烦，均感困难，良欲使全国国术教材之统一，须按照学籍年龄之过程，编制浅显课本，按照浅显课本，替教授者，编制参考之教法，由小学而初中，由初中而高中，由高中而大学，则国术前途当发展无量矣。"[④]金一明的想法很快成为现实。中央国术馆的各类、各级武术教育，正是按照循序渐进的教育原则，对纷繁复杂的武术内容进行了整理，以适应不同阶段和层级学习者的需要。

---

① 高时良，译注. 学记[M]. 北京：人民教育出版社，2016：54.
② 王阳明. 明隆庆元年初刻版《传习录》[M]. 张靖杰，译注. 南京：江苏凤凰文艺出版社，2015：38
③ 李亦畬. 王宗岳太极拳论[M]. 二水居士，校注. 北京：北京科学技术出版社，2016：123.
④ 金一明. 国术教学法编制大意[J]. 国术周刊（南京），1934，107：4.

2 传承体用兼备的价值追求

中国哲学中的整体观体现在武术上即表现为"体用兼备"的价值取向,武术技术组成融演练的"体"和技击的"用"于一体。张之江对馆中学员强调:"对于对手尤当特别的注意……因为单练只是有体的工(功)夫,对手才是有用的工(功)夫,所以练国术的,先要练其体,然后练其用,这是很要紧的。"①张之江指出:"国术是体用兼备的,既可以强身强种,同时能增进白兵格斗的方术,不论平时战时,皆可得着国术的功用。"②中国传统哲学"体用兼备"的思想对中央国术馆武术内容的设置有着深刻的影响,使得武术教学内容在当时的历史条件下,朝着武术技击价值的路径发展。在教学内容中将技击技术进行筛选、加工、提高,然后再运用于"对试"中,是中央国术馆编写武术教学内容的基本线索。该馆术科课程中,不仅有八极拳、形意拳、杂拳、潭腿、查拳、八卦掌、摔跤、八卦散手、梅花刀、猿臂棍、断门枪、三才剑、青萍剑、苗刀等极富技击特征和技术全面的传统武术,也有搏击和军操等现代武术教学内容。以中央国术馆结合传统武术与现代搏击自创的"练步拳"为例:该拳法为该馆教师刘崇峻根据长拳的技击特征,取其易学易练、体用兼备、攻防连贯的实用特点编制而成。从冲拳、劈掌、肘击、勾踢的基本动作,到套路练习中强调的不偏不倚、前进后退、左旋右转,必须灵活敏捷、高低适度,以实现拳不虚发、日渐长功,最终在"对试"中打出快速连击的气势。

3 探索术学并举、中西交融的课程设置

中央国术馆是中国近代武术管理的最高机构,张之江亦是武术的坚定倡导者。然而,中央国术馆在课程设置上并非只有中国传统武术。在中西方体育激励交融的民国时期,中央国术馆倾向于中西并举地培养武术人才,因而在课程设置上不仅仅偏于武术。其中的原因在于张之江认为无论武术还是体育都是实现"强种救国"教育目的的重要途径。如张之江所述:"对于提倡国术必须急起直追,力求普及全民,并须定为学校军队之必修课程,积极促进锻炼以为雪耻图强,拒寇御辱之准备。而对欧美体育之所长,为我国所需要而易行者,例如游泳、棒球、竞走、赛马、拳斗等等,亦均须兼收并采善与

---

① 编者.讲演:第四次讲演:职员练习国术及全体注重对手[J].中央国术馆汇刊,1928(1):44.
② 编者.讲演:第三次讲演:国术源流及内外交练[J].中央国术馆汇刊,1928(1):41-44.

人同。庶融会贯通冶中外于一炉,俾我进步。"① 尤其是在当时体育师资紧缺的时代背景下，中央国术馆更是希冀培养出中西体育兼长的人才以适应社会的需要。在近代武术发展之路的探索上，中央国术馆不仅认可现代体育学和教育学的理论，更认为中西体育融合发展是培养武术人才的重要举措。为此，张之江剀切指出："我们感觉到中国的国术界，有许多竟未认识体育为何物，体育界有许多竟未认识国术为何物，要想把'国术'和'体育'之间开一条通路，使双方都有真切的认识与了解，也非造就一批富于体育和国术知识的新人才不可。决不是现在欠缺不全，仅仅专于体育或国术的人们所能担当的这个大任。"② 基于中西交融的理念，中央国术馆于1929年在课程编制上将"拳击""搏击"作为主要课程，并将其作为馆内"年考"的重要考核内容之一③。而在中央国术馆体育专科学校成立后，现代体育项目和学科课程开始全面融入"一馆一校"的教学内容。"中西交融"成为1933年后中央国术馆课程设置的主要特征。是以，中央国术馆的课程设置原则并非全盘的中国传统武术，而是吸纳了现代教育理念对传统武术进行了梳整，希冀与现代体育接轨以培养全面的武术人才。

第5节　中央国术馆新编武术教材整理与个案分析
——以教材《少林正宗练步拳》为例

教材的编订是课程编制的第三个层次，是根据学校课程方案和学科课程标准的要求，选择和组织课程内容的最后一步④。教材是课程设置的具体化，是教师进行教学的主要依据，亦是学生进行学习、获得系统知识的主要材料⑤。中央国术馆武术教材的载体主要为印刷品，即纸质教科书。在有目的、有组织地对武术课程进行编制后，中央国术馆着手编辑了一批武术教材以应用于该馆的武术专业教育和普及教育。在中央国术馆术科课程设置中"练步拳"最具代表性，由此而编写的教材《少林正宗练步拳》成为该馆经典的武术教材之一。首先，该拳法由中央国术馆第一任教务

---

① 张之江. 国术与体育 [M]. 南京：中央国术馆, 1932：9.
② 中央国术馆. 张之江先生国术言论集 [M]. 南京：中央国术馆, 1931：63.
③ 民国日报社. 中央国术馆年终考试在扬州绥靖署举行 [N]. 民国日报, 1930-12-29（4）.
④ 李秉德. 教学论 [M]. 北京：人民教育出版社, 1991：173.
⑤ 柳海民. 教育学原理 [M]. 北京：高等教育出版社, 2011：179.

处处长刘崇峻根据少林长拳的技击特点，取其易学易练、体用兼备、攻防连贯的特点创编而成。1928 年伊始刘崇峻便在中央国术馆教授全馆师生，后由中央国术馆编审处副处长吴志青根据刘崇峻的示范动作整理编辑为教材《少林正宗练步拳》一书，并于 1930 年交由上海大东书局出版。这反映了该教材具有较强的原创性。其次，"练步拳"是中央国术馆的必修课程，从初期的教授班、中期的讲习班，再至体育专科学校时期的武术术科课程，都将"练步拳"作为学生的必修课程之一，这体现了中央国术馆对"练步拳"的重视程度。再次，该拳不仅是中央国术馆各个班种学生的必修课程，同时也是每位教师必须习练的拳种，馆长张之江更是带头习练"练步拳"，这说明了该拳法的创编得到了全馆上下的一致认可。因此，以教材《少林正宗练步拳》为例，不仅可以管窥中央国术馆课程建设的细节，同时也有助于从宏观上对该馆武术课程的历史意义加以定性。

1 中央国术馆新编武术教材整理

当中央国术馆明确了"教什么"的武术课程设置后，"依据什么教"成为该馆武术课程的关键环节。中央国术馆在批判与继承传统拳书后，指出新编的武术教材应符合现代学校组织下的教育原则。正如该馆编审处副处长金一明所述："应该按照学生的年龄特征和年级选择合适的课程内容，循序渐进地促进学生武术技能的掌握和健康水平的提升，并在图文并茂和通俗易懂的基础上编写武术教材和参考教学法，并将之普及。而传统武术教学中的神秘性应该被破除，故弄玄虚应当被摒弃，民间拳书应该按照学生实际重新编写。"① 此外，作为馆长的张之江显然认识到新编一批武术教材的必要性，提出："除令采取各门之精华，编为各种固有国术，（拳枪棍刀剑）示保存国粹外，复命召集各国术专家，共同研究，除制初级中级拳术等书，以期融化门派，发扬光大……世之通行各种拳术书籍，固然分道扬镳，各有特长，若论其出类拔萃，则或未能也，惟斯编采取各家之长，参伍错综，以集其成，斯可谓完善之教材矣。"② 当然，中央国术馆时期，武术进学校已逾 10 年，其间不仅出版了《中华新武术》系列教材，亦有孙禄堂《形意拳学》、周烈《剑术基本教练法》等武术家结合自身体悟编写的教材。然而，这些教材未能贴合学校武术的开展现状，因此面对近代以降"拳书"与"新教材"的

---

① 金一明.国术教学法编制大意 [J].国术周刊（南京），1934，107：3.
② 吕光华.著述：国术教范基本拳（续）：初级之部：附图 [J].中央国术旬刊，1930（12）：6-14.

种种流弊，中央国术馆依据现代教育的组织特征与教育学原理，着手整理与编辑了一批新的武术教材（见表3-9）。

表3-9 中央国术馆编武术教材整理

类　别	武术教材
技术教材	《拳术初步》，金一明编，沪江国术出版社，1930 《国术教范·七星剑》，吴志青编，大东书局，1929 《国术教范·查拳》，吴志青编，大东书局，1929 《剑法图说》，宋赓平编，中央国术馆整理，大东书局，1929 《射技图说》，宋赓平编，中央国术馆整理，大东书局，1922 《单刀法图说》，程宗猷著，中央国术馆整理，大东书局，1921 《少林棍法图说》，程宗猷著，中央国术馆整理，大东书局，1921 《长枪法图说》，程宗猷著，中央国术馆整理，大东书局，1921 《少林拳法图说》，朱鸿寿著，中央国术馆整理，大东书局，1921 《六路短拳图说》，吴志青编，大东书局，1929 《查拳图说》，吴志青编，大东书局，1932 《七星剑图说》，金一明编，大东书局，1932 《三义刀图说》，金一明、郭粹亚编，大东书局，1930 《形意五行拳图说》，凌善清编，中央国术馆整理，大东书局，1930 《服气图说》，程宗猷著，中央国术馆整理，大东书局，1929 《少林正宗练步拳》，吴志青编，大东书局，1930 《心意六合八法拳》，吴翼翚编，中央国术馆出版，出版年不详 《苗刀》，程宗猷著，中央国术馆整理，中央国术馆出版，出版年不详 《劈挂拳》，郭长生编，中央国术馆出版，出版年不详 《满江红》，蒋浩泉编，中央国术馆出版，1934 《少林正宗练步拳》，刘崇峻编，吴志青整理，大东书局，1930 《练功秘诀总目》，金一明著，中央国术馆出版，1930 《练功秘诀》，金一明、郭粹亚著，上海百新图书公司，1930 《写真昆吾剑》，姜容樵、刘俊龄编，世界书局，1930 《国术新教本》，吴兴、凌善清著，大东书局，1930 《形意杂式捶八式拳合刊》，姜容樵编，武学书局，1930 《写真鞭枪大战》，姜容樵编，世界书局，1930 《龙形八卦掌》，黄柏年、任邱编著，上海武学书局，1930 《太极正宗》，吴志青编，大东书局，1930 《初级腿法》，中央国术馆编，大东书局，1931 《写真少林棍法》，姜容樵编，世界书局，1930 《太极拳》，姜容樵、姚馥春编，武学书局，1930 《教门弹腿》，吴志青编，大东书局，1930 《梅花刀图说》，吕光华、李元智著，大东书局，1931 《捷拳图说》，傅秀山编，中央国术馆整理，大东书局，1931

续表

类　别	武术教材
技术教材	《赵门拳法炮拳图说》，吴志青编，大东书局，1931 《新太极拳书》，马永胜著，中央国术馆印，1931 《国术健身操》，李元智编，中央国术馆体育专科学校校刊，1936 《练步拳图解》，何学诗编，中央国术馆体育专科学校校刊，1936 《摔角术》，张文广编，教育部国民体育委员会，1948 《君子剑》，金一明著，百新书店，1937 《国术体操图说》，金一明，上海百新书店，1937
理论教材	《科学化的国术》，吴志青编，大东书局，1930 《国术比赛新规》，中央国术馆订定，大众书局，1930 《国术考试要览》，张之江编著，中央国术馆印，1931 《国术考试条例》，中央国术馆编，出版者不详，1931 《最新国术比赛规则》，中央国术馆订定，上海体育书局，1933 《太极拳讲义》，姚馥春、姜容樵编，武学书局，1934 《国术归宗》，朱国福、刘浩然编，长沙松雪纸庄，1935 《国术理论概要》，侯敬舆、吴志青等编，大东书局，1935 《国术裁判法》，李元智，讲稿，1936 《中国拳术与西洋拳术》，张登魁编，国立师范学院体育与健康教育研究社，1936 《小学摔角教材教法》，张登魁编，教育部体育委员会，1936

资料来源：根据"中国历史文献总库""全国报刊索引""爱如生申报数据库""中美百万册数字图书馆""中国国家图书馆（民国图书数字化资源库）""南京图书馆（民国图书数据库）""上海图书馆（全国报刊索引）""大成故纸堆"等数据库与"中国第二历史档案馆""重庆市档案馆""江苏省档案馆""南京市档案馆""天津市档案馆"等档案馆的档案资料整理而成。

中央国术馆新编的武术教材不仅满足了该馆武术专业教育课程与教学的需要，同时，这批教材的相当一部分经过整理后面向社会出版，成为当时人们自学自练武术的范本。中央国术馆编辑出版的一批教材在当时得到了主流媒体《申报》连续的广告宣传。如吴志青编系列教材《国术教范》之《七星剑》，《申报》在广告中指出：研究国术的最佳范本，开发剑学的唯一著本。此编为初学剑术的基本教范，以单剑八法，七剑底母，十三剑、二十四剑为根据，逐页插图，加以详细说明，由简入繁，层次井然，教授便利，即按图自习，亦极易模仿，收巨效于自然之中，解除神话，学说新颖。又如《国术教范》之《查拳》，《申报》宣传语为：此编取材于查拳第四路，撷其精蕴，以供初学实习。每章分四节，每节分三段，每段分四式，每式附以用法、图说、式定名词，法释应用，图明动作，说解意义，使学者得以一目了然。其编制新颖，又深合教育的原则、世界的潮流，无论团体及个人练习，均无不可。各学校各团体、各级学生宜置备数册以资借镜。[①] 再如金一明所编的《拳术初步》，《申报》赞许为：融汇少林武当两派，内外功并进，却是研习拳术、强国强种的不二法门，当代国术专家交口称赞，为初学之捷径，为成功之初步，拳家派别详述无遗，技击法门图解明显，依书练习，不费时间，不需地位，收效宏大，得此一书，无异聘请名师传授[②]。尤其是中央国术馆教师合编的《初级腿法》教材，得到了国民政府教育部的认可。正如《申报》所载：教育部审定《初级腿法》，注重腿法之应用，首述教学上注意各点，次述基本教练，再次八节腿法，末示以辅助教练。每一动作，均有说明，互相练法，浅显简易，最便初学[③]。因此，尽管《申报》对中央国术馆所编教材有言过其实之嫌，但却可以从广告语中管窥中央国术馆已按照图文并茂、通俗易懂的编写原则编写了一批面向社会的教材，这对武术横向的普及意义重大。

2 个案研究——以教材《少林正宗练步拳》为例

2.1 教材《少林正宗练步拳》的教学目标

本杰明·布鲁姆在《教育目标分类学》中提出，教学目标应包括认知领域、技能领域、情感领域三个方面[④]。纵观教材《少林正宗练步拳》的内容，其教学目标可以此进行归纳。

教材《少林正宗练步拳》的认知领域目标旨在通过"练步拳"的习练，强化学生对少林拳术的理解。在该教材的第一章绪论中，吴志青对何为"练步拳"进行了说明，指出"练步拳"是由少林五行拳之龙、虎、豹、蛇、鹤中的"龙"形拳整理更名后而来。其技法刚柔相济，无太过亦无不及。在该教材的"武术精义概要"一节中，作者进一步明确了通过习练"练步拳"达到理解少林拳术"五合三催"的技法要求。如吴志青所述："初学必演拳式者，欲知其五合三催之理也。"那么何谓"五合三催"？吴志青进一步解释道："五合是指手与眼合、眼与心合、肩与腰合、身与步合、上与下合，三催

---

① 申报社.国术教范[N].申报，1929-11-19（20353）.
② 申报社.拳术初步[N].申报，1930-09-10（20637）.
③ 申报社.定初级腿法中央国术馆编[N].申报，1931-09-05（20985）.
④ 安德森，等.布鲁姆教育目标分类学[M].蒋小平，张琴美，罗晶晶，译.北京：外语教学与研究出版社，2018：22-25.

是指手催、身催、步催是也。"①因此,教材《少林正宗练步拳》是想让学生明白何为"练步拳",以及达到少林拳术"五合三催"的技法要求。

教材《少林正宗练步拳》的技能领域目标旨在通过习练"练步拳",强化学生的武术应用能力。"练步拳"在中央国术馆的武术课程体系中属于体用结合的内容,旨在以足带手,强化套路练习,进而为更高层次的对练做准备。这也正如中央国术馆编审处副处长金一明所指出的:"练习拳术其根在足,劲起于腿,主宰于腰,形于手指,发而为拳,故练拳不如练腿,练腿必先练步,练步功深,始能落足稳如泰山,发腿疾如闪电。"②吴志青在该教材中从劲力、审势、练习时间三个方面解释了如何习练"练步拳"以达到技击应用的目标。在"劲力"中吴志青强调:"尚蠢不如尚智力,借人之势、顺人之势即是最佳劲力。"在"审势"中亦云:"以待敌隙非老于技击者不能也。"在"练习时间"中又云:"习拳术者以三伏三九为练功夫之黄金时代。"③是以,"练步拳"不仅是一种武术练习内容,更是格斗之技击方法。

教材《少林正宗练步拳》的情感领域目标旨在通过习练"练步拳",加强学生"强种救国"的历史使命感。《少林正宗练步拳》同中央国术馆编写的其他教材在情感领域目标上具有内在一致性,即通过习练不同武术术科课程,达到该馆"强种救国"的远景目标。吴志青在教材中剀切指出:"练拳术则身健,身健则魄力雄、意志强,意志强则天下事不足为也。"④金一明进而强调:"国势日弱,非人人自强不足以肩救国之任,尤于练步拳所得之深,庶使闻鸡起舞者从此自柔而强,不致迷津失渡。复兴民族精神,唤起国人尚武,以收自卫御辱之实效,当从此焉始矣。"⑤因此,将"练步拳"编辑成教材是中央国术馆实现"强种救国"远景目标的具体分解,让学生明白练步拳何为。

2.2 教材《少林正宗练步拳》的内容分析

教材《少林正宗练步拳》全书由自序、凡例、第一章绪论、第二章图说四部分构成。在自序和凡例中,吴志青交代了编写该教材的缘由和体例。在第一章绪论中,吴志青首先从宏观上论述了明代以降拳书的不足之处,认为:"《纪效新书》拳经一卷有法

---

① 吴志青. 少林正宗练步拳 [M]. 上海:大东书局,1930:20.
② 金一明. 练步拳序 [J]. 国术周刊(南京),1935,138/139:16.
③ 吴志青. 少林正宗练步拳 [M]. 上海:大东书局,1930:22.
④ 吴志青. 少林正宗练步拳 [M]. 上海:大东书局,1930:3.
⑤ 金一明. 练步拳序 [J]. 国术周刊(南京),1935,138/139:16.

无理、有用无体，精技击者阅之无裨其长，初学者研之莫发其蒙。《武备志》之类择焉不精、语焉不详，小说家言者又往往离乎真相远矣。"吴志青因而指出当下的武术教材编写必须"以文意达其所知"①。其次，吴志青在"练步拳"技术动作基础上创编出了总计 112 字的"七言歌诀"，以帮助练习者记住动作顺序，从而实现"练步拳"的认知目标。

第二章图说是教材《少林正宗练步拳》的主体部分。吴志青切实遵照张之江所提出的"在图文并茂和通俗易懂的基础上编写武术教材和参考教学法，并将之普及"的要求，在拍摄示范者动作基础上辅以箭头指示，对每一个动作都进行了用法、说明、术解三个方面的解释。"用法"是动作的应用时机，"说明"是技能的教学方法，"术解"是动作的攻防含义阐释。该教材将"练步拳"分成 9 段，每段 4 式，共 36 式（见表3-10），呈现出显著的层次性内容结构特征。第二章开篇即说明了初学"练步拳"的站位应是面南背北，行进路线应是由东向西，动作熟练掌握后则不必拘泥于此。随后，教材分别从上下肢、躯干、头部对准备部分的站立动作进行了详细说明。

表 3-10　教材《少林正宗练步拳》内容整理

分段	分　式
第一段	第一式怀抱太极；第二式平心掌；第三式反身断肘；第四式触拳
第二段	第五式上步抢掌；第六式反擒子午；第七式退步赶肘；第八式挂肘子午
第三段	第九式封门抢掌；第十式边捶；第十一式上步断肘；第十二式鸳鸯肘
第四段	第十三式封门抢掌；第十四式拦肘；第十五式撩阴掌；第十六式退步赶肘
第五段	第十七式上步加封；第十八式封门抢掌；第十九式拦肘；第二十式封门大闭
第六段	第二十一式上步加封；第二十二式单边掌；第二十三式滚肘；第二十四式顶肘
第七段	第二十五式双劈挂；第二十六式双推；第二十七式转身撩阴；第二十八式退步赶肘
第八段	第二十九式上步加封；第三十式上步加封；第三十一式勾绊；第三十二式退步加封
第九段	第三十三式退步加封；第三十四式转身双推；第三十五式反身双推；第三十六式太极归真

资料来源：吴志青.少林正宗练步拳 [M].上海：大东书局，1930：6-65.

---

① 吴志青.少林正宗练步拳 [M].上海：大东书局，1930：6.

在技术名称上，教材《少林正宗练步拳》运用直观的技术术语，并没有传统拳书中的象形动作名称，如饿虎扑食、降龙伏虎、白鹤亮翅等词。由于对技术动作进行了直观的描述，如上步抢掌、拦肘、顶肘等，实有利于学者通过动作名称直接了解动作的具体做法。在技术动作上，教材《少林正宗练步拳》的拳、掌、勾等基本手型与少林拳相同。例如，掌如"柳叶"，四指并拢、挺直，拇指曲贴于食指掌根与掌骨之间，掌心不能凹陷。击掌时须分清掌式：推掌掌根上挺，掌指用力上挑，用掌沿前侧击出；撑掌掌根上挺，用全掌心向前击出；穿掌须平指，掌腕挺直。握拳如"卷饼"，食指、中指、无名指和小指第一至第三指节先卷紧相贴，然后卷至掌指尖抵住掌心，拇指紧压于食指、中指第二指节上，拳面要平。击拳时手腕须要挺直，不可上翘或下屈。勾手如"镰刀"，五指尖并拢捏紧，手腕尽量弯曲如钩，不宜直腕和散指。其眼法要求眼随身转，手脚未到眼先到，看准攻击点。实际练习中要有一准、二狠、三残，快速连击的气势，才能拳不虚发、日渐长功。身法的前进后退、左旋右转，必须灵活敏捷，高低适度，配合步法，身体端正，不偏不倚①。在技术动作图示上，教材《少林正宗练步拳》邀请动作示范者拍摄了40张摄影图片，在拍摄真人技术动作的基础上辅以箭头方向指示和文字说明，使得"练步拳"共计9段36式的每一个动作都一目了然，同时，清晰的图示也为自学者提供了学习便利。在技术动作的编排方式上，教材《少林正宗练步拳》的内容从第一式怀抱太极开始至第三十六式太极归真结束（起式和收式动作名称不同，但技术动作相同），环环相扣。

2.3 教材《少林正宗练步拳》"带数口令"分解教学指导方法

所谓"带数口令"，就是将一个完整的动作分解成若干部分，在做每一部分时分别由指导者呼喊一个相应的数字，以便于练习者按口令做。这样既可以使动作整齐，又可因动作分解而便于练习。民国初年，《中华新武术》中率先采用了这种武术教学法。该方法既为教材编写提供了便利，也为教学和练习提供了方便。"带数口令"分解教学法不仅影响了民国时期的武术教学，且适用于集体习练。教材《少林正宗练步拳》便是采用"带数口令"分解教学法的代表教材之一。吴志青在该教材"凡例"中指出："本编各式有口令，原为初学者便利起见，习熟后可删繁就简、一气呵成，以不违古人定法及近代教育程序为原则。"该教材将全套技术动作的每段分成4式，每式附以"带

---

① 中央国术馆史编辑委员会. 中央国术馆史[M]. 合肥：黄山书社，1996：175.

数口令","1、2、3、4"依段循环,每一段口令的"1、2、3、4"分别对应着每一式的动作,直至做完。例如,在第一段的"说明"中,如教材所写:"闻令数一,由立正式全身不动,眼仍视南,左臂上提,小臂平举于胸前……闻令数二,由上式左脚向东出一步,左膝弯似弓……"其他的每段每式技术动作,作者都在对应的口令上对动作要领进行了解释,从而在连续重复9次"1、2、3、4"口令的基础上完成全套动作。因此,通过分析后可以推测,该教材在教学中实际上是通过带数口令的形式进行技术动作分解学习与练习,从而方便初学者记忆动作和进行集体演练。

2.4 教材《少林正宗练步拳》的成就与局限

教材《少林正宗练步拳》是贯彻张之江之"编制浅显课本,按照浅显课本,替教授者,编制参考之教法"的教材编写理念的代表作。首先,吴志青依托中央国术馆编审处的职能便利,在教材名称上加以"正宗"二字,从而使得该教材具有很强的权威性。其次,该教材遵照了张之江提出的"在图文并茂和通俗易懂的基础上编写武术教材和参考教学法,并将之普及"的编写要求,力求破除武术技法的神秘性,图文并茂地整编了技术动作,以增进"练步拳"的可解性。因此,该教材在技术动作名称、内容结构、图示、教学方法四个方面都完成了中央国术馆整理与编写教材"通俗易懂"的使命。再次,吴志青通过对刘崇峻"练步拳"技术动作的整理,将少林"龙"形拳更名为"练步拳",创编出了分段分式、刚柔相济的全新武术套路,其创新精神亦值得肯定。因此,教材《少林正宗练步拳》是中央国术馆诸多武术术科课程教材化的代表作之一,其不仅将古老闭塞的少林"龙"形拳整理成适合不同人群习练的武术教材,同时也促进了少林拳术的传承与发展。

虽然教材《少林正宗练步拳》的编写与出版促进了武术的横向普及,但是其有着深刻的时代烙印。首先,由于中央国术馆过于注重武术的实用价值,其教材编写具有鲜明的技击导向,并为了践行"强种救国"的历史使命而旨在增强徒手搏斗时置敌人于死地的能力。该教材的技术要求便是一准、二狠、三残,例如技术动作中的"平心掌""撩阴掌""封门抢掌""上步加封",即为攻击人体心脏、裆部、咽喉、太阳穴等要害部位的技术动作。其次,尽管吴志青在很大程度上将"练步拳"的技术动作拍摄成真人图片并做出了详细的说明和解释,亦运用了"带数口令"的分解教学法帮助教学二者更好地学习技术动作,但是他并没有对"练步拳"的教学进度、教学重难点、教学环境、技术动作评价标准等进行说明。是以,从人类武技文明和教育学的视角来看,教材《少林正宗练步拳》未能将"练步拳"从"活命之术""技击之能"上升到"由术至道"的层面。同时，该教材缺少了教学与练习的注意事项的相关要素，亦将如何保证"练步拳"的教学质量这一难题抛给了不同教授者。

第 6 节　中央国术馆武术课程的历史意义

通过对中央国术馆武术课程相关史料的梳理与分析，基于民国时期武术课程的横向比较，以及近百年来我国武术课程发展的纵向比较，至少能够归纳和总结出中央国术馆武术课程编制的三点历史意义。在横向上，中央国术馆武术课程的编制是民国时期的一座标杆。在纵向上，中央国术馆的武术课程化探索是中国武术教育史上的一座里程碑。该馆在中西文化交融背景下的武术课程设计具有重要的历史意义。

1　着力探索武术课程化转型却烙印着泛政治化的局限性

中央国术馆武术教育课程是从中华武术文明、西方体育文化及其自身实践中精选和总结出来的，因而它与武术教育者的认识和实践一样，具有鲜明的历史性。首先，中央国术馆武术教育课程的历史性表现在它受人类武术文明发展水平的制约。中央国术馆武术教育课程内容的深刻性、丰富性和系统性，反映了"强种救国"时代背景下该馆武术教育者对武术和体育本身的认识水平，反映了中国近代的生产斗争、社会变革和科学探索在武术教育实践活动中的状况。其次，中央国术馆武术教育课程的历史性表现在它的民族性上。人类武术文明的长河是由世界各民族文明发展的川流汇集而成的，而各个民族在特定的条件下形成了各自独特的武术文化形态，反映到武术课程上，便使之具有了鲜明的民族特色。中央国术馆将武术定名为"国术"即是民族性的鲜明表现。该馆的武术术科课程中，绝大多数内容为中国传统武术。中央国术馆精选了一批中国武术各门派中的优秀拳种，并对其进行了整理以适应现代班级授课制的组织形式，从而使得中国武术的封闭性教育走向公开化，为武术教育的现代化转型起到了开拓者的作用。此外，该馆的武术学科课程中，着重设置了国术史、国术教学法、国文等课程，这使得中央国术馆武术教育得以向着"术学并重"的教育目标推进。再次，在国民政府时期，中央国术馆武术教育课程就其整体性质来说，具有鲜明的阶级性，这是因为中央国术馆始终处在国民党的控制之下，它首先为统治阶级的利益服务，因而它的课程必然要受到统治阶级价值体系的约束，服从于统治阶级的教育目的。与精武体育会[①]相比，在中央国术馆及其下级国术馆武术专业教育的课程设置中，自始至终都有"党义"一科，即"三民主义"教育课程，尤其是江苏省国术馆的"党义"课程更是占到了全部学分的20%[②]，这直接反映了国术馆系统下的武术专业教育课程是国民政府阶级意志的体现。中央国术馆对武术课程化转型的探索虽值得肯定，然而，其组织性质决定了该馆武术课程的编制是国民政府推行其党化教育的组成部分，有着泛政治化的历史局限性。

2 中西交融的武术课程设置成为武术专业教育的开拓者

在波澜壮阔的近代武术史上，张之江与热心武术之人共同演绎的中央国术馆和体育专科学校无疑是璀璨夺目的。与一般武术组织注重技击习练和师门传承武术内容的单一性不同，张之江作为中国近代武术事业的实际管理者，更注重的是课程编制能培养出什么样的武术人才，这同近代史上的武术会和体育会有本质区别。为此，张之江在战前教育热的时代背景下，以教育为着力点发起成立中央国术馆和创办体育专科学校。从国术馆时期"术学并举、中西结合"的武术课程设置，到体育专科学校时期"术学并重、中西交融"的精耕细作，武术不仅得到了传承，也汲取了现代文明的滋养。中央国术馆"术学并举、中西结合"的课程编制使得学生能够学习到大量的知识与技能，为学生素质的提高奠定了基础。中央国术馆作为中国近代传承与发展武术的主要场域，首先对中国武术自古以来的拳种进行了整理与课程化设置，从而为武术融入学校与普及找到了突破口，尤其是新编的一批武术教材不仅成为馆内学生学习的教本，同时也成为社会人士自学自练的范本，这一实践无疑使得武术不再仅限于封闭化传承。其次，中央国术馆接纳了西方体育项目，开设了诸多现代体育学学科课程，并在此基础上设置了不同的教学时数、学分，有的放矢地对学生的学习进行了规划。更难能可贵的是，

[①] 1930年精武体育会所设总务、文事、国操、音乐、游艺、交际、经济七科中均无"三民主义"相关课程，尤其是文事科亦以国语课程与教学为主。参见：佚名. 会务报告[J]. 精武年报，1930：7；佚名. 各科通告[J]. 精武画报，1930，2（16）.

[②] 编者. 记事：本馆过去一年中的回顾[J]. 江苏省国术馆年刊，1929（1）：1-5.

该馆设置的开放课程、实习课程不仅符合现代教育模式，而且突出了以学生为主体的课程编制原则。时至今日，我国武术专业教育的课程"或增或减"地延续着中央国术馆的探索。因此，从中央国术馆的课程研究中可见，中央国术馆不愧为我国武术专业教育课程的开拓者。

3 以拳种为单位设计技术课程初步形成了武术传承体系

立足于拳种，是中央国术馆武术技术课程设计的核心理念。这使得该馆的武术课程既不同于民国初年新武术的西式体操化实践，亦有别于古代武术的门户自限，而是在汲取中西方体育文明的优点之后，对武术技术展开了全新的探索。

从中央国术馆初期设拳术科、刀术科、剑术科、枪术科、棍术科、摔跤科的六分法，到"一馆一校"时期中央国术馆设腿法科、拳术科、器械科、竞技科、选修科、特别科、军事科的七分法，再到"一馆一校"时期中央国术馆体育专科学校设拳术、器械、竞技的三分法，中央国术馆立足于中华武术拳种，对传统武术进行了课程上的开发，其技术课程不仅优选了一大批诸如八极拳、形意拳、潭腿、杂拳、苗刀、青萍剑、摔跤等传统武术，同时按照技术特征对其进行了分类，进而在新编教材和设计课时的基础上展开了课程实施。与此同时，在武术普及教育中，中央国术馆依据不同拳种的习练难度，从拳种套路、器械套路，至对拳、摔跤、搏击的对抗，同样是以中华武术拳种为单位，设计了不同级别的技术课程。

中华武术丰富的拳种资源，是与国外武技相比独树一帜的特色。中华武术历史上形成的风格各异的拳种、独特的分层技术体系、独特的发力方式、独特的精神内核，正是典型的中华优秀传统文化[①]。中央国术馆立足拳种、汲取现代教学经验所形成的武术技术课程，不仅通过专业教育和普及教育两种路径推进，同时亦具有中西交融的特征。在此基础上，中央国术馆力求通过武术技术课程的编制，展现中华武术的博大精深，传承与发展中华武术，而这正是张之江武术教育思想"熔中西体育精粹于一炉，为复兴民族之张本，中国本位之体育"[②]的武术技术课程化实践。是以，中央国术馆立足拳种所设计的武术技术课程初步形成了武术教育现代化转型过程中的武术传承体系。

---

① 杨建营.基于民族复兴目标的学校武术传承体系研究[J].体育科学，2020，40（11）：21.
② 阚冠五.校史[J].中央国体专校季刊，1935，1（2）：12-17.

第4章 中央国术馆武术教学

《教育学原理》指出,教学是教师的教和学生的学的统一活动,在这一活动过程中,教师通过一定的教学内容与手段使学生掌握一定的知识和技能,身心获得一定的发展,并形成良好的思想品德,教师也能在教学活动过程中获得自身的专业发展[①]。本章将对中央国术馆武术教育的教学保障措施、教学组织形式、教学原则、教学方法及教学评价五个方面的史料加以梳理与分析,从而在论从史出的基础上探究:中央国术馆是如何开展武术教学的?在面对武术"怎么教"的关键问题上,中央国术馆有何举措?该馆的武术教学有何特征,又产生了何种历史意义?

第1节 中央国术馆武术教学的四种保障措施

武术教学的开展离不开各项保障措施,师资队伍建设、管理机制建构、教学环境优化,以及最重要的经费来源,都直接或间接地影响正常的教学运行。基于近代中国"积贫积弱"的社会环境,以及面对处于"创业"阶段的现代武术教育,中央国术馆是如何保障武术教学工作正常开展的?研究中央国术馆武术教学的保障举措,是分析中央国术馆武术教学的前提。

1 延揽武术人才保障武术教学师资基础

师资是开展教学的前提条件。为了保障高质量的武术教学,中央国术馆在延揽武

---

① 柳海民. 教育学原理 [M]. 北京:高等教育出版社,2011:200.

术师资人才方面举措甚力。首先建馆之初，张之江通过"三顾茅庐"的个人游说方式，邀请了当时在武术界极具威望的李景林出任中央国术馆副馆长。张之江与李景林在军事上曾是针锋相对的对手，但是张之江尊重人才的赤诚之心感动了李景林，后者最终接受了副馆长职位。其次，中央国术馆采用重金聘请的办法引进了一批优秀武术人才，如：杨澄甫被中央国术馆以月薪500元聘为教授，孙禄堂以月薪300元被聘为教授，于振声、马金镖等中国近代著名武术家都通过重金礼聘的形式被中央国术馆引进①。万乐刚口述佐证："中央国术馆一开始聘请的教师基本上都是当时社会上的武术名流，比如王子平、马英图等。马英图跟随了张之江一辈子，从西北军一直跟过来。只要是武术界有名望的、有造诣的，都被聘请过来。"再次，中央国术馆成立不久后于1928年10月举行了第一届全国武术国考，其目的之一是选拔武术尖端人才充实中央国术馆师资。从颁布的《国术考试条例》来看，中央国术馆对考生"技击"能力要求甚高，除预试的套路表演外，正试为对试拳脚、摔跤、器械三科，并要求考试时无论徒手或器械比试均应着护具以防受伤，不准任意不用。甚至提出：对试时发生受伤情形由本馆担负治疗，如发生意外事情由本馆呈请国民政府抚恤之②。由于比赛越打越激烈，恐出现伤亡事故，经过三轮淘汰，决选出17名最优胜者后宣告比赛结束③。首届武术国考以"对打"作为择优的主要依据确实有助于网罗"真才实打"的武术人才，但是由于规则过于开放，遭到了激烈的批判。作壁上观的褚民谊指出："凡二人比赛，一登演台即挥拳举足一味乱打，或扭作一团，或用拳向对方头、面、胸、腰各部位殴击，度其意盖欲一拳即将其打倒便可获得胜利。"④虽然如此，除却聘请的武术家，本次武术国考的优秀考生多数被招纳至中央国术馆充任武术教师，如朱国福、佟忠义、杨松山、郭长生、张长信等人。至1934年，中央国术馆为了进一步延揽人才，开始将海外留学经验作为主要依据，聘请了一批"海归"体育人才。例如，留德学者萧忠国于1934年回国后旋即被中央国术馆体育专科学校聘为教务处处长，1935年又接替吴峻山兼任中央国术馆教务处处长，成为中央国术馆"一馆一校"时期推进"术学并重、中西融合"教育理念的核心人物⑤。此外，中央国术馆又聘请留德学者印耀

---

① 中央国术馆史编辑委员会. 中央国术馆史 [M]. 合肥：黄山书社，1996：36.
② 编者. 规章：国术考试条例 [J]. 中央国术馆汇刊，1928（1）：59-63.
③ 中央国术馆史编辑委员会. 中央国术馆史 [M]. 合肥：黄山书社，1996：45.
④ 褚民谊. 褚民谊对国术考试不满意列举六大缺点 [N]. 红报，1928-10-29（2）.
⑤ 中央日报社. 中央国术馆刷新馆务 [N]. 中央日报，1935-08-04（8）.

东担任课程"体育心理"教授;聘留德学者吴征为课程"世界体育史"教授;聘留美学者吴蕴瑞为课程"人体肌动学"兼职教授[①];聘留德学者程登科为课程"体育教学法"兼职教授。总之,中央国术馆多方位延揽人才不仅保障了武术教学的师资基础,同时高标准的人才择取也保障了该馆教师队伍的高质量。

2 "撤门户设教务"铺平教学管理道路

中央国术馆起初(1928年)主要分为武当和少林两个门派进行武术教学管理。然而,这种划分存在门派之争,传统的宗派门户恶习在两个门派的思想领域中作祟。矛盾到达顶点之时,两门提出了比武较量。这场比武由门长比武发展至科长对打,甚至出现了"两门"打群架的苗头。后张之江出面制止才平息了这场风波。通过这一事件张之江认识到设立两个门派进行教学管理是不合适的,因为这在无形之中制造了矛盾,与中央国术馆化除宗派门户之见的教育宗旨背道而驰。

为此张之江将这一问题提交中央国术馆参事会议,会议决定取消少林门、武当门,参考现代教育体制重设教务处统一教学管理[②]。撤门户设教务标志着中央国术馆在管理上已向现代教育靠拢,其力求通过化除门派以统一武术教学,并通过设立教务处为该馆武术教学的开展奠定了管理基础。也正是"撤门户设教务"的举措,为中央国术馆开展武术教学铺平了道路。中央国术馆所规定的每星期五由教务处处长(见表4-1)举行一次教务会议[③],为研讨武术教学工作、优化武术教学奠定了坚实的管理基础。然而,由张之江诚聘的李景林不同意这一改制,不久后带着门徒离开了中央国术馆。

表4-1 中央国术馆教务处历任处长

中央国术馆教务处处长	任职时间
马良	1928年10月—1928年12月
刘崇峻	1929年1月—1929年9月
朱国福	1929年10月—1932年10月

---

① 编者.本校人物志:人体肌动学教授吴蕴瑞先生[J].中央国体专校季刊,1935,1(2):28.
② 中央国术馆史编辑委员会.中央国术馆史[M].合肥:黄山书社,1996:38.
③ 勋生.消息:本馆最近之两大刷新:扩充图书馆阅报室,振刷教务加紧训练[J].国术周刊(南京),1933,91:7.

续表

中央国术馆教务处处长	任职时间
郭锡三	1933年3月—1933年10月
吴峻山	1933年11月—1935年9月
萧忠国	1935年10月—1936年8月
吴翼翚	1936年9月—1937年6月
（不详）	1937年7月—1946年2月
郝鸿昌	1946年3月—闭馆

资料来源：冷传奇，史国生，孙勇武.抗战前中央国术馆主要人事任职情况考辨及补遗[J].南京体育学院学报（社会科学版），2017，31（2）：17-19；郝凤岭口述。

3 兴建"竞武场"等优化武术教学环境

中央国术馆成立之前暂借南京市韩家巷基督教协进会场地，1928年正式成立后在南京头条巷购得一处住房用以办学，并通过买地的形式建造了一片操场。如史料所载："兹查头条巷南头路西空地一段为馆内教授班操场所急需，亦因购置直接交涉，殊于手续不合，素念贵局热忱公益，仍派员酌估代为征收所有应出地价费，业已备妥。"①1929年，中央国术馆派总务处处长张树声配合国民政府当局，将该馆附近的民地通过正规手续购买后建造成了操场。然而，囿于教学场所不能满足日益发展的武术教育，中央国术馆于1930年向当局申请拟建造一所可容纳5万人左右的竞武场，并依此申请经费25万元。最后，国民政府下拨2.5万元，于1930年8月建成了可容纳1000人的竞武场②。在竞武场落成典礼的演讲中，张之江说："要贯彻强国强种的目的，非提倡学用一致，能临阵应用的国术不可，这就是竞武场最大的使命。"③竞武场建成后成为中央国术馆"教授班"进行教学的主要场所，亦是该馆重要活动和考试的首选地点。建造竞武场，不仅使得该馆师生的教学物质环境得到了保障，其催人奋进的标语、整齐美观的武术器具对学生的武术习练产生了号召力，激发了学生的习武

---

① 南京特别市政府秘书处.中央国术馆收用民地案：1929[A].南京：南京市档案馆（全宗号：1001，案卷号：10010011808（00）0117）.
② 中央日报社.中央国术馆建竞武场竣工[N].中央日报，1930-09-05（7）.
③ 中央国术馆.张之江先生国术言论集[M].南京：中央国术馆，1931：16-18.

兴趣和动力，保障了武术教学的推进。遗憾的是，竞武场在1937年12月的南京保卫战中被夷为平地。除建造"竞武场"保障武术术科教学环境外，1933年中央国术馆亦优化了学生的学科学习环境。如史料所载："中央国术馆为增加学生知识起见，特谕令将该馆图书室、阅报室扩充，增加大批读物，鼓励学生于课暇之际加以阅读。"① 是以，教学环境的优化不仅进一步保障了学生的学习效果，同时亦反映了该馆领导者在提高武术教学质量上的不懈努力。

4 多渠道筹集资金确保武术教学之经费

经费不充裕是民国各级教育组织面临的主要问题。中央国术馆建立初期曾向教育部申请经费，教育部却并不认可中央国术馆属于教育系统。后在张之江的奔走呼吁下，由李烈钧出面将中央国术馆直接划归于国民政府管理，经费由国库开支，每月定为4000元，不足之处可以自行筹措②。不久后，为了充实经费，中央国术馆发起了大范围的捐款申请，至1928年底共收到政府、机构和个人捐款64 010元，其中槟榔屿华人华侨30 000元、江苏省政府10 000元、广东省政府10 000元、湖北省政府1000元、江西省政府1000元、河南省政府500元、陕西省政府500元、武昌政治分会1000元、李燐4400元、张之江2000元、阎锡山2000元、陈调元1000元、蒋介石500元、冯玉祥100元、扈天魁10元③。虽然国民政府致力于保障教育经费，但经费也并非充足，主要原因是其重蹈了北洋政府将教育经费挪充军费的覆辙。1931年召开国民会议时，张之江曾率领60人提出了《整顿各级学校以资改进教育案》，申述保障教育经费的重要性④。该案虽未直接提出增加中央国术馆的教育经费，但是引起了当局对保障教育经费的重视。在创办中央国术馆体育专科学校时，张之江在申请经费时再次起到了关键作用。该校于1934年2月10日获得教育部1413号公函修正备案，教育部每月下拨补助经费4680元，不足之处，自行筹措⑤。至此，在张之江等人积极筹集资金的努力下，"一馆一校"时期的中央国术馆经费虽不充裕，但是最大限度地保障了武术教学的开展，

---

① 励生. 消息：本馆最近之两大刷新：扩充图书馆阅报室，振刷教务加紧训练.[J]. 国术周刊（南京），1933，91：7.
② 中央国术馆史编辑委员会. 中央国术馆史[M]. 合肥：黄山书社，1996：34.
③ 编者. 中央国术馆十七年度自三月成立起至本年十二月底捐款共收支报告表[J]. 中央国术馆汇刊，1928（1）：67.
④ 张宪文，张玉法. 中华民国专题史：第十卷 教育的变革与发展[M]. 南京：南京大学出版社，2015：179.
⑤ 阚冠五. 校史[J]. 中央国体专校季刊，1935，1（2）：12-17.

尤其是武术专业学生免收学费的政策又尽可能地保障了学生学习无后顾之忧。此外，在中央国术馆的武术普及教育中，经张之江申请，该馆派向南京市的社会武术教员都可获得南京市政府每年 300 元的补助①。

然而，全面抗战期间，经济的拮据甚至还有人为的歧视给中央国术馆和体育专科学校的发展以极大威胁，此时张之江的人脉关系再次起到了关键作用。如：至昆明时，龙云慷慨相助，借给馆校场地；初至北碚时，孔祥熙将财政部的部分房屋给馆校使用；在经费困难时，钮永建出任国术馆副馆长，借助他的声望向当局申请经费②。尽管如此，中央国术馆及其体育专科学校在全面抗战期间仍坠入低谷，办学能力大不如前。1938 年，"一馆一校"在长沙期间，张之江向教育部申请学生补助经费，以每位学生每月 8 元的标准共申请了 640 元。"所申请的经费确实属于最低额数，有亲戚接济之学生盖不列入，为此，张之江列了一份 28 名每月需要补助 8 元的学生名单"③。1940 年秋，时任教育部部长的陈立夫主张把中央国术馆体育专科学校改名为"国立国术体育师范专科学校"，并增加每月经费 2000 元。1942 年冬，更名后的体育专科学校为了保障学生武术活动课程的开展，向教育部申请经费 6870 元。据史料所载："本校拟定于寒假期间组织国术体育宣传观摩团一行 30 人，利用放假期间以提倡体育发扬国术并观摩学术籍广见开闻为宗旨，历经青木关、沙坪坝、重庆江津、白沙而返，需时两周，良因旅费浩巨，无力筹措，拟请钧部拨助旅费，俾利提倡。"④1943 年，中央国术馆又向当局申请汽车一辆以保证师生的出行⑤。全面抗战期间，中央国术馆在极端困难的环境下为了不中断教学积极筹集经费，从而使得"一馆一校"的武术教学秩序尚能维持。充裕的经费是教育事业发展的源动力，中央国术馆积极筹集经费为保障教学工作的开展奠定了坚实的物质条件。即便困难重重，中央国术馆至抗战胜利前未因经费问题而出现师生罢课、罢学乃至停办的现象。这一点显然离不开张之江等人的努力。

---

① 南京特别市政府秘书处.民众国术训练：1934[A].南京：南京市档案馆（全宗号：1001，案卷号：10010011896（00）0055）.
② 张润苏.张之江传略 [M].上海：学林出版社，1994：68.
③ 中央国术馆.中央国术馆体育专科学校拨发学生米代金和补助费的有关文书：1942[A].南京：中国第二历史档案馆（全宗号：5，案卷号：5018）.
④ 中央国术馆.中央国术馆体育专科学校拨发学生米代金和补助费的有关文书：1942[A].南京：中国第二历史档案馆（全宗号：5，案卷号：5018）.
⑤ 中央国术馆.交通部公路总局、重庆公共汽车管理处关于洽商中央国术馆、国立国术体育师范专科学校特约校车行驶事项的函：1943[A].重庆：重庆市档案馆（全宗号：0334，案卷号：03340002000020000130000）.

第 2 节　中央国术馆武术教学组织形式及其特征

　　中央国术馆将武术教育由师徒制革新成学院制后，其所带来的最直接变化是武术教学组织形式的改变。班级授课制作为现代武术教学的基本组织形式并非由中央国术馆首创，但是，中央国术馆在此基础上，针对武术专业教育和武术普及教育全面优化了武术教学的组织形式。那么，中央国术馆武术教学是如何优化武术教学组织形式的，又有何特征？通过对史料的梳理与分析，研究发现中央国术馆武术教学奠定在多班种的教学组织形式基础之上，是遵循因材施教教育原理的切实举措。

1　中央国术馆武术专业教学组织形式

1.1　教授班

　　近代以前，中国武术的教学组织形式主要为师徒制。到了晚清民初时期，武术开始进入学校，在《中华新武术》的改造后，武术逐渐适应了班级授课制的教学内容，而中央国术馆的成立则使近代发展而来的武术班级授课制迈入了专业化的教学。1928年创馆伊始，中央国术馆便发布了"教授班"的招生简章，开始大刀阔斧地推行武术专业教育。在《本馆教授班简章》中，该馆指出：本班专为养成教授师资而设，专以预备党政军警学各机关及各省市分馆教授人才为宗旨。毕业后，程度适合者，由本馆派往各机关及各分馆充当教授。[①]"教授班"是中央国术馆建馆初期推行武术专业教育的主要班种，招收的学生要求有较高的武术功底，其培养目标是通过馆中系统的课程学习使学生最终具有面向各机关及分馆担任武术教员的能力。"教授班"学制较短，只有6个月，培训后即往军队和机关输送人才。1932年"教授班"进一步细化了招生简章，要求以传习搏击、劈刺、摔跤等各项技能养成出席国际选手，适合近战格斗而需要之教授人才为宗旨[②]。是以，"教授班"的武术教学目标是将学生培养成具有武术竞技、应战能力的武术专业师资人才。

---

① 编者. 规章：本馆教授班简章 [J]. 中央国术馆汇刊，1928（1）：55.
② 西北新闻日报社. 中央国术馆函省府 [N]. 西北新闻日报，1932-08-18（2）.

1.2 师范班

"师范班"是中央国术馆推行武术专业教育在教学组织形式上的优化。1933年，中央国术馆为了武术专业人才能够更好地面向学校开设了师范班。此举说明，中央国术馆的武术专业教育从1933年开始由教练式培训转向了师范式教育，其学制与课程设置也因此发生了巨大转变。"师范班"的学制由"教授班"时期的6个月增加到2年，其课程设置更加多元。1933年"师范班"的开设标志着中央国术馆武术专业教育的组织形式进入了"术学并举"的优化阶段。

1933年发布的《中央国术馆师范班招生简章》中明确指出"中央国术馆为养成国术师资以广传习起见特设师范班"的开班目的[①]。显然，此时的中央国术馆希冀在优化教学组织形式的基础上，全面培养面向学校的武术师资人才。与此同时，为了适应不同学力的学生，该简章进一步细化了师范班的组织形式，即"师范班"分为甲乙两组：甲组为速成，乙组为深造；甲组在学一年，乙组两年。在入选资格上规定："师范班"学额定为120名，甲组66名，乙组54名。环节上，甲组由当时全国28个省——如江苏、浙江等——每省选送2人，5个市——南京、上海等——在招生中每市选送2人入馆，不足额则由中央国术馆招考。乙组由中央国术馆负责招录，基本条件为年龄18~25岁，身高不低于4尺8寸（1.6米），体力能举百斤，体重不低于百磅（45千克），武术技能要求曾经练习过剑、刀、枪、棍、拳五项且有比赛能力，学历初中以上及有相当程度，性别则男女不限。除此之外，须参加中央国术馆规定的党义、国文、算术、国术及体力五科的测试。入学后中央国术馆给予免学费、免食宿费的优惠政策。[②]1933年后，"师范班"已是中央国术馆推行武术专业教育的主要教学组织形式。中央国术馆通过分组教学的组织形式，把学生按一定的标准编入甲、乙两组进行教学，力求使教学更好地适应学生的特点和需求，这体现出因材施教的教育原则。

1.3 讲习班

1935年，中央国术馆师范班更名为国术讲习班，并获国民政府教育部准予备案，正如当时的媒体所述："中央国术馆以该馆附设师范班办理有年，间因入学程度及修业年限之不同，不便遽行合并，特照教育部所议，除仍赓续办理暨将师范班改称讲习班

---

① 中央国术馆.中央国术馆师范班招生简章[Z].南京：中央国术馆，1933：2-4.
② 中央国术馆.中央国术馆师范班招生简章[Z].南京：中央国术馆，1933：2-4.

以示区别外，其师范班原有章程亦应依此名称修正为讲习班章程。"①是以，中央国术馆在教育部建议规范教学组织名称的背景下，将其师范班更名为讲习班。中央国术馆的讲习班和师范班是同一种教学组织形式，其区别仅在于1935年之前名称为"师范班"，1935年之后更名为"讲习班"。

1.4 专科班

"三年制专科班"是中央国术馆"一馆一校"办学时期，其"一校"之中央国术馆体育专科学校所开设的班种。《中央国术馆体育专科学校招生简章（民国二十四年六月修正）》中明确了该校的教学组织形式为"三年制专科班"。与中央国术馆"师范班（讲习班）"的招录条件不同，"三年制专科班"采用统一招考的形式录取新生。应试资格要求为高中毕业，入学考试科目在"师范班（讲习班）"的基础上增设了英语、几何、理化、国术体育军事（任考两门）及技术测验（国术、田径、球类、器械等）。该班除学费免收外，每学期需收取膳食费、制服费、书籍费、童子军费、预备费、体育费、讲义费、杂费，总计76元。该校指出："本校宗旨为造就国术、体育及军事兼备人才以备推行国术普及体育及实施军训之用。"②如张之江所述："我们感觉到中国的国术界，有许多竟未识体育为何物，体育界有许多竟未识国术为何物，要想把国术和体育之间开一条通路，使双方都有真切的认识与了解也非造就一批富于体育和国术知识的新人才不可。"1942年国民政府教育部为维持战时体育师资，特令该校正式改为国立国术体育师范专科学校，增设五年制师范专科，学生一律公费待遇，以期大量培养国术体育师资，巩固国民政府的建国建军基础。与此同时，该校针对三年制和五年制专科设置了不同招生条件。三年制新生以年龄在18岁以上25岁以下，身体健全、品格端正，曾在公立或已交案之私立中等以上学校毕业者为合格。五年制以年龄在15岁以上20岁以下，编级生以在公立或已立案之私立体育专科学校或大学体育科系修业一年以上者为合格③。周仲霞口述佐证："体专他们是三年和五年，我们是四年。"因此，即便是在抗战的艰难阶段，更名改制后的体育专科学校依然获

---

① 中央日报社. 中央国术馆师范班改称讲习班 [N]. 中央日报，1935-01-03（3）.
② 编者. 中央国术馆体育专科学校招生简章（民国二十四年六月修正）[J]. 中央国体专校季刊，1935，1（2）：32.
③ 中央国术馆. 国立国术体育师范专科学校招生考试的有关文件：1937[A]. 南京：中国第二历史档案馆（全宗号：5，案卷号：6007）：2.

得了发展条件，而"三年制专科班"与"五年制专科班"并行的教学组织形式无疑成为战时中国体育教育事业发展的坚强后盾之一。

1.5 研究班

在《本馆研究班简章》中，该馆指出：本班专为各机关男女职员，有志研究国术者而设，为普遍国术起见，由中央党部、国民政府及各机关现任职员，共同提倡唤起民众强种救国为宗旨[①]。"研究班"是中央国术馆践行"化除派系，整理教材，统一教学，研究改进"远景目标的唯一班种。该班招收的学员多为国民政府的公教人员，因而具有一定的学识水平。该班通过集中研究的方式，编写武术相关教材，进而辅助优化该馆的武术专业教育和普及教育。

1.6 国术研究会

"国术研究会"是中央国术馆"一馆一校"办学时期，中央国术馆体育专科学校内开设的开放式武术专业教学组织形式。其全称为中央国术馆体育专科学校国术研究会，以发扬国术健全人民体格，养成自卫能力强种救国为宗旨[②]。凡该校教职员及学生均可成为本会会员，但须经教务处核准登记并缴会费 1 元方可正式入会。凡会员对于国术、摔跤、搏击、劈刺等术科之疑点均有提出研究之权利。国术研究会下设研究股、编辑股、出版股、文书股、庶务股、会计股六个职能机构，管理国术研究事宜。以研究股为例，拟定了国术研究会的研究内容，包括：关于旧式武器改良之研究；关于提倡普及民众国术之研究；关于拳械各种姿势名称之研究；关于国术宗派之研究[③]。国术研究会的设立，体现了中央国术馆在"一馆一校"时期注重培养学生研究能力，力求尊重师生的主体性发展；尤其对于学生而言，因单位时间的教学内容得到扩充，学生学习质量得到提高。

2 中央国术馆武术普及教学组织形式

创馆伊始，在开设"教授班"推行武术专业教育的同时，中央国术馆面向群众开

---

① 编者. 规章：本馆研究班简章 [J]. 中央国术馆汇刊，1928（1）：54-55.
② 阚文璪. 中央国术馆体育专科学校行政章则汇编 [G]. 南京：中央国术馆体育专科学校，1934：54-56.
③ 阚文璪. 中央国术馆体育专科学校行政章则汇编 [G]. 南京：中央国术馆体育专科学校，1934：54-56.

设了不同种类的"练习班"以向社会普及武术。中央国术馆立足于所在地,通过馆内馆外相结合的形式开启了武术普及教学。馆内的教学场所设在中央国术馆内,馆外则通过在南京市各地设立武术辅导站的形式推行武术普及教育。

2.1 设于馆内的练习班

在1928年《本馆练习班简章》中,该馆指出:本班为供应民众练习国术之需求而设,以使国术技能普及全国各界,发扬民族精神,养成健全体魄为宗旨①。"练习班"是中央国术馆推行武术普及教育的重要班种,由该馆教师或优秀学生担任教练,面向社会传授武术技能。设于馆内的"练习班"要求:凡由该馆职员介绍或个人前来报名者,在缴纳本人四寸照片和填写志愿书后即可报名。资格要求上,无论男女凡年龄在12岁以上者皆可入该班练习。练习的科目全为术科,修完6个月为初级、1年为中级、3年为高级,经考试及格者发给毕业证书。②《中央国术馆师范班添设练习生简章》中进一步优化了招生条件:"本馆为普及国术而免有志入学者向隅起见特添设练习生组,年龄15~20岁,身高4尺(1.33米)以上,力能举50斤以上,体重80磅(36.3千克)以上,曾经练习国术体育者,高级小学毕业及有同等学力者,性别男女不限。……练习生与该馆正额生及各省市政府选送各生受同等之教育。练习生免学费,但全部留馆住宿,且须缴纳伙食费、服装费等。练习生以入学6个月为甄别之期限,如考试成绩及格者留馆,不及格者退学。肄业两学期以上,考试优良者遇有正额缺出者得升补之。以3年为毕业期限。"③1929年,中央国术馆对馆内"练习班"再次进行了优化:"以24人为一班,来馆练习者不定总额数。"并规定了科目:"各项拳术、摔跤及刀、剑、枪、棍,每日教授2小时。"对期限进行了调整:"3个月为初级、6个月为中级、1年以上为高级。免收学费,各项器械由中央国术馆提供。"④

面对日益增长的武术普及教育需求,至1935年,中央国术馆在馆内再次增设"秋季民众练习班"。正如该班招生简章所记载:"本馆为普及国术,使民众皆有练习国术之机会起见,特设民众练习班,以养成健康公民期达强种救国为宗旨。地点为竞武场,定额300名,不论性别老少兼收,期限4个月,须缴纳保证金和保证书。每日上午6

---

① 编者.规章:本馆练习班简章[J].中央国术馆汇刊,1928(1):55-56.
② 编者.规章:本馆练习班简章[J].中央国术馆汇刊,1928(1):55-56.
③ 编者.章则:中央国术馆师范班添设练习生简章[J].国术周刊(南京),1934,114:9.
④ 编者.消息:中央国术馆练习班简章[J].中央国术旬刊,1929(4):25.

时起至 7 时止，教授科目为拳术 5 项、器械 2 项。"①因此，"民众练习班"的武术教学目标是面向所在地民众传授武术技能，希冀增强全民健康，弘扬尚武精神，以达其"强种救国"之目的。抗战后期，中央国术馆在陪都重庆期间仍然坚持武术普及教育，并以"训练班"的名称招收公教人员入馆培训，培训前通常行开班典礼以示隆重②。该班每期 3 个月，分为甲班（已学过）和乙班（未学过），每期 120 名学员，由不同单位选送 2~5 名入馆习练武术③。是以，中央国术馆"练习班"的设立是该馆推行武术教育的重要组织形式之一。

除男女兼收的练习班外，中央国术馆在馆内特设了女子练习班。在《本馆女子练习班简章》中，该馆指出：本班专为妇女有志练习国术者而设，以国术普及全国女界练成健强躯干为宗旨④。中央国术馆对女子武术练习非常重视，如张之江所呼吁："女同胞们，我们欲达到真正解放自由平等的地位，首先要整个民族身体的质量达到充分健全的地位，尤其是女子应该自命为国民之母，国家的强弱完全担负在我们肩背上，我们女子精神体魄不强壮，则子孙必定衰弱，我们女子自卫生存的能力不发达，则人种就算丧失了一半。我们要迎头赶上去。"⑤ 资格要求上，凡年龄在 12 岁以上的女性，体格健全无残疾者皆可报名。该班规定 6 个月为一期，期满考试及格者发给毕业证书⑥。因此，对于武术普及教育形式之一的"女子练习班"，中央国术馆着重提倡了女子武术教育的重要地位，并希冀将武术普及于女子之中以实现"强种救国"的目的。"女子练习班"的开设体现了中央国术馆武术教育的全面性，以及注重性别差异的教育原则。

2.2 设于馆外的练习班

由于场地条件限制，馆内教学显然不能满足中央国术馆武术普及教育的目标。好在当时的南京市政府积极支持中央国术馆的武术普及教育，如史料所载："查国术救

---

① 编者. 中央国术馆二十四年秋季民众练习班简章[J]. 国术周刊（南京），1935，138/139：16.
② 中央国术馆. 关于举行中央国术馆国术训练班开学典礼致北碚管理局的函：1944[A]. 重庆：重庆市档案馆（全宗号：0081，案卷号：00810004030860000002000）.
③ 中央国术馆. 中央国术馆北碚公教人员国术训练班简章：1944[A]. 重庆：重庆市档案馆（全宗号：0342，案卷号：03420001000280000029）.
④ 编者. 规章：本馆女子练习班简章[J]. 中央国术馆汇刊，1928（1）：56.
⑤ 中央国术馆. 张之江先生国术言论集[M]. 南京：中央国术馆，1931：92-93.
⑥ 中央国术馆. 张之江先生国术言论集[M]. 南京：中央国术馆，1931：92-93.

国已成普遍呼声，本府决定就市内各区公所，分设国术教练员，教练市民，曾函请中央国术馆查照派员分任教练在案，兹准函复极表赞成，并请将分区办法预为商定。就该区公所或其他始终地点，择定国术教练场所，并劝导市民按时到场练习。"① 中央国术馆对南京市政府的支持立即做出了落实，如史料所述："中央国术馆为谋普及国术，俾民众皆能强身自卫，以期强种救国起见，特在南京下关、鼓楼、西华门、夫子庙及其他相当之处，组设民众国术练习场。……凡年龄在12岁以上皆可入班，不分性别，每日教授各种拳术2小时。"② 设在馆外的练习班由中央国术馆派教员前往教练，为了保证面向群众的教学质量，规定凡入班练习者报名时须填写志愿书，每期缴纳保证金1元，并由铺保签名盖章。所缴保证金毕业后如数退还，如在半途辍业者不退。馆外练习班教授各种拳术和器械，每日教练2小时。为求民众便利，馆外练习班3个月为一期，每期发给修业证，一年分4期，并指出肄业1期或2期，如因要事请假，以后仍准继续入班③。可见，设于馆外的练习班有力地配合了中央国术馆武术普及教育的开展。

3 中央国术馆武术教学组织形式的特征

3.1 全面推行班级授课制

自捷克教育家夸美纽斯对班级授课制做出系统理论阐述后，近代西方的教学组织形式开始全面采用班级授课制。我国的班级授课制始于1862年创办的京师同文馆，直至1904年的"癸卯学制"才被清政府以法令的形式确定下来。鉴于我国的武术教学自古以来是以个别化的师徒传承制为主，为了使武术融入现代教育，民初时期，在《中华新武术》系列教材的基础上，对武术的班级授课制组织形式进行了开拓。正是基于班级授课制的确立和对武术班级授课制的探索，中央国术馆为了进一步完善武术教学组织形式，开始全面推行班级授课制。无论是早期的教授班、师范班，还是"一馆一校"时期的讲习班和专科班，中央国术馆在办学过程中逐步优化了班级授课制，为武术专业教学的开展奠定了坚实的基础。此外，在武术普及教学中，中央国术馆设立的不同

---

① 南京特别市政府秘书处.民众国术训练：1934[A].南京：南京市档案馆（全宗号：1001，案卷号：10010011896（00）0055）.
② 中央日报社.中央国术馆分设民众练习班[N].中央日报，1934-06-23（7）.
③ 编者.消息：中央国术馆之新设施：筹设民众国术练习班[J].中央国术旬刊，1929（9）：17-19.

练习班也为面向社会推广武术奠定了基础。班级授课制作为基本教学组织形式在中央国术馆的武术教育中得到发展。这一教学组织形式保障了中央国术馆武术教育活动的开展，对民国武术的横向发展起到了重要的作用。

3.2 施行男女分班教学

中央国术馆男女分班的教学组织形式从建馆伊始就得到了确立。1928年，在中央国术馆发布的不同班种招生简章中，"女子练习班"被单列为一个班种。正是基于性别上的生理和心理差异，中央国术馆在武术术科教学上施行男女分班制。中国武术自古以来传男不传女的陋习在中央国术馆被一扫而光。如张之江所疾呼："我们欲达到真正解放自由平等的地位，首先要整个民族身体的质量达到充分健全的地位，尤其是女子应该自命为国民之母，国家的强弱完全担负在我们肩背上……"[①] 从张之江感性的言论中可以发现，中央国术馆为了全面普及武术，完全是将男女生武术教学置于同等地位。在师范班时期，中央国术馆对男女分班进一步进行了优化：不仅在教学内容上依据男女生性别差异设置了不同科目，而且在教学评价上，男生以技击能力评价为主，女生则侧重于演练水平的评价。抗战时期，在生源大幅减少的背景下，张之江仍坚持男女分班教学。他说："惟因女生术科由女教员教授较为方便，且三年制女生人数太少，如专聘一女教员实不经济，拟请教育部准予本校招收五年制女生，以利教学方便。"[②] 是以，施行男女分班，不仅是中央国术馆尊重武术教学规律的体现，也是其践行"强种救国"目的的必然要求。

3.3 基于水平的分班教学

除却依据性别的分班外，中央国术馆根据不同学生入学时的武术基础进行了异质分班。这一分班教学组织形式主要应用于师范班教学——师范班的甲、乙两班分别为速成班和深造班。显而易见，面对学生入学时的水平差异，这一举措缩小了各班之间最终的差距，有利于武术教学的开展和互帮互学，是中央国术馆遵循因材施教教育原则的体现。当然，速成班和深造班的确定也反映了中央国术馆武术教育亦遵循了有教无类的教育原则，让基础较好的学生快速完成学业是中央国术馆贯彻快速

---

① 中央国术馆.张之江先生国术言论集[M].南京：中央国术馆，1931：92.
② 中央国术馆.国立国术体育师范专科学校招生考试的有关文件：1942[A].南京：中国第二历史档案馆（全宗号：5，案卷号：6007）.

普及武术既定目标的必然要求，而深造班则让基础较弱的学生通过延长馆内学习时间最终达到与速成班同等的武术技能水平。是以，从中央国术馆基于水平的分班教学组织形式中可以发现，在面对因材施教和有教无类的矛盾时，该馆努力将这一矛盾通过教学时间的长短来加以化解。即便是在全面抗战时期教师、学生锐减的艰难环境下，张之江仍然坚持分班教学。他说："五年制与三年制程度不同，自然不能合班上课。"①

3.4 注重学生研究能力的培养

如果说按性别分班教学和按水平分班教学更多的是从"怎样学"的角度优化教学组织形式的话，那么中央国术馆国术研究班和国术研究会等班种的设立，则是从"怎样更好地学"的角度对教学组织形式进行了探索。在国术研究班和国术研究会中，中央国术馆从武术教学的集体性与个性化相结合的角度去融合与构建，力求学习内容的深度化，促进学生在学习武术的同时发挥探究精神和创造力。它是遵循教学相长教育原则的体现，兼顾了武术教师主导作用的发挥与学生独立自主学习的实现，其不仅有主题问题的师生探讨，还能给学生自主学习、独立钻研的机会，可以培养学生思考问题、研究问题和解决问题的能力。然而，中央国术馆倡导的师生合作教学是在学生自愿加入的基础上所组成的教学组织形式。当时这一教学组织形式的实际情况如何？有多少师生加入其中？现有的史料鲜有记载。

第 3 节 中央国术馆武术教学原则

教学原则作为指导教学工作的基本要求，从理论的高度指导着教学实践，同时也是对教学实践经验的理论性概括。它既是教学基本原理落实到实践中的媒介，也是保证教育实践遵循教育规律的重要环节②。当中国武术由师徒制"口传心授"的基本教学模式转型至学院制后，如何继承与发展武术教学的经验？如何遵循教学规律？又如何

---

① 中央国术馆.国立国术体育师范专科学校招生考试的有关文件：1942[A].南京：中国第二历史档案馆（全宗号：5，案卷号：6007）.
② 柳海民.教育学原理[M].北京：高等教育出版社，2011：219.

践行教育目的，抑或是遵循学生的身心发展规律？这些问题给中央国术馆确立教学原则提供了思路。通过史料的整理与分析可以发现，中央国术馆武术教学所遵循的基本原则至少有五点。

1 突出武术教学的直观性

师徒制的武术教学虽有利于武术的纵向传承，但是对于中央国术馆普及武术的任务而言不合时宜。在班级授课制的教学组织形式之中，在教学过程中使学生获得感性知识并丰富直接经验，使学生能够正确理解武术技术知识的同时发展认知能力，成为该馆确立直观性原则的主要依据。对于当时武术教学笼统、模糊、刻板的弊端，中央国术馆的领导者现身说法，剀切要求武术教学应突出直观性原则。编审处副处长陈家轸认为："对于所教的某种拳脚或器械，解释要详明，说理要透彻，使学者知其功用效能，以及自卫克敌之种种变化。反过来说，若教者徒知某种动作要合规矩，不懂教授法，不能解释，不能说理，是为机械式的教授，徒使学者变为机械，一切的动作，皆为机械的动作。因为学者对于种种动作，其功用效能及自卫克敌之种种变化，只知其当然，而不知其所以然。术科教员必须解释详明，说理透彻。"① 总务处副处长唐克南更是直言，武术教师教学时应该向学生说清楚"奥秘"："对于国术，必有深刻之研究，得到其中奥秘，某部属乎内功，某部属乎外功，教授之时，详为说明，使学者知其运用，或能笔之于书，则更善矣。"②

2 强调武术教学的系统性

对于如何处理好武术教学活动顺序的关系，培养学生循序渐进的习练武术习惯，中央国术馆强调要遵循系统性原则。中央国术馆落实武术教学系统性原则所采用的是编审处处长姜容樵提出的"打练结合"四层教学法，即断劲、明劲、暗劲、化劲③。正如编审处处长姜容樵所述："我国的国术派别万千，要有个步骤作为方针，才可使国术走上轨道，使后世之治技有处着手，所以才有四步工（功）夫。这四步工（功）

---

① 陈家轸.我对于提倡国术之贡献[J].中央国术旬刊，1929（2）：1-5.
② 唐克南.杂俎：对国术家敬进一言[J].中央国术旬刊，1929（7）：21.
③ 姜容樵.国术功用与贯通论[J].勤奋体育月报，1936（5）：47-48.

夫里含着四层道理，还要分四种练法、四层用法，待到四步工（功）夫完成，又与丹道合一，循着这步骤推进，一定不会走错路的。"① 基于"打练结合"四层教学法，中央国术馆的教与学均有顺序地进行，培养了学生系统学习的习惯，并且能够发现和补救学生在学习中的欠缺。

3 重视武术教学的科学性

"赛先生"是民国时期的时髦词汇。忧虑国家命运的知识分子把"科学"当成救国的良药，生出无尽的信仰。中央国术馆致力于提倡"科学"化的国术，教务处副处长吴志青剀切指出："现为文化进步、科学剧战时代，故国术一道，脱不以科学方法从而改进，势难邀社会之信用，必至完全失传。"② 吴氏对武术教育科学性原则的认识深邃而富有洞见："所谓科学化的国术者，即以科学方法改进国术，使合乎生理、心理、教育诸原则，以期切合于实用，而易普及为宗旨。而实用之手法，因之则为出奇制胜之技能，变之则为活泼优美一种舞蹈之动作。若更和以音乐，则身心修养，大有裨益。"③ 武术教育应遵循科学性原则几乎成为中央国术馆的共识。编审处处长姜容樵从哲学的视角提出了武术教育科学化的范畴："科学化的目的是统一原理，究其当然，范畴是体、用、质、量、理、法、从、横、因、果。"④ 教授胡异军认为："国术在术的方面纯是一种技术。体育的方式，技术的基础，必须建筑在科学的园地中，这是毫无疑义的。生理学、卫生学、物理学，就是国术的科学条件。国术必须用科学来透过，才能充实它的理论，增广它的效能，稳定它的基础，确定它的价值。"⑤ 北平体育研究社创始人许禹生在中央国术馆刊物中遥相呼应："而主张国术科学化，立论綦善，余所赞同；但科学化应就国术性质中应具之科学，依实质上立论，务使一语破的，令人豁然开悟，万不可牵强附会，售其渊博，令人转入迷途，其害与旧日以迷信误人者相等，此应预为防范者三也。"⑥ 中央国术馆重视武术教学的科学性原则，使得该馆在审视教学内容和教学方法时促进了武术的科学化发展。

---

① 姜容樵. 国术学说（续）[J]. 国术周刊（南京），1934，123：3-4.
② 吴志青. 国术与各科学之关系 [J]. 山西国术体育旬刊，1935，1（17）：2.
③ 吴志青. 科学化的国术 [M]. 上海：大东书局，1931：16.
④ 姜容樵. 从哲学科学说到国术 [J]. 求是月刊，1936，2（11/12）：361-365.
⑤ 胡异军. 国术的新生命与其新趋势 [J]. 中央国术旬刊，1929（3）：4-5.
⑥ 禹生. 为当道国家家进一杷言 [J]. 中央国术旬刊，1929（7）：3-5.

4 偏重武术教学的技击性

中国哲学中的整体观体现在武术上即为"体用兼备"的价值取向，武术技术组成中融演练的"体"和技击的"用"于一体。中央国术馆重视武术教学的技击性原则不仅是对武术本质认识的体现，亦是张之江武术"向实"思想的体现。张之江认为："国术锻炼应重于比赛，比赛为御辱之张本，亦即奋斗之实习，若提倡国术，而不使之竞技化，则此种单纯之演习，既乏攻守之经验，无神自卫之实用。"① 万乐刚口述佐证："我的外祖父成立中央国术馆就是为了强调武术的实用性与对抗性，所以他和褚民谊之间有着重大的分歧，因为我的外祖父讲的是技击性、对抗性、实战性。我的外祖父认为武术就是从实战中而来，比如形意拳的动作就是一个持刀动作的还原。我的外祖父认为，弘扬武术不强调对抗、实战、技击那就完全没有意义了。"因此，张之江对学生强调："练习国术对于对手尤当特别注意，因为单练只有体的工（功）夫，对手才是有用的工（功）夫，所以练国术的，先要练其体然后练其用，这是很要紧的。"② 那么，如何突出武术教学的技击性原则？张之江明确指出："从体的方面说，应注重基本锻炼，可分为团体的、单人的两种。从用的方面说，可以由对练而对比，准备竞赛。本馆对于比赛是很注意的，因为体用兼备，不仅是个人的好处，也是国家的光荣。"③ 除张之江外，政府部门也要求武术教学应以突出技击为主，如江苏省政府所指出："查国术种类繁多，其中应用最广者莫如击剑、刺枪、摔跤、搏击四项，此后各种体育师资训练机关对此四项，实应特加注意，积极训练，俾尽融汇中外体育技能之功，而收自卫卫国之效。"④ 因此，中央国术馆在教学内容中将技击技术进行筛选、加工、提高，然后再运用于"对试"中，这是中央国术馆武术教学的基本线索。在该馆的术科教学中，不仅有八极拳、形意拳、杂拳、潭腿、查拳、八卦掌、摔跤式、八卦散手、梅花刀、猿臂棍、断门枪、三才剑、青萍剑、苗刀等极富技击特征和技术全面的传统武术，也有搏击和拳击等现代武术教学内容。

---

① 中央国术馆.张之江先生国术言论集[M].南京：中央国术馆，1931：113.
② 编者.讲演：第四次讲演：职员练习国术及全体注重对手[J].中央国术馆汇刊，1928（1）：44.
③ 中央国术馆.张之江先生国术言论集[M].南京：中央国术馆，1931：71.
④ 江苏省政府.体育师资训练机关应注意击剑技术的训令：1944[A].南京：江苏省档案馆（全宗号：1001，案卷号：1001-001-0214-2-0139）.

5 注重武术教学练修并重

何为"练修并重"？张之江指出："练，是属乎体质外表一方面的；修，是属乎精神灵性一方面的。关于练的方面，固然是要专心致志，精诚无间，而修的方面，更是要十二万分的努力，朝乾夕惕地用工（功），才能有成就的希望。如果只练而不修，那就没有道德，没有精神，没有保障，将难免为非作歹，误入歧途，危害社会，结果必致一败涂地。"① 教授胡异军认为："国术是体育，目的是在强身，同时还有一件更重要的条件就是修养意志。过去国术在强身方面已有显著的成绩，而同时发生的坏影响就是造成心理的堕落。以前的国术家固然也曾设有不少关于修养德性的信条，但是大部分人忽视了信条的约束，而仅注意于技术的功用。"胡氏进而提出：重建互助、仁爱、忍让诸德性，以消灭猛暴、乖戾的心理。国术家不是仅有精炼的技术，尤须有高尚的德性，才算是一个完人②。而近代法学家王宠惠更是从局外人的视角提出"修练并重"是武术教育的重要原则："国术而能普及，则驱除痼疾也，磨练精神也，增进智识也，以至励行道德也，一以贯之，而人生种种问题，皆从而解决，又何患乎废业，又何至动乱其精神之条理，以身试法哉？吾谓与其以技击为国术，毋宁谓为人生技也，吾于国术之人生观固如斯。"③ 又据万乐刚口述佐证："我的外祖父是一个非常高尚、正直的人，他从来不谋私利，和贪赃枉法完全没有任何关系，他对5000年中国的传统道德传承是一个典范，因此中央国术馆有一句口号叫'术德并重'，就是你的武术和你的道德是并重的，他把这个思想贯穿到中央国术馆的整个教育当中。他自己的为人也是如此的，不论是在禁烟过程中，还是在传承武术过程中，他也是身体力行地去做的，我作为后辈不能说他怎么样怎么样，但是事实就是如此。"因此，所谓的"练修并重"原则实际上指的是"术德并重"原则，中央国术馆注重武术教学技术与武德并重的原则是该馆弘扬与发展中华武术优良传统的深刻体现，该馆重视德育，也反映了以武育人的教育宗旨。

---

① 中央国术馆. 张之江先生国术言论集[M]. 南京：中央国术馆，1931：60-61.
② 胡异军. 国术的新生命与其新趋势（续）[J]. 中央国术旬刊，1929（4）：4-6.
③ 王宠惠. 国术之人生观[J]. 中央国术旬刊，1929（5）：1-2.

第4节 中央国术馆武术教学方法的类型及其特征

在以班级授课制为主要教学组织形式，以及遵循现代教育学、体育学教学原则的基础上，中央国术馆在"千年来未有之变局"的背景下，对武术教学方法展开了全新的探索。教务处副处长金一明认为："所谓教学法，即教学之方法，亦即教师对证参考之秘本也。近人尝谓国术不公开，乃见国术书中先将图照解说，排列于前，并将用法变动，叙说于后，此种姿势图解即是课本，此种用法变动即是教学法。"[①] 中央国术馆武术教学方法在中国传统武术口传心授的个别化教学以及新武术操集体式教学的基础上进行优化，开创了新的武术教学方法。这是因为传统武术封闭化传承所带来的封闭式教学方法已不合时宜。正如张之江所述："国术同志，要有远大的思想，和光明磊落的风度：第一要化除门户之见，什么武当少林、内家外家的隔阂，一齐划去，融合贯通，销（消）除畛域，亲爱精诚，都如家人父子，把以前的保持秘密、奇货可居的恶习观念，彻底的连根拔去。"[②] 而民国初年新武术的"带数口令"教学方法又被鲁迅等人嘲讽为不伦不类"中国式体操"，因此，如何在传承的基础上普及中华武术，即武术"怎么教"以有利于实现中央国术馆所提出的"强种救国"的教育目的，成为摆在该馆武术教育面前的现实问题。

1 以指导为主的教学方法

1.1 技术讲解法

讲解法是中华武术的基本教学方法，在古代多以师父"口传"的方式教授给弟子。时至中央国术馆时期，为了使这一武术基本教学方法适应于班级授课制的组织形式，中央国术馆对其进行了优化。技术讲解法是中央国术馆直观性教学原则的落实。正如该馆课程所用书籍《初级腿法》中所明确提出的："教授者将所授之拳械，按照预定之组织及次序，逐一详细加以解释，使学生明了每种拳械之性质及功能，至对于各种之练法及应用上得一概念，以便减少实际学习上之困难。"[③] 技术讲解法是中央国术馆实现

---

① 金一明. 国术教学法编制大意[J]. 国术周刊（南京），1934，107：3-4.
② 张之江. 国术同志应有的思想和风度及其目标[J]. 国术周刊（南京），1933，91：1-2.
③ 中央国术馆. 初级腿法[M]. 上海：大东书局，1931：13.

其课程认知目标的重要方法。其所讲解的基本技法、动作规格、攻防含义等内容有利于初学者对所学内容进行认知。为力求学生对于新科目的了解之深刻及透彻起见,中央国术馆教师对于武术技术应用之方式,常深入讲解穷其至理。中央国术馆亦鼓励学生在学习期间遇有疑问或模糊之点可随时提起发问,以便教师进行解释。

1.2 启发式教学法

中央国术馆的启发式教学法在该馆具有重要地位。教师采用启发诱导办法传授武术知识、培养能力,能够使学生积极主动地学习,以促进"科学性""技击性"等教学原则的落实。正如该馆教师张大昕所指出:"在未施教之前,先用启发式暗示学生之兴趣,或发问,或暗示,或简要解释,如谓何种方法可以强健身体,自卫之方法如何,有敌人至,应以何术为抵御之方法。"[1] 吴图南是中央国术馆教师中擅长启发式教学法的代表,他在运用讲解法的同时常用故事或日常人们熟悉的生活事例来谈拳,启发学生领悟拳理,激发学生不断琢磨、细心体会,让学生悟出拳理[2]。这也反映出该馆教师在运用讲解法时亦具有一定的灵活性和艺术性。

1.3 动作示范法

基于古代武术个别化的"身授"式武术教学,中央国术馆在面对现代班级组织形式的集体化教学时对"示范法"进行了优化,以促进直观性教学原则的落实。该馆首先明确了"示范法"在武术教学中的重要意义,剀切指出:"教授者必须示范,四肢及躯干部如何动作,教授者事前作以模范,使学生得模仿之机会,一方脑筋竭力记忆稍具概念,一方手足加以模仿,俾得个中奥妙。"[3] 该馆还要求教师在教学过程中针对学生易犯的错误动作随时加以纠正。"教授者如发见学生有错误之处并当随时更正,以免学生将错误之观念深印脑海。教学时须令学生十分理解各项运动之要领,故须示以模范,对于习技之效益及易范之过失宜简单说明之。"[4] 此外,在示范动作时,该馆特别重视"示范面"的问题。示范面是学生观察示范的视角,如《初级腿法》中所指出:"教授师范宜与学生之方向相反对,但有数种动作必须以身之侧面相向,否则学生不能见及正确

---

[1] 张大昕.国术之新途径 [J].国术周刊(南京),1934,134:1-4.
[2] 中央国术馆史编辑委员会.中央国术馆史 [M].合肥:黄山书社,1996:204.
[3] 中央国术馆.初级腿法 [M].上海:大东书局,1931:14.
[4] 中央国术馆.初级腿法 [M].上海:大东书局,1931:15.

之姿势。"换言之,中央国术馆已准确认识到背面示范和侧面示范在展示武术动作的方向、路线变化和胸前动作上的优点。但是该馆的示范方法并不全面,例如对于有利于展示正面动作的正面示范法,以及有利于教师领做、学生模仿的镜面示范法并无提及。当然,该馆要求教师运用示范法时须不断换位,以利于学生的观察。"教师示范动作时不宜专向长大学生之一方面,而使矮小学生不能见及示范全体之姿势。"在学生能够初步模仿新动作后,该馆又指出:"宜令动作正确之学生数人出为模范,然后用口令使全体行之。"① 此语表明,在新授动作后,示范法应发挥学生主体作用,并在学生领做基础上,同时配合教师的口令指挥并巩固所学内容。因此,中央国术馆在动作示范法的应用上已初步完善。对该教学方法的运用时机以及注意事项的明文说明,体现了该馆教师已较为深入地了解了该方法的操作要求。

2 以练习为主的教学方法

2.1 重复练习法

重复练习法是武术习练的必然要求,是中央国术馆教师新授课程后,要求学生巩固所学而反复练习技术动作的教学方法。该馆对武术技能的习得规律有深刻认识,如《初级腿法》一书所述:"技术非一时一日所能成功,必须经过长时间之练习,在练习之过程中教师要注意学生动作之错误,慎加改进以免勿入歧途。无论任何一种新学习,如欲免生遗忘,则必须养成习惯,盖既成习惯,则脑筋中之印象已达相当之深度而难以忘记也。"② 重复练习法使得学生通过对同一动作或整套动作的多次重复,强化条件反射,以达到掌握、巩固并能够应用的目的,这是中央国术馆落实武术教学系统性和科学性原则的体现。此外,重复练习法还有助于培养学生的意志品质,亦是贯彻"修练并重"原则的呈现。

2.2 口令练习法

中央国术馆采用的武术教学"口令法"既对古代武术口诀进行了简化,又将民国初年的新武术"带数口令法"进行了优化。口令法是中央国术馆进行集体化教学的主要方法,其创新之处在于它不仅仅是新武术时期的操化运动,还在传承中国传统武术

---

① 中央国术馆.初级腿法[M].上海:大东书局,1931:15.
② 中央国术馆.初级腿法[M].上海:大东书局,1931:8.

技法要求的基础上，对完整的动作进行分解和编排，并通过"口令"的形式引导学生熟练掌握动作，以便于学生习练的统一。如史料所述："在昔国人有误认国术不能作为团体教练者，现如太极、形意、少林、八极等数十种，或承专家衣钵，或由教授发明，论段分排，施以口令，斗室个人固可自习，万人广场亦可团操。"[①] 此外，在口令的运用上，中央国术馆已在新武术时期枯燥的"带数"中明确了要求，如《初级腿法》中所述："口令须清朗，预令与动令相间不宜过久亦不宜过促，动令须短急而有力，其声浪之大小视场地之宽窄学生之多寡而定。动令一发宜注意学生之动作有无不整齐划一之弊，如有上述之弊宜即说明理由然后重演习之。"[②] 换言之，当学生已经基本掌握动作方向和路线后，教师运用口令有助于指挥学生进行巩固练习。而对预令、动令以及运用口令的节奏和声调的高低要求则说明了中央国术馆的"口令法"已较新武术时期有了明显的优化。口令法是讲解法和示范法的一种特殊形式，也是武术教学的主要手段，它在中央国术馆的武术教学中扮演了重要角色，亦是落实直观性教学原则的体现。

3 以评价为主的教学方法

3.1 打练结合法

武术教学如何"打练结合"？中央国术馆采用的是编审处处长姜容樵提出的"打练结合"四层法，即断劲、明劲、暗劲、化劲[③]。第一层"断劲"，指坚其体、筑其基，将自身的蛮力换成劲力。意即基本功和基本动作练习。第二层"明劲"，指逐渐使骨骼坚如磐石，使体魄威似泰山。这步期间学者宜考究套路的多寡，只求花拳绣腿、多多益善，和人交手时仍然迷信克敌制胜的招法，深信我外无人，斥别人的技术无一是者，俗谓初生牛犊不怕虎。意即外练后初具实战能力。第三层暗劲，指和人交手时既要眼睛看见，又能耳内听见，便可化出去。虽不能出手便赢，可是不至于轻易输给别人。这步期间，由易骨而易筋，由易筋而懂劲，由懂劲而随意变化，治技到此程度，对于套路不甚讲求，对敌的功夫已入见闻化境。意即内外交练后实战经验提升。第四层化劲，即入无我之境，治技至此已深入化境，奇正相生、横竖互用，随时而发，因势而为。意指"打练结合"后对技击技术应用自如。由"练"入"打"、"打练结合"的教学方法体现了系统性和

---

① 编者. 中央国术馆八周年纪念宣言 [J]. 国术周刊（南京），1936，158/159/160：1-4.
② 中央国术馆. 初级腿法 [M]. 上海：大东书局，1931：16.
③ 姜容樵. 国术功用与贯通论 [J]. 勤奋体育月报，1936（5）：47-48.

技击性的教学原则，也反映了中央国术馆的武术教学在贯彻"打练结合"教学模式时已具有稳定的结构特征，即"基本功—套路—对练—对试"。中央国术馆的学生依据四层法，进行着"打"与"练"的修炼，逐层提高技能水平，以至知行合一、体用兼备。

3.2 对试法

在教学方法上，除了采用传统武术基本的口传（讲解法）身授（示范法）外，中央国术馆主要以分解教学来帮助学生掌握套路动作，以及运用"对试法"让学生学会应用。教师吴图南的教学方法具有代表性。他首先对灌输式教学方法进行了批判，并切实指出："至于从教学之方法方面，注入式而言，在此五六年来各地教授国术，不能收宏大普遍之效者，皆以运用此式之故也。"[①]吴图南更注重分解练习法："就现在一般国术家之教学经验，以分段学习，成功较速。而学习者，亦饶相当之兴趣。全部学习，成功较缓。而学习者，每感日久生厌，缺乏相当之欣赏。虽由教师强迫行之，结果收功亦微也。"[②]中央国术馆，教师运用口传身授和分解练习法使学生掌握动作要领后，要求武术专业的学生以"对试"的形式将所学套路加以运用以贯彻"打练结合"。在中央国术馆的"对试"中不仅有年终考核，亦有季考、月考。在课堂教学中，亦将"对试"作为比赛教学法，要求学生通过"对练""推手""搏击"的形式进行学习。"对试法"将中央国术馆技击性教学原则表露无遗。

4 中央国术馆武术教学方法的特征

4.1 强调教学方法的整体化与综合化

从中央国术馆诸多教学方法的归类中不难发现，其在指导、练习与评价中所采用的教学方法具有显著的整体化与综合化特征，从技能初学阶段以指导为主的讲解法、示范法，到巩固阶段的重复练习、口令练习，再至提高阶段的打练结合法和对试法，完整地构成了中央国术馆武术教学方法体系。这一整体化和综合化的教学方法将每种教学方法作为一个要素，探索出了各自的特点、适用范围和条件，从而有利于在具体的教学情境中有机配合，发挥整体功能与作用。中央国术馆整体化与综合化的武术教学方法在很大程度上适应了班级授课制的教学规律，在层次性的基础上相互联系、相

---

① 吴图南. 国术概论[M]. 上海：商务印书馆，1939：145.
② 吴图南. 国术概论[M]. 上海：商务印书馆，1939：146.

互促进，力求把不同的教学方法加以合理组合，并提出了正确的使用方法，从而互相取长补短，产生了一定的整体综合效应。

4.2 力求教师主导与学生主体相统一

中国武术的传统教学方法基本上是以师父"口传心授"，重视"教"的方法，其虽然有利于武术的纵向传承，却割裂了教与学活动的统一性，难以发挥学生学习的主动性、积极性。为了适应武术教育专业化和普及化的发展，中央国术馆的武术教学方法明确了学生的主体作用，主张把"教"建立在"学"的基础上，并在改进教法的同时，通过多种途径对学生的学习方法进行有效的指导与培养。无论是讲解法时鼓励学生提出问题以"穷其至理"，抑或是示范法时"数人出为模范"进行生生互学，又或是对试法时完全交由学生进行"对试"，都非常注重培养学生的自学能力、创造能力和探究精神。因此，中央国术馆的武术教学方法不仅强调了教与学活动的辩证统一，而且在教师主导下从学生是学习主体的这一原理出发，力求做到教师主导与学生主体相统一，这是对教学本质深刻认识的表现，有利于实现教与学的结合。

4.3 施行"打练结合"突出武术技击本质

"打练结合"教学法是中央国术馆贯彻"救国"宗旨的必然要求，在突出武术应用价值的主旋律下将武术技能与应用紧密结合，要求学生在学习新技术、巩固练习、对试、再练习的基础上，循环往复直至具有临战应用能力。"打练结合"教学法由姜容樵系统提出，这一教学方法在中央国术馆的武术教学中占据重要地位，不仅突出了武术的技击本质，而且有利于培养学生争胜的强烈竞技欲望和自我习练意识，亦更注重组织学生在对试时的创造行为，鼓励学生自己去发现问题，找出解决问题的条件、方法和途径。因此，中央国术馆武术教学在"功、套、用"的打练结合程序下尤为重视培养学生的技击能力，这不仅是深刻认识武术技击本质的体现，同时也有利于培养学生的自主学习能力。

第 5 节　中央国术馆武术教学评价的类型、方法及其特征

教学评价折射着时代诉求，昭示着课程价值取向、教学模式与教育观念[①]。中央国术馆非常重视教学评价，主要表现在以各种考试为主要评价形式的全馆师生之中。张之江在论及中央国术馆武术考试的意义、举措和目的时指出："现在的考试，与从前的打擂，迥乎不同。打擂是为一人一家或一宗一派，来争霸争雄。考试是为国家、为民族，来图强雪耻；从前是蛮干，打死勿论，现在是完全纪律化而教育化、科学化的，除了定有精细的条例规则外，护头的有面具，护拳的有手套，防备的很周密。无非是只想试验同志技术的巧拙、功夫的深浅。就自己本身作现实的比较，以为切磋研究之准绳。"[②]因此，当面对武术教育新发展的要求时，中央国术馆在武术教学评价上采取了一系列举措。中央国术馆的教学评价标准具有鲜明的"技击"导向，主张师生双重考核，通过过程性评价和总结性评价相结合的形式完成教学评价。在教学评价中，中央国术馆鉴于考试为甄别人才、奖励进步和测验功夫之优劣，有月考、季考，亦有年终大考。

1　中央国术馆武术教学评价的类型

1.1　以"课堂测验""月考""季考"为主的形成性评价

中央国术馆武术教学的形成性评价是在教学过程之中进行的，是为调节和完善武术教学活动、保证武术教学目标得以实现、监督教学质量而进行的确定学生学习成果的评价。该馆武术教学的形成性评价主要适用于术科教学，由课堂测验、月考和季考三部分组成。课堂测验是在课堂教学中教师运用比赛教学法通过"对试"对学生所学进行评价，通常采用"对练""推手""搏击"的对抗形式进行。月考和季考则分别是对学生一个月和三个月所学进行评价。中央国术馆术科教学之所以设置课堂测验、月考和季考，是为了借此判断学生的技能掌握情况和学习态度。正如张之江所述："为学贵乎力求进步，盖任何学业不进则退，大家平日锻炼，孰为勤奋孰

---

① 毛振明. 体育教学论[M]. 3版. 北京：高等教育出版社，2017：211.
② 张之江. 国术考试要览[M]. 南京：中央国术馆，1931：52.

为怠惰，固难识别，一经考试则泾渭分矣。"①是以，中央国术馆武术教学的形成性评价保障了学生技能水平的进步与提高，从而为更好地完成教学目标、提高教育质量奠定了基础。

1.2 以"年考""毕业考"为主的终结性评价

中央国术馆武术教学的终结性评价是对学生全部学段和一学年所学做出的结论性评价，以此作为学生等级评定的主要依据。终结性评价涵盖了术学二科，主要由年考和毕业考两种形式组成。年考是对学生一学年所学的评价，毕业考是对学生全部学段所学的评价。相较于形成性评价，中央国术馆更为重视终结性评价。首先，在重要程度上，"季考较月考为要，年考较季考为要"②。每次年考和毕业考，张之江都亲自任主考官，并由教务处处长襄试、副处长监试，以示重视。其次，在奖惩措施上，终结性评价是评定学生等级以及奖励优秀和惩罚劣者的重要依据。以"练习班"年考为例，考核及格者不仅可以留馆继续学习，并且还有机会升入"师范班"继续深造。如史料所述："年考考试成绩及格者留馆，不及格者退学。肄业两学期以上，考试优良者遇有正额缺出者得升补之。"③最后，在组织形式上，终结性评价为公开考试，常面向大众公开进行。以1930年的年考为例，中央国术馆本次年考设在国民政府督办公署门前。之所以公开考试，是因"众目所视，中央国术同志一举一动，能为人模范，庶几无愧，故当考试之际，尤宜蹈规循矩、严守纪律"④。而在毕业考时，其公开化程度更高，不仅有媒体亲临报道，亦有国民政府要员亲自监督。如第三期教授班毕业考试时，国民政府考试院院长戴季陶负责总监考⑤，学生是否具有真才实学为其毕业与否的重要依据。

除术科外，终结性评价亦适用于中央国术馆的学科教学。该馆学科终结性评价和年考一同进行，通常安排在术科考试之后，所学学科项目常采用闭卷的形式进行笔试。而"教授法"一课则在术科考试时进行，以检验学生在拥有技能之时，是否亦具有一定的教学能力。最后，术、学二科成绩通过审核后进行公示。

---

① 民国日报社. 中央国术馆年终考试在扬州绥靖署举行 [N]. 民国日报，1930-12-29（4）.
② 民国日报社. 中央国术馆年终考试在扬州绥靖署举行 [N]. 民国日报，1930-12-29（4）.
③ 编者. 章则：中央国术馆师范班添设练习生简章 [J]. 国术周刊（南京），1934，114：9.
④ 编者. 章则：中央国术馆师范班添设练习生简章 [J]. 国术周刊（南京），1934，114：9.
⑤ 中央日报社. 国术馆教授班将行毕业考试 [N]. 中央日报，1929-09-23（7）.

2 中央国术馆武术教学评价的方法

2.1 以对试法为主的客观性评价

对试法是中央国术馆武术教学评价的核心部分，是由教师主导对学生技击水平加以检验的客观性评价方法。其源于张之江对武术技击价值的大力倡导，以及对"知行合一""体用兼备"教育理念的贯彻。张之江认为，"国术锻炼应重于比赛，比赛为御辱之张本，亦即奋斗之实习，若提倡国术，而不使之竞技化，则此种单纯之演习，既乏攻守之经验，无裨自卫之实用"[1]。正是基于对武术实用价值的提倡，中央国术馆在年考和毕业考时按照体重进行一对一分组的"对试"。对试共有四项，分别为拳术、器械、摔跤和搏击，每项以打点为主要评分依据，共进行12回合，每回合进行1分钟的对试[2]，以此检验学生的武术习练水平。

2.2 以考察法为主的主观性评价

考察法是中央国术馆武术教学评价的辅助部分，是由教师主导的通常在学生对试时加以检验的主观性评价。如史料所述："凡练拳脚器械者各分为手眼身法步是否合乎法度，呼吸或为调匀或为促迫，气力或为雄厚或为薄弱，技术或为精熟或为生疏。"[3] 显然，这一系列的评判都由教师主观评价构成。"手眼身法步是否合乎法度"是对学生动作规格的评判，所谓的"法度"是对动作质量标准或对动作规定的要求。"呼吸"和"气力"是对学生动作表现力的评判，即除了动作规格外，还要看学生的技术是否形神兼备，及其体能储备的好坏。"技术或为精熟或为生疏"则是对学生招法应用能力的主观评价。

3 中央国术馆重技能轻教学的教师评价

除对学生评价外，对教职员的评价亦是中央国术馆武术教学评价的重要组成部分。教师评价是中央国术馆教师晋升的主要依据。张之江认为，"实行考试法，甄别

---

[1] 中央国术馆. 张之江先生国术言论集 [M]. 南京：中央国术馆，1931：113.
[2] 民国日报社. 中央国术馆年终考试在扬州绥靖署举行 [N]. 民国日报，1930-12-29（4）.
[3] 民国日报社. 中央国术馆年终考试在扬州绥靖署举行 [N]. 民国日报，1930-12-29（4）.

人次，规定等级，此后每次考试所得成绩，为升降之标准，以便励进，而昭公允"①。例如，中央国术馆1929年的年终考试，教授教员前五名依次为朱国祯、杨松山、韩庆堂、马金庭、张本源。教授朱国祯升三等一级，教员杨松山升三等三级，教授韩庆堂升一等教员，马金庭、张本源升二等教员。又据郝凤岭口述佐证："1936年中央国术馆教员评级，我的父亲由于考试成绩优异，由张之江特发聘书评定为讲师，月薪300元。"正如张之江所述："本馆考试是常有的，计算每年月考有八次，季考有四次，月考有奖，季考升级，只要努力求进步，何愁得不到奖赏和升级吗。"②在评价内容上，教职员考试的内容和学生一样同为术学二科，在术科上不限定该馆所教内容。在分数计算上，武术教师的术科共考核14门，学科主要以党义、国文、生理3门计算，最后计算总分评定名次。在评价组织形式上，教职员考试通常安排在学生年考之后进行，由中央国术馆聘请馆外专家主考。每次考试时张之江以身作则，报告考试意义后演练步拳和三星剑，随后依据职位高低按册点名进行全体教职员考试③。虽然该馆的教师评价具有激励的意义，但是对于考核不合格者则毫不留情地予以淘汰。正如《中央日报》所述："馆长张之江为彻底整顿馆务，特举行教职员及勤务等考试，成绩优良者不但可以连任，并可受奖励，劣者将予退职。"④张之江身先士卒的教师评价尽管反映出重视师生双重评价的思想，但囿于以教师的武术技能评价为唯一标准，从而忽视了教师的教学能力评价。尽管如此，中央国术馆的教师评价对于保持教师武术技能水平具有重要意义，该馆从教师到学生都在年考中磨炼了武术技能。

4 中央国术馆武术教学评价的特征

4.1 以技击为导向注重评价学生的武术应用能力

中央国术馆武术教学评价以技击为导向，这和馆长张之江的倡导紧密相关。对于当时一些地区武术教育着重套路表演、忽视两两相当的技击比试，张之江认为"把套路当做武术不合实际，若当戏看博人一笑矣"⑤。张之江要求套路练习应与技击比

---

① 编者.纪录：张馆长之江慰勉国术同志 [J]. 中央国术旬刊，1929（6）：17-18.
② 吕光华.纪录：中央国术馆纪念周：张馆长子姜先生报告 [J]. 中央国术旬刊，1929（9）：15-17.
③ 民报社.中央国术馆昨举行教职员试验 [N]. 民报，1933-12-22（3）.
④ 中央日报社.中央国术馆考试职工 [N]. 中央日报，1935-01-26（8）.
⑤ 周伟良.简论张之江先生的国术技击观 [J]. 中华武术（研究），2017，6（3）：8.

试相结合的"知行合一"思想对中央国术馆开展武术教育影响至深且巨,使得该馆的武术教学朝着切合应用并突出武术技击价值的方向发展。张之江并非武术科班出身,但他认识到历来习武之人都不把套路练习和对抗练习决然分开,往往是兼而习之,正如拳谚所云:"练时无敌当有敌,用时有敌当无敌。"以技击为导向的武术教学评价彰显着张之江的个人情怀,他曾激动地说:"在以前的武术教育中,仅以表演的成绩定功夫之高低,余觉得这种方法不合理也不正确,各个武艺都应于月考或季考中见高低。在比试的这一天,我无论如何忙,不管生病怎样重,只要我能勉强支持总要亲自到场。"① 张之江尤为重视以技击为导向的学生评价使得该馆的年考成为一件大事,正如史料所载:"考试对打极为勇猛,各界前往参观者甚众。"② 中央国术馆以"对打"作为学生评价的主要手段,并在经过多次实践后日趋完善,以至于每次考试都设有评判员、监试员、采点员、计分员、检查员,力求对学生的评价做到准确、客观和公正③。然而,张之江似乎对学生考试时的对抗强度并不满意。1934年的一次考试后,张之江对学生强调:"各班所教的拳术各种都有,唯有搏击一项我见你们考试,多不打头亦复不对,要认定目的去攻击才可以将打法练出来。"④ 因此,中央国术馆的课堂测验、月考、季考、年考和毕业考,都将对试作为主要评价手段,以此检验学生技击水平的高低。

4.2 施行师生双重评价,重视武术教学质量的提高

中央国术馆的武术教学评价主体由教师和学生共同组成,其目的在于衡量、促进和提高教师的教学效率与学生的学习效果和学习行为。学生学习评价中的形成性评价由教师主导,通过课堂测验、月考和季考的形式完成。终结性评价由中央国术馆主导,采取聘请政府要员和武术专家的形式进行监督与考核,其规格显著高于形成性评价。教师教学评价由中央国术馆领导者主导,通常安排在学生年考之后进行,采用聘请馆外武术专家的形式进行考核。但是,教师教学评价没有采用听课、座谈会等形式的同行评价,实为中央国术馆教师教学评价的不足之处。当然,中央国术馆施行师生双重

---

① 黄梦.纪录:中央国术馆纪念周:张馆长馆务报告、唐副处长报告本馆收支情形[J].中央国术旬刊,1929(6):14-17.
② 编者.消息:中央国术馆举行年考[J].中央国术旬刊,1929(8):20.
③ 编者.中央国术馆秋季考试十月五日举行[J].国术周刊(南京),1932,82:7.
④ 张之江.国术馆的性质:精神要军事化、学校化,事实要知行合一、文武合一(十二月十八日在本馆纪念周讲演)[J].国术周刊(南京),1934,107:1-2.

评价的目的在于提高武术教学质量。因为教学包括"教"与"学"两部分，是师生共同参与而产生交互影响的动态过程。中央国术馆的师生双重评价尽管存在着方法和手段上的不足之处，但确是尊重教育原理的体现。

4.3 重视量化评价方法和质性评价方法相结合

在中央国术馆年考和毕业考的对试中，主要采用打点计分的客观评价并辅以考察的主观评价。对试时的客观评价是指通过统计学生击中对手身体部位次数的方法来进行量化评价；主观评价则是通过考查学生对试时的表现力而进行的质性评价。中央国术馆的量化评价有利于直接反映学生技击水平的差异，而质性评价则有助于对学生的技术动作进行更加全面的分析和评价。当然，量化评价的长处恰恰是质性评价的短板，而质性评价的长处恰恰可以用来弥补量化评价的不足。中央国术馆的武术教学评价将两者结合起来，是希冀提高评价结果的可靠性，共同揭示评价对象的不同侧面。虽然中央国术馆重视量化评价方法和质性评价方法相结合是符合教学规律的体现，但是该馆的量化评价方法过于单一，仅以打点作为量化的主要依据。相比而言，质性评价方法则对手、眼、身法的规范度和动作熟练度进行较为全面的考察。该馆所采用的量化评价与质性评价相结合的评价方法虽不尽善，却也体现出了对学生武术教学评价的探索精神。

第6节　个案研究
——以中央国术馆"打练结合"武术教学模式为例

"教授中国武术"作为中央国术馆的基本职能之一，在全面抗战爆发前得到了贯彻。是时，中央国术馆在教育实施上采用了"打练结合"的武术教学模式，承前启后地为近现代中国培养了一批优秀的武术人才。中央国术馆的"打练结合"武术教学模式是以培养学生武术应用能力为主旨，将武术的基本功、套路和格斗进行组合练习的一种教育实施程序。其不仅是中央国术馆武术教学的整体反映，亦是该馆武术教学原则、方法、评价的整体体现。因此，以"打练结合"武术教学模式为例，有助于更加全面地论证中央国术馆武术教学的实施。

1 教学目标：培养学生"知行合一"的价值理念

王阳明有言："知是行的主意，行是知的功夫；知是行之始，行是知之成。"①王阳明"沉浸式体验"的哲学观对张之江的武术教育思想有着启示意义。对于发起成立中央国术馆后如何"教授中国武术"，张之江认为应该知行合一。如他所述："我们应该怎样的提倡国术，使得现代的武术归趋于知行合一这条路上方对。"②为此，张之江形象地将当时"打练分离"的现象比喻为旧时衣店的"待沽之衣"，即"有的只有上身没有下身，有的只有下身没有上身，偶然似乎两件成套，而仔细考究，不是肥瘦不同，便是颜色各异"。对于当时一些地区武术教育着重套路表演、忽视两两相当的技击比试，张之江认为："把套路当做武术不合实际，若当戏看博人一笑矣。"③张之江要求套路练习应与技击比试相结合的"知行合一"思想对中央国术馆开展武术教育有着深刻的影响，使得该馆的武术教学朝着切合应用并突出武术技击价值的方向发展。张之江注重"打练结合"与"知行合一"的中国传统哲学思想是一致的，这是中央国术馆重"比试"的根本原因。在中央国术馆的武术教学中，由"知行合一"强调"事上练"，并最终形成了"打练结合"的武术教学模式。作为中央国术馆的最高管理者，张之江希冀套路联系实际，要求学生形成"知行合一"的价值理念。

2 教学过程：先"练"后"打"贯彻"打练结合"

武术如何教"练"？张之江剀切指出"练"的意义在于提高技击水平。他认为："国术专家，要锻炼身体坚硬……从体的方面说，应注重基本锻炼，可以分为团体的、单人的两种。……从用的方面说，可以由对练而对比。"④鉴于馆长对"练"的重视，中央国术馆采用"内外交练"的理念指导学生训练。教务处处长吴峻山明确指出：练内劲功夫就叫做内功，练外劲功夫就叫做外功，内功是练精气神，外功是练筋骨力，所谓内外都是一气，总要交练才好。在练的方法上，编审处副处长金一明切实要求学生："练习拳术其根在足，劲起于腿，主宰于腰，行于手指，发而为全，故练拳不如练腿，练

---

① 王阳明. 传习录 [M]. 张靖杰，译注. 2 版. 南京：江苏文艺出版社，2020：10.
② 中央国术馆. 张之江先生国术言论集 [M]. 南京：中央国术馆，1931：17.
③ 周伟良. 简论张之江先生的国术技击观 [J]. 中华武术（研究），2017，6（3）：8.
④ 编者. 纪录：中央国术馆纪念周：馆长报告 [J]. 中央国术旬刊，1929（2）：15–20.

腿必先练步，练步功深，始能落足稳如泰山，发腿疾如闪电。"①基于此，中央国术馆对不同拳种的套路都进行了"练"的开发，在体能训练的同时，通过基本动作习练以及拆招、喂手的套路对练，以提升学生的攻防对抗能力。

武术如何教"打"？中央国术馆的管理者和武术教师都现身说法。管理者们着重阐述了"打练结合"的意义。张之江说："拔剑而起、挺身而斗虽属匹夫之勇，苟国术专家无此种精神，则与不兑现之支票有何益哉？"金一明进而言之："练习国术与兵相似，拳可练而不打，打法不可不备。"武术教师则对如何"打"进行了指点。马永胜述："学打三年不如真传一话，练势千着一熟为先，打法人人皆会，各有巧妙不同，其决在遇空即补，伺隙而进。"姜容樵谓："拳打三分，脚踢七分，临场之时要神清气沉胆大心细，不动如伏鼠，动如奔虎，知己知彼百战百胜。"王子平云："力大为王，大披大卦只是一下，犯了招架就是十下。"此外，龚润田、黄柏年、马庆云、杨松山、王云鹏、郭锡山、王景伯和胥以谦等人也都对如何教"打"发表了观点②。中央国术馆聘请的教师都有着丰富的"打法"经验，对于教学生之"打"颇有心得，在日常教学中教师将不同拳种的"打法"技巧通过师生对比、学生间对比的形式授予学生，从而为学生技击水平的提升奠定了基础。

基于打练结合的技术取向，中央国术馆提出了"术学兼备""练修并重"的品德修养要求。张之江认为："术学兼备缺一不可，要养成文明的脑筋和高尚的思想，能够与我们这雄强的体魄并驾齐驱，才能做一个健全的国民。""练修并重，练是关于体质外表一方面的，修是关乎精神灵性一方面的，关于练的方面固然是要专心致志，如果只练而不修，那就没有道德，没有精神，没有保障，将难免为非作歹，误入歧途，危害社会。"③中央国术馆通过"打""练"整体观的演进，进而提出了"术""学"结合、"练""修"结合，希冀在"打练结合"的基础上培养学生正确的价值观。

3 教学评价：突出武术的技击本质，倡导考试之"对试"

中央国术馆的教学评价标准具有鲜明的"技击"导向，通过过程性评价和总结性评价相结合的形式完成教学评价。在教学评价中，教授班学员有月考、季考，亦

---

① 金一明. 练步拳序 [J]. 国术周刊（南京），1935，138/139：16.
② 金一明. 国术打法之研究（一打）[J]. 国术周刊（南京），1934，125：4-5.
③ 中央国术馆. 张之江先生国术言论集 [M]. 南京：中央国术馆，1931：51.

有年终大考。除规定术科外,全部学生共修学科如党义、国文、历史、地理、生理卫生、国术源流、教育学、军事学等亦须进行闭卷考试[①]。张之江特别重视学生的武术技能评价,谈及考试的内容和意义时有云:"大家平日锻炼,孰为勤奋孰为怠惰,固难识别,一经考试则泾渭分矣。对于拳脚、刀剑、枪棍、摔角(跤)、搏击皆要有相当进益,始不背离大家誓志求学之初衷。"在评价方法上,中央国术馆采取一对一的分组对试,共进行12回合,每回合1分钟,以打点为主要评分依据,并辅以考查学生在拳术、器械、摔跤和搏击中手眼身法步是否合乎法度,呼吸或为调匀或为促迫,气力或为雄厚或为薄弱,技术或为精熟或为生疏的主观评判[②]。可见,通过月考、季考和年考的过程性评价以检验学生日常之"练"的技能习得水平,是教授班贯彻"打练结合"教学模式的重要组成部分。因而,平日之"练"和考试之"打",共同构成了中央国术馆相对完整的"打练结合"学生评价体系,其在一定程度上也保障了"打练结合"教学模式的实施水准。

4 中央国术馆"打练结合"武术教学模式的成效与局限

中央国术馆通过"打练结合"武术教学模式的实施,使学生的武术应用能力有所提升。例如,何福生在马英图的指导下学习了八极拳,又在姜容樵的教授下学习了形意拳,通过打与练的刻苦锻炼,他的套路更加广阔丰富,技击精湛入微,在三年的学习中,何福生保持了两年半的全馆桂冠之称。又如,吴玉昆在李锡恩的指导下学习了拳击,课余时间通过举石锁、摜沙袋、跳绳、跑步、单双杠的形式进行体能练习,课上与同学对练时尽管时常被打得头昏眼花,但他锲而不舍并因此夺得了馆中拳击第一名。再如,张文广在常振芳的指导下,通过"四千次作业法"的练习,不仅精通了查拳、形意拳、八卦掌、太极拳等各种拳术,摔跤、散手亦有颇深造诣,并获得了全国摔跤轻量级冠军。还有,李士廉在吴峻山、王子平的指导下,不仅在形意拳、八卦掌、太极拳和少林长拳的套路演练上驾轻就熟,而且在摔、打、擒、拿的徒手和刀、枪、剑、棍的器械上长于对抗,成为武术全能,被张之江誉为武术专家。是以,基于教师对"打练结合"教学模式的落实,馆中学生在技击对抗中进步显著。这也正如张登魁所述:"在

---

① 中央日报社. 中央国术馆大考昨完毕[N]. 中央日报, 1933-12-21(7).
② 民国日报社. 中央国术馆年终考试在扬州绥靖署举行[N]. 民国日报, 1930-12-29(4).

老师们的悉心指导和学友的相互学习、鼓舞下，技艺日趋精湛。"①

当然，"打练结合"的武术教育模式虽突出了武术的技击本质，但也限制了中央国术馆的武术教学向着更丰富、更多样的方向发展。究其原因，中央国术馆过于追求武术教育的技击价值，尤其年考时国民政府要员的莅临视察使得学生不得不以掌握"技击"为学习的唯一着力点。是以，"打练结合"的教学模式虽突出了武术技击价值，却未能有效探索武术教育的"技外之理"，馆中师生时刻接受着"练是为了打，打是为了练"的"打练结合"教学模式。

第7节 中央国术馆武术教学的历史意义

通过对中央国术馆武术教学基础保障、教学原则、教学组织形式、教学方法、教学评价的史料整理与分析，以及对该馆"打练结合"武术教学模式的深入剖析，可以发现：中央国术馆在"强种救国"的教育目的下，不仅对自古以来的武术教授进行了选择性传承，同时结合现代教育语境对武术教学进行了探索。在武术公开化、普及化的发展要求基础上，中央国术馆武术教学对于促进武术教育科学化、现代化等方面具有重要的历史意义，承前启后地为中国武术教育的发展做出了贡献。

1 中西交融促进了武术教学的现代化

国民政府时期，传统的武术教学面临一系列困境，民间武术虽遵循着师徒制的"口传心授"之法，却不利于普及；"新武术"有利于团体化教学，却脱离传统成了"中国式体操"。基于此，中央国术馆的武术教学在困境之下走上了现代化的发展道路，在探索武术专业教学和普及教学的过程中采取了诸多举措。在保障基本教学条件和确立教学原则的基础上，中央国术馆武术教学与当时社会实际相结合，并且关照了武术所具有的民族特色，较好地处理了传承与发展的关系。其在突出武术民族特点的同时又主动学习先进体育文化，在注重传播武术的同时又结合自身实际和传统，避免了文化保

---

① 该段所举史料根据黄山书社在1996年出版的《中央国术馆史》268页、277页、265页、279页、256页整理。

守与激进的两种极端。武术专业教学培养的武术人角色实现了从镖师、艺人、帮会成员向学校教师、军警教练的转换,为其以新的面貌融入国家社会发展打开了突破口[①]。接受武术普及教学训练的民众掌握了武术强身的方法,提高了身体素质,这在一定程度上弘扬了"尚武精神"。在实践层面,中央国术馆在"差序格局"的师徒制基础上,设立了多种多样的武术班种,有效规避了血缘宗法制的小众化武术教学组织形式。中央国术馆从武术传统的"口传心授"教学法中探索出了指导、练习和评价三种类别的多种教学方法,为武术的传承拓展了生存空间,为武术迈进学校找到了正当性依据。另外,传统武术的师父"一言堂"评价准则,被中央国术馆发展成了竞技为主、表演为辅的师生双重评价制度,初步实现了走向武术教学现代化。中央国术馆多元并举的武术教学实施在中西文化交融发展的基础上体现出了中国文化印记,对推进武术教学的现代化转型具有重要的历史意义,尤其是武术专业教学中的一些实践探索,直至今日仍被沿用。

2 突出技击促进了武术教学的向实化

"由虚向实"是明清思想演变的一条贯穿线,明清中国武术发展深受这一思想取向的影响。然而,"庚子事变"之后武术经历了历史新低谷,至民初虽经各界提倡,但其价值定位仍然不明。中央国术馆成立后,武术的发展迎来了新的机遇,在"强种救国"的教育目的下强化了武术的技击性,并将其作为核心价值。突出技击体现了中央国术馆深受明清武术"向实"思想的影响。正是基于"向实"的线索,中央国术馆的武术教学以技击为纲,在教学原则上突出直观性、技击性等原则,在教学方法上采用对试等方法,在教学评价上以技击对抗为主,并形成了武术教学"打练结合"的模式。中央国术馆突出武术的技击价值促进了武术的竞技化发展,培养了师生的武术应用能力。此外,在"打练结合"武术教学模式的基础上,中央国术馆在武术教学上进行了卓有成效的探索,其"基本功—套路—对练—对试"的结构特征,以丰富的教学内容为前提,以技能练习为主线,在竞武场中采用竞技为主的教学方法,尤为注重对馆员技击能力的评价。这一系列的实践使得中国近代武术从"义和团"的奇技淫巧和"新武术"的亦步亦趋逐步探索发展出中央国术馆武术专业教育的"打练结合"教学模式,进而

---

① 吕思泓. 从传统到现代:武术人社会生存论析 [J]. 山东体育科技,2015,37(6):18-21.

使中央国术馆成为中国武术专业教育的开拓者。中央国术馆武术专业教育培养的武术精英人才,优秀桃李如温敬铭、张文广,优秀教师如王子平、吴图南等等,不一而足,他们为中国近代以及20世纪下半叶海峡两岸与海外的中华武术事业做出了突出的贡献。

3 囿于技击限制了武术教学的人本化

虽然武术教学向实化有利于学生体用兼备地掌握武术技能——从技能习得上来看值得称道,但是,中央国术馆尤为突出技击的武术教学路线过于拔高了武术的社会功能。张之江对切合应用的强调,也限制了中央国术馆对武术教学"技外之理"的探索。其武术教学所提倡的是一种"活命之术""技击之能",未能完成武术"由术至道"的提升。中央国术馆以培养学生武术应用能力为主旨,这在"强种救国"的教育目的下是一种以竞技体育"选手制"和战场搏斗"临阵杀敌"为目标的武术教学,因而也就在客观上湮没了武术教育以学生为本的价值要求。

第5章　中央国术馆武德教育

武德的核心层面是一种内在的制约机制[①]。虽然武术的技击本质是中性的，但是如果掌握技击技术的人品德出了问题，那必将对他人、对社会造成严重危害。正如有学者直言："无论武术的技击战术变得多么诡诈与阴险，都不可怕，可怕的只是掌握武术技术的人不做好事。"[②] 事实上，中国武术的传承有三可教和三不教之说，即：孝顺忠厚者可教，有情有义者可教，灵机通变者可教；愚鲁之人不可教，贼盗之人不可教，无意之人不可教。因此，中华武术相比于其他国家的武技更侧重于道德自律，从道德品性方面对习武者提出了更高要求。至中央国术馆时期，中华武术的武德已被该馆广义化，不再仅仅作为一种暴力约束机制，而是成了该馆武术教育的重要组成部分，并在传统武德价值内核的基础上派生出新的目标与内容。其时，在文化、政治、教育的三维历史背景下和"强种救国"的教育目的下，中央国术馆有目的、有计划、有组织地培养了馆中师生的道德素质，力求使他们形成正确的道德观念、丰富的道德情感、坚强的道德意志、热切的道德信念和较高的道德实践能力，不断提升道德境界。中央国术馆"六位一体"的武德教育内容体系，与该馆的武术课程和教学一起，共同组成了中央国术馆"术德并重"教育理念的理想蓝图。

第1节　中央国术馆武德教育的内容

中央国术馆建馆伊始就确立了武德教育的具体内容，在《国术同志应遵守之规律》

[①] 杨建营，邱丕相. 从武德的实质和精神内核探析当代武术教育改革[J]. 沈阳体育学院学报，2009，28（3）：112-114.
[②] 乔凤杰. 本然与超然：论传统武术技击的诡道与圣道（一）[J]. 山东体育学院学报，2005，21（2）：14-17.

一文中，中央国术馆确立了六点内容，分别为：遵守党义国法、化除宗派畛域、崇尚俭苦忠勤、戒绝酒色烟赌、养成博爱和平、惩儆贪嫉骄惰①。从其表述来看，旨在从政治素养、技术素养、品德素养、生活素养、社会素养、个性素养六个方面对学生进行较为全面的德育施教（图5-1）。

图 5-1 中央国术馆武德教育目标与内容

1 政治素养：遵守党义国法

中央国术馆提出的第一条武德教育内容即"遵守党义国法"，这是该馆贯彻德育导向性原则的体现，旨在培养学生坚定正确的政治方向。其所提出的"遵守党义国法"是遵守国民党统治集团的政治理念。正如史料所记载："党就是中国国民党，义就是三民主义，法就是国民政府制定的法律。"②对于如何提高学生德育水平中的政治素养，中央国术馆在宣教中进行了论述，以贯彻"三民主义"为例："怎样叫做主义呢？就是由思想而起信仰，由信仰而生力量才谓之主义。"③此外，在中央国术馆的课程设置

---

① 编者. 国术同志应遵守之规律[J]. 中央国术馆汇刊，1928（1）：56.
② 编者. 讲演：第五次讲演：遵守党义国法[J]. 中央国术馆汇刊，1928（1）：44-47.
③ 编者. 讲演：第五次讲演：遵守党义国法[J]. 中央国术馆汇刊，1928（1）：44-47.

中,"党义"一课贯穿该馆武术专业教育的全部时期和所有班种。因此,从"遵守党义国法"的政治素养培养目标来看,中央国术馆的武德教育亦是国民党推行党化教育的有利途径。

2 技术素养:化除宗派畛域

中央国术馆提出的第二条武德教育内容为"化除宗派畛域",这是该馆对学生提出的武术技术层面的要求。基于武术的技击本质以及中华武术自古以来有门户之争的陋习,中央国术馆倡导武术公开化、统一化是实行武德教育的必然要求。中央国术馆提出的"化除宗派畛域",旨在从培养学生的技术素养出发,要求学生团结友爱,倡导公平竞争,在掌握武术技击能力的前提下,一致对外。正如张之江所述:"本馆是公家的不算私人的,若以私人相斗这就是派别之争……所以希望大家务要抱定同舟共济的宗旨,所痛恨的外人欺负我们,我们应当团结起来。"[1] 是以,中央国术馆武德教育中的技术素养培养目标,是对中国武术门户自限封建性不足之处的反思与改进,对武术的传承与发展具有重要的意义。

3 品德素养:崇尚俭苦忠勤

中央国术馆提出的第三条武德教育内容为"崇尚俭苦忠勤",这是该馆对学生提出的品德层面的要求。"俭苦忠勤"是中华民族的传统美德,中央国术馆致力于从中国优秀传统文化中汲取营养,培养学生的品德素养。中央国术馆之所以选择"俭苦忠勤"作为崇尚的对象,在于这四种善与武术习练密切相关。"俭"字旨在要求学生不因物质条件的匮乏而停止武术习练;"苦"字旨在要求学生习练武术时刻苦锻炼、提高技能;"忠"字旨在要求学生明白习练武术的目的为忠于祖国、忠于人民、忠于中央国术馆;"勤"字旨在要求学生尽力多加习练,不断提高武术的技术水平。武术历来注重在"德"的基础上通过技术的不断挖掘与探索,在"打"与"练"的同时辅以恒久的习练和体悟,成为一名"术德并重"的人。中央国术馆提出"崇尚俭苦忠勤"的德育内容,是希冀学生在品德层面上有所提升。

---

[1] 编者.讲演:第六次讲演:戒绝酒色烟赌(附化除宗派畛域)[J].中央国术馆汇刊,1928(1):48-49.

4 生活素养：戒绝酒色烟赌

中央国术馆提出的第四条武德教育内容为"戒绝酒色烟赌"，这是该馆对学生提出的生活作风方面的要求，亦是新设的武德衍生内容。中央国术馆明确要求学生应认识到"酒色烟赌"是该馆在生活作风方面所设的四条红线，借以提升学生的生活素养。张之江在宣教中对"酒色烟赌"的重大危害性尤为重视，并结合古今中外的事例对学生进行道德教育。如史料记载："酒色烟赌四字，无一字不是致命伤，无一字不关系于个人和全体，重而且大，……把酒色烟赌四字，斩钉截铁的一般，立刻就要断绝，要是违犯了那一项，那就毫不客气的，执行禁令的处分，但是表面上看来，似乎太严厉，究竟不然，因为本馆为全国国术最高机关，假使不能够作人模范，何配称中央国术馆呢，何配称国府设立的国术馆呢，何配称堂堂国术馆中的教职员呢……"[①]因此，从生活作风方面对学生提出的"戒绝酒色烟赌"的约束，不仅从侧面反映了当时这一社会问题的严重性，同时通过明文规定对学生生活素养的提高具有重要意义。

5 社会素养：养成博爱和平

中央国术馆提出的第五条武德教育内容为"养成博爱和平"，这是该馆对学生提出的社会适应方面的要求。孙中山竭力倡导"自由、平等、博爱"思想。事实上，孙中山博爱观的形成，既受到基督教博爱教义、西方人道主义和法国大革命中"自由、平等、博爱"口号的影响，又受到中国传统文化中"仁爱"思想的熏陶。不仅如此，孙中山周游世界，视野开阔，他还结合时代特点、中国国情和个人体验，而对这些思想有所发展和创新。中央国术馆是贯彻国民政府统治思想的教育组织之一，张之江作为馆长，不仅自己信仰基督教，同时也是孙中山思想的忠实践行者。因此，中央国术馆"博爱和平"的德育目标是领导者个人思想和国民政府意识形态的一种契合，希冀以武术为守卫和平的手段，使学生养成博爱和平的社会素养。

6 个性素养：惩儆贪嫉骄惰

中央国术馆提出的第六条武德教育内容为"惩儆贪嫉骄惰"，这是该馆对学生提出

---

① 编者. 讲演：第六次讲演：戒绝酒色烟赌（附化除宗派畛域）[J]. 中央国术馆汇刊, 1928（1）：48–49.

的个性素养要求。"贪嫉骄惰"是人性之中恶的方面，不仅被中华优秀传统文化所鄙夷，亦是西方文化"七宗罪"的组成部分。中央国术馆之所以选择"贪嫉骄惰"作为惩儆的对象，在于这四种恶与武术习练密切相关。"贪"字旨在要求学生抵制不良诱惑，克制私欲；"嫉"字旨在要求学生不因同学成绩优秀而嫉妒；"骄"字旨在要求学生不因成绩优秀于同学而骄傲；"惰"字旨在要求学生克服懒惰，勤学苦练，从而为实现该馆所提出的"强种救国"教育目的而努力。

第 2 节　中央国术馆展开武德教育的途径

一般而言，德育过程是一个综合、动态和持续的过程，它贯穿于人的一生。就学校德育过程而言，它是一种有目的、有选择的社会思想道德传递与个体思想品德体验相统一的过程[①]。那么，中央国术馆的武德教育何以进行，它是通过什么样的途径来落实其德育内容的呢？该馆武德教育是在多种因素影响之下进行的，因此德育的实施过程是复杂多变的，其实现的途径也呈现出多样化，并具有交叉性和互相渗透的特点。中央国术馆的武德教育主要通过直接道德教育和间接道德教育两种途径展开。

1　课程形式的直接武德教育

1.1　党义课程

国民政府第一次全国教育会议后，颁布了《各级学校增加党义课程暂行条例》，此后各级学校均加授党义课。此外，国民党基于训政时期党治原则，希冀巩固国家基础，改造民众心理，以谋民族独立、民权普遍、民生发展，乃实施党义教育，并以中央训练部职司专责[②]。中央国术馆根据国民党颁发的《党义教育大纲》开展直接道德教育，即党义教育的真义在"以党义教育国民"和"以党德陶冶国民"，其教育的标准为主义化、革命化、平民化、科学化与健全人格的养成。党义教育的宗旨则为"发扬民族精神、

---

① 柳海民．教育学原理[M]．北京：高等教育出版社，2011：253．
② 中国国民党党史委员会．中国国民党年鉴：民国十八年[M]．南京：中国国民党中央执行委员会党史史料编纂委员会，1929：1018．

提高民权思想、增加民生幸福、促进世界大同"①。中央国术馆在馆内武术专业教育各班中均开设党义课程。该课程是中央国术馆学科课程中的主干课程，在"一馆一校"时期更是师范班和专科班的必修课程，且设置了学分。因此，中央国术馆以党义课程作为该馆德育教育的重要组成部分，不仅是国民政府的强制要求，同时通过专任教师的讲解，也为该馆武德教育目的之一——政治素养的提升奠定了基础。

1.2 纪念周课程

纪念周是中央国术馆每周一次的师生集体武德教育活动，是以纪念孙中山为主题，配合开展党义教育，同时结合武德教育的一种直接道德教学。正如史料所述："纪念周静默的意思，是要静心默想总理遗嘱，默想总理平生革命大无畏的精神，……所以我们要本总理革命的精神，去练习国术，……要知道我们练习国术，是为强种救国的……"②纪念周从中央国术馆建馆初期开始就一直是武术专业教育德育的重要组成部分，至"一馆一校"时期，纪念周在师范班中以课程的形式于每周一上午最后一节课进行，内容从初期的政治素养培养发展到师范班以武德本体教育为主。纪念周通常以全员静默、馆中领导宣教、学生演讲的形式进行，在每周规定课时的设置上保障了纪念周在该馆武德教育中的地位和时间，有助于学生道德认知能力的发展和道德敏感性的培养。

1.3 音乐课程

音乐课程是中央国术馆武术专业教育开展德育的重要途径之一。早期的教授班并未设置音乐课程，至"一馆一校"时期，音乐才以课程的形式得以确立，分别在中央国术馆及其体育专科学校中以每周1课时作为时间保障，希冀陶冶学生的情操，培养学生的综合素质。例如，该馆的《早起歌》注重培养学生的品德素养，如歌词所唱："一生之计在于勤，每日工作贵清晨……忧劳兴国逸易亡身，唤醒炎黄子孙，强我种族壮我国魂更要彻底革新。"从歌词中不难发现，《早起歌》是中央国术馆贯彻第三条武德教育内容"崇尚俭苦忠勤"的重要载体。除此之外，《吃饭歌》《国术歌》《国术同志歌》《中央国术馆体育专科学校校歌》以及当时社会的主旋律歌都是中央国术馆音乐课程的重要内容。通过研阅这些歌曲的歌词发现，其内容都是以弘扬爱国主义、高尚武德、优良生活作风的正能量为主。如温敬铭所回忆："每天只要第一件事情先唱了《国

---

① 中国国民党中央执行委员会训练部. 党义教育大纲 [Z]. 南京：中国国民党中央执行委员会，1928：4-18.
② 编者. 讲演：本馆馆长第一次讲演：纪念周静默意义 [J]. 中央国术馆汇刊，1928（1）：40.

术同志歌》，就觉得这一天非常清爽，整整一天的时间都沉浸在亢奋之中。"温敬铭觉得歌词里说得太好了，每每吟唱时，身上的热血就像开锅的水一样，他觉得这首歌对他身心的振奋一直延续了一辈子[①]。因此，中央国术馆将音乐以课程的形式确立，不仅构成了该馆武德教育的辅助载体，同时也丰富了德育手段，使得学生在歌唱中陶冶情操，促进武德教育的开展。

1.4 训话课程

训话与纪念周相辅相成，同样是中央国术馆每周一次的师生集体武德教育活动。与纪念周不同的是，训话是以学生学习生活为主题，侧重于品德教育的一种直接道德教育。训话以课程的形式被确定始于"一馆一校"时期的中央国术馆师范班，该课程通常被安排在每周三下午的最后一节课，以专任教师训诫讲话的形式对全体学生的学习与思想情况加以诫勉。每周一次的训话，有助于学生系统接受中央国术馆的武德教育内容，同时，训话时对优秀学生的褒奖有助于学生形成正确的武德观和人生观，对学生学习生活中的欠缺之处进行批评亦有助于学生引以为戒。是以，训话与纪念周课程是中央国术馆结合现实，以直接宣教的形式进行武德教育的一体两翼，体现了该馆武德教育的连续性与系统性。

2 三元形式的间接武德教育

2.1 集体演讲

相比于纪念周和训话课程形式的定期宣教，中央国术馆的集体演讲具有一定的随机性，通常安排在馆中重大事件之前，由该馆领导者采用集体演讲的形式对学生进行间接的武德教育。张之江通常是集体演讲的主讲人，他在不同场合发表了不同主题的演讲。例如，在1930年五卅惨案纪念日，张之江发表了题为《十九年五卅纪念勖中央国术馆同志》的主题演讲，从"中庸之道、中和之气、恒毅之力、体用兼备"四个方面对学生应所具备的武德展开了演讲[②]。在教授班的开班仪式上，张之江又发表了题为《国术家融化门派为今日之第一要著》的主题演讲，倡导习武不应有门户之见，而是为了强种救国，云："凡以往宗派、门户种种陋习，极宜乘时改革，教授生徒万不

---

① 刘素娥. 奥运情缘：一代武宗温敬铭的奥运传奇 [M]. 石家庄：河北教育出版社，2008：51.
② 中央国术馆. 张之江先生国术言论集 [M]. 南京：中央国术馆，1931：62–74.

可划分门户。"① 中央国术馆以集体演讲为载体所进行的道德教育，是领导者意志下的武德教育，由于主导性较强，亦是一种服从式的间接德育。再如，在1930年的元旦讲话中，张之江指出："智勇强健了以后，假使没有德育工作作基础，那么本领愈好，深恐为害愈大，学识愈高，为患作恶愈甚。大家能够细心体会，躬行实践，那就终身用之不尽了。"② 是以，集体演讲在中央国术馆武德教育途径中具有重要意义，是联系全体师生道德共识的重要纽带。当然，由于张之江在集体演讲中占据主导地位，这种形式的德育途径亦充满了强烈的个人色彩。

2.2 撰文宣教

除却现场的集体演讲外，中央国术馆在其馆办刊物《中央国术馆汇刊》《中央国术旬刊》《国术周刊（南京）》中经常刊发官员以及该馆教师、学生的文章，供全馆师生阅读。例如，曾任国民政府司法部部长、中国近现代法学奠基者之一的王宠惠在《中央国术旬刊》1929年第5期上发表了《国术之人生观》一文，提出了"与其以技击为国术，毋宁谓为人生技也"的武术观，他认为："国术而能普及，则驱除痼疾也，磨练精神也，增进智识也，以至励行道德也，一以贯之，而人生种种问题，皆从而解决，又何患乎废业，又何至动乱其精神之条理，以身试法哉？"③ 王宠惠对武术德育价值的宣扬，有助于中央国术馆德育工作的开展。中央国术馆教师陈敦正在《国术周刊（南京）》1934年第129期上发表的《复兴民族与提倡国术之意义》一文中指出："我们要充实民力，活泼全面，这样才可以谈得上国力、谈得上国防，更谈得上抵抗。首先要先其所急，奋兴武术、提倡国术，以锻炼全国的同胞，强健全民的体力，唯其如是，才可以复兴中国革命、复兴中国民族。"④ 九一八事变后，面对国家危亡之际，陈敦正从爱国主义德育出发，呼吁学生勤练武术以作保家卫国之准备。教授班第二期学生黄梦的日记则刊载在1929年《中央国术旬刊》第2期上。日记中，黄梦表达了对当时国内外恶劣环境的担忧，并借景抒情，暗暗发誓自己一定要努力学习武术以保家卫国⑤。中央国术馆通过馆办刊物发表不同群体关于德育主题的文章，借此进行德育宣教，有助于渗透和熏陶，希冀在潜移默化中落实其武德教育目标与内容。

---

① 中央国术馆.张之江先生国术言论集[M].南京：中央国术馆，1931：45.
② 吕光华.纪录：十九年元旦日：馆长张子姜先生讲演[J].中央国术旬刊，1930（10）：17-19.
③ 王宠惠.国术之人生观[J].中央国术旬刊，1929（5）：1-2.
④ 陈敦正.复兴民族与提倡国术之意义[J].国术周刊（南京），1934，129：2-3.
⑤ 编者.杂俎：日记的一页（教授班第二期毕业生黄梦）[J].中央国术旬刊，1929（2）：24-25.

2.3 课外活动

课外活动是中央国术馆进行武德教育的重要途径之一。由于这种活动是在真实的情境之中，相比于课堂和集体演讲更加开放，形式更加灵活。其通过学生身体力行的传递，成为以学生为主体的德育活动。中央国术馆的课外武德教育活动有远足、国术研究会、剧社、馆外比赛等。在1929年的浙江国术游艺大会上，中央国术馆学生王子庆获得第一名，其将所得5000元奖金捐出的事迹成为该馆课外活动的重要案例。为此，张之江把王子庆作为品学兼优模范，号召馆内学生向其学习。在远足活动中，中央国术馆组织学生徒步周边地区，这有助于养成学生刻苦、顽强、朴实的良好品质。在国术研究会中，让学生在彼此的接触中互相学习、互相影响、互相改进。在剧社中，由学生自发组织的剧社常为全馆师生表演中国古代的先进人物和事迹，传递积极向上的价值观[①]。中央国术馆通过组织课外活动，力求使学生增强集体意识、上进心、荣誉感，以此提高学生的品德水平。

第3节 中央国术馆武德教育的方法

一直以来，师徒制下的武德教育主要通过师父对徒弟的言传身教完成，当中华武术由传统师徒制过渡到现代学院制，由教授关系改变引发的武德教育方法转变亦成为中央国术馆开展武德教育的重要特色。中央国术馆的武德教育方法是用来提高学生道德修养、形成完整品德的方法，是实现该馆"六位一体"武德教育目标与内容的重要载体。

1 说服教育法

说服教育是中央国术馆德育的核心方法。中央国术馆的说服教育是借助语言和事实，通过摆事实、讲道理，以提高学生的思想道德认识，使学生明辨是非，形成正确三观的方法。张之江是中央国术馆运用说服教育法最多的领导者，他通常结合古今中外的具体事例在不同场合对全员进行德育说教。张之江运用说服教育法时具有明确的目的性，常从学生实际出发，有针对性地展开说服教育。例如，张之江一次在观看学

---

① 编者. 消息：中央国术馆组织新剧社[J]. 中央国术旬刊，1930（10）：20.

生的团体演练和单练后，向全馆学生进行了一次演讲，他说"锻炼合中庸之道，修养得中和之气，进取有恒毅之力，目的要体用兼备"，分别对学生的学习、生活、工作的品德修养提出了要求①。又如，在1930年的年考考前演讲中，张之江强调"练习国术的最大目标就是强种救国，其次就是提高国术同志的人格"。除了鼓励学生专心致志锻炼外，张之江还要求学生注意生活作风问题，云："大家工（功）夫练得虽然精深，要是贪财好色，那就没有一点价值了。"②作为说服教育方法的主导者，张之江以馆长身份面向全体学生的演讲，善于抓住教育时机，对学生品德修养的提升有着积极作用。

2 榜样示范法

除了说服教育法，以伟人的典范成就、馆中优秀学生事迹为例的榜样示范法亦是中央国术馆开展德育的主要方法。例如，张之江在"注意廉洁"的主题演讲中以学生王子庆为榜样，云："今天单就王子庆说，他这回在浙江国术游艺大会比赛得了第一名，他把所得五千元的奖金分给优胜的二十六人，本来这种奖金是他应得的，他偏偏不要，真可谓仗义疏财，不但可为本馆同志模范，并且可为全国国术同志模范。"③在面向馆中女学生的演讲中，张之江以中国古代伟大女性为例，云："后妃谏除秕政、孟母三迁教子，固值得后世歌颂，梁夫人之助战、花木兰之从军、一家红线吕四娘等那般剑侠，也都有灿烂光明的历史。比较今日女同胞高呼解放，依旧拿绮罗脂粉一层一层的困缚包裹起来，这真是贤女传中的罪人了。"④他要求女学生发扬勇敢、独立、自信的品德。张之江以"勤学苦练"为主题，在演讲中点名要求学生向榜样学习，云："且看国术对于强身的效验，单就本馆说，曹宴海从前来本馆考教授班的时候，工（功）夫很是幼稚，不过以为他年富力强可以造就，所以把他造就，到了现在，他怎样呢？杭州比赛很是出色的，这次在上海比赛他首当其选了。又如郭世栓从前来馆的时候，枪、刀、剑、棍、摔角（跤）都不谙熟，到了现在也很有可观。希望大家一心一德，贯彻强种救国的目的，始终如一的做起去，定能达到目的。"⑤针对学生出现"惰性"的苗头，张之江以馆中两位老学员为榜样，演讲道："现在的青年人，大半都犯这个毛病（指"半途而废"——

---

① 编者.纪录：中央国术馆纪念周：馆长报告[J].中央国术旬刊，1929（2）：15–20.
② 中央国术馆.张之江先生国术言论集[M].南京：中央国术馆，1931：77.
③ 中央国术馆.张之江先生国术言论集[M].南京：中央国术馆，1931：77.
④ 中央国术馆.张之江先生国术言论集[M].南京：中央国术馆，1931：92.
⑤ 吕光华.纪录：中央国术馆总理纪念周：张馆长子姜先生报告[J].中央国术旬刊，1930（12）：15–17.

作者注），这是很可惜的！我看教授班里有两位老同志，一位是叶凤起，一位是戴保元；他们年过半百，本来他们国术很有工（功）夫，他们还是要学，愿意精益求精，在这里和我们修炼，这是很可佩服的。"① 榜样示范法的运用激发了学生对榜样的敬仰，引导学生用榜样来调节自己的行为进而提高自身修养，这是中央国术馆武德教育的又一主要方法。

3 实践锻炼法

中央国术馆武德教育方法之实践锻炼，是让学生参加各种实践活动，在实践锻炼中培养优良道德和行为习惯的方法。例如，1933 年在中央国术馆的一次踢馆事件中，学生温敬铭作为全馆代表大获全胜。然而，在馆长夸奖、同学颂扬下温敬铭开始骄傲自大、忘乎所以。这时温敬铭的老师——中央国术馆教授罗成立，带领温敬铭去其好友张英振家做客。罗成立有意引导温敬铭与张英振的弟弟张英健比试。张英健遵从兄长命令，只用了左手还击，并且出手很轻，就把温敬铭打蒙了。当温敬铭又气愤又委屈地看着罗成立时，罗成立非但没有同情，反而哈哈大笑。温敬铭这才如梦方醒，知道老师罗成立是在用这种方法教育自己。从此，温敬铭记住了这次教训，习练时更加刻苦，也牢记了中央国术馆德育中惩儆贪、嫉、骄、惰之中的"骄"字。② 因此，实践锻炼有助于使该馆学生感受到武德教育是必要的、有价值的，进而启发学生在实践锻炼中提高道德水平。

第 4 节 中央国术馆武德教育的特征

20 世纪 20~30 年代，随着近代西方德育教育理论在中国的生根，以及中国传统道德及其教育的复苏，中西方德育在当时交相辉映。中央国术馆的武德教育在这一文化背景下，既有西方进步主义德育，亦有对中华传统武德的弘扬。中央国术馆正是通过中西交融的武德教育来培养新一代的武术家。在中央国术馆中，以张之江为代表的德

---

① 编者. 纪录：中央国术馆纪念周：馆长报告 [J]. 中央国术旬刊，1929（2）：15-20.
② 刘素娥. 奥运情缘：一代武宗温敬铭的奥运传奇 [M]. 石家庄：河北教育出版社，2008：53-54..

育教育主导者在武术普及化的语境下，给全馆学生带来了社会秩序与个体心性发展的全新武德教育内容，以适应国民政府时期社会新气象的"现代性"精神气质。当然，在近代中国面临深重民族危机的背景之下，中央国术馆武德教育目标与内容在继承和批判中国武术传统教化思想的基础上，用传统话语对"现代性"的道德要旨进行了武术化的阐释，认为对武术人群体的德育是建立良好社会风气的工具，是强种救国的基础，其在一定程度上亦夸大了德育的功能，具有一定的时代局限性。

1　强种救国成为核心理念

德育为一定教育目的所决定，反映一定社会的政治、经济要求，并为其服务[①]。正如《中央国术馆成立大会宣言》中所述："我们国术界的同志们，要认清我们今后所肩负的使命，是本着三民主义来努力救国的。所以应当有精益求精的锻炼，自强不息的奋勉，并且要破除门宗派别的界限。"[②] 在中央国术馆"强种救国"武术教育目的下，以及"三民主义"道德重建的政治背景中，该馆除了向学生灌输武术的"强种"价值外，还把武术所必备的"现代性"道德素质当作学生身心发展的基础，而这种道德则必须以"三民主义"为"救国"的精神信仰。特别是在九一八事变后，在民族危机日益加深的背景下，中央国术馆的武德教育随之而变化，更加注重"强种救国"的为国奉献精神。如史料所述："余尝谓中国受病之原，阙有三端，其一曰惰佚……其二曰衰弱……其三曰自私……惟国术能增民力，民力增，则不患衰弱矣；惟国术能振民气，民气振，则无复惰佚矣；亦惟练国术，能养成扫除宗派门户之习惯，一以'御辱雪耻''同仇敌忾''强种救国''自卫生存'之目的为依归……"[③] 中央国术馆将"强种救国"作为武德教育的核心理念，是向学生灌输"强种救国"的政治信仰、现代性道德素质、民族危机意识的武德教育结合体。

2　六位一体构建德育内容

在"强种救国"的教育目的下，如何培养既符合国民政府价值观又贴合武术发

---

① 顾明远．教育大辞典：增订合编本[M]．上海：上海教育出版社，1998：252．
② 中央国术馆．张之江先生国术言论集[M]．南京：中央国术馆，1931：20．
③ 张之江．国术与国难[M]．南京：中央国术馆，1932：6-7．

展所需的"新武术人"？中央国术馆在其"六位一体"的德育内容中作出了具体呈现。如前所述，中央国术馆从政治素养、技术素养、品德素养、生活素养、社会素养、个性素养六个方面明确了武德教育开展的目标与内容。该馆将"遵守党义国法"的政治信仰置于首位，反映出其力求通过武德教育解决政治认同的问题，为国民政府巩固统治基础而培养其所需要的武术人才。在统一思想的基础上，中央国术馆继而从其余五个方面进行了道德约束。技术素养之中的"化除宗派畛域"已不仅仅是一种技击术的内在约束机制，而是大力倡导团结意识，因为只有摒弃武术一直以来有门户之见的陋习，树立化除门派汲取各家之长的武德品质，方能践行"强种救国"的武术行为正当性。品德素养之中的"崇尚俭苦忠勤"已不仅仅是弘扬中华传统美德，而是处于民族危机之中不得不面对的物质和精神层面的现实要求。生活素养之中的"戒绝酒色烟赌"已不仅仅是"强种"的前提，而是在社会变革之中积极抵御生活上的腐化。社会素养之中的"养成博爱和平"已不仅仅局限于"仁爱"的思想内涵，而是"现代性"启蒙思想的必然要求。个性素养之中的"惩儆贪嫉骄惰"已不仅仅是约束个人恶习，而是抵制恶习、努力习练武术的个性发展要求。中央国术馆正是基于六位一体的德育内容，力求贯彻其"强种救国"的教育目的，希冀培养出"术德并重"的武术新人。

3 张之江为德育的领导者

张之江是中央国术馆武德教育的领导者。他非常重视武德教育，云："练习国术的大目标就是强种强国，其次就是提高国术同志的人格。智勇强健了以后，假使没有德育工作作基础，那么本领愈好，深恐为害愈大，学识愈高，为患作恶愈甚。"[①]作为中央国术馆的领导者，张之江丰富的军政阅历、卓越的演讲才华以及基督教的宗教信仰有助于其多视角、全方位地对全馆师生进行道德宣教。首先，张之江丰富的军政阅历使得他在宣教"遵守党义国法"的政治信仰时更有威信。北伐战争结束后，中国完成了形式上的统一，张之江因爱国之心得到了国民政府的信任，被任命为国民政府委员。他在向学生进行政治信仰的宣教时，常结合自己的所见所闻进行演讲，运用生动的事例帮助学生坚定理想信念。其次，张之江卓越的演讲才华使其宣教时

---

① 中央国术馆. 张之江先生国术言论集 [M]. 南京：中央国术馆，1931：73-74.

更具感染力。再次，张之江信仰基督教，基督教所宣扬的善恶观，尤其在中央国术馆德育内容中的生活作风、社会适应、个性素质方面有所体现。万乐刚口述佐证："我的外祖父是一个非常伟大的人，他为中国革命做出了不小贡献，包括弘扬道德。他作为一个基督徒对'礼义廉耻'是非常重视的，他绝对没有道德上的瑕疵。中央国术馆重视德育和张之江的大力提倡是密不可分的。"张之江作为中央国术馆的领导者，自身所拥有的高级道德水准使其成功树立了权威形象，进而使得张氏成为该馆集体演讲和重大活动时的常客，中央国术馆的纪念周、竞武场落成典礼、每年的年考等都留下了大量张之江对学生进行武德教育施教的言论。

4 多元化的武德教育实施

中央国术馆的武德教育在实施途径上有直接道德教育和间接道德教育两类，在方法上有说服教育、榜样示范和实践锻炼三种。这一多元并举的德育实施不仅有助于中央国术馆有计划、有组织地开展德育工作，同时亦有助于引导受教育者内部思想矛盾的转化，并充分调动受教者的积极性和主动性，引导其自我教育，而不是流于形式的德育。这在中央国术馆直接道德教育的课程设置上尤为显著：除了国民政府规定的意识形态课程，该馆将纪念周和训话课程化，每周规定固定课时来培养学生的品德。此外，该馆亦设置了音乐课程以陶冶学生情操，催发学生积极向上。因为，从德育的动力机制来看，德育过程是促进学生思想矛盾内部转化的过程，是促进学生知、情、意、行等因素统一发展的过程。德育过程既是社会道德内化为个体思想品德的过程，又是个体思想品德外化为社会道德行为的过程。中央国术馆多元并举的德育实施在一定程度上符合德育的过程规律。中央国术馆多元并举的武德教育实施与同时期的武术教育组织相比独一无二，这是因为该馆清醒地认识到武术作为一种技击术尤其需要注重武德教育，同时也反映了该馆的办学特征是"术德并重"。

第5节 个案研究
——以中央国术馆武德教育活动"纪念周"为例

"纪念周"在中央国术馆武德教育中最具代表性。首先,"纪念周"从中央国术馆建馆招生伊始,直至全面抗战爆发前都是该馆德育实施的重要途径而不曾间断。其次,在"纪念周"中中央国术馆向学生灌输"六位一体"的全部德育内容,综合使用多种德育方法。"纪念周"具有重要的研究价值。以"纪念周"为个案可以全面和深入地研究中央国术馆德育活动的实施与开展。最后,研究"纪念周"亦有助于深入剖析中央国术馆是如何有目的、有计划地培养"术德并重"的武术人才的。

1 中央国术馆"纪念周"的由来及其发展

孙中山逝世后国民党将孙中山符号化,在全国范围内开展了崇拜运动。"总理纪念周"正是这种崇拜运动的代表形式之一。1926年1月,国民党第二次全国代表大会通过决议,将"总理纪念周"设置成为一种官方制度,规定:"凡本党海内外各级党部及国民政府所属各机关、各军队,均应于每星期举行纪念周一次;但有特别情形,经该地上级党部许可,得改为两星期一次。"[①]国民政府成立后,要求全国各级学校都要按时举行总理纪念周。在国民政府以"总理纪念周"为手段推行党化教育的背景下,以及由于其隶属于国民政府的组织性质,中央国术馆开展了"纪念周"活动。1928年在中央国术馆的第一次"纪念周"活动上,张之江对全馆学生强调了"纪念周"活动的意义,指出"我们要本总理革命的精神,去练习国术,去努力奋斗,要能够精神贯澈(彻),始终如一"[②]。显而易见,中央国术馆的"纪念周"是以纪念孙中山为主题推行武德教育的重要活动。此后,"纪念周"成为中央国术馆每周一次的集体活动,每次由该馆不同领导、政府官员和学者发表演讲,以向全体学生进行意识形态的灌输;并且采用全员静默的形式,让学生默念总理遗嘱,反思学习武术的动机和自身品德上的不足。1933年,"纪念周"被升格为中央国术馆师范班每周一次的必修课程。相比于早期的重视意识形态灌输,这一阶段的"纪念周"德育活动更倾向

---

① 荣孟源. 中国国民党历次代表大会及中央全会资料:上册[M]. 北京:光明日报出版社,1985:157.
② 编者. 讲演:本馆馆长第一次讲演:纪念周静默意义[J]. 中央国术馆汇刊,1928(1):40.

于对学生进行该馆"六位一体"德育目标与内容的传教。此外,在"一馆一校"时期,"纪念周"虽然是中央国术馆的必修课程,但是体育专科学校并未设置此课,这也从侧面反映了中央国术馆相较于体育专科学校更重视直接形式的武德教育。

2 中央国术馆"纪念周"的武德教育实施

2.1 遵守党义国法要求学生坚定政治信仰

由于中央国术馆"纪念周"起初为纪念孙中山和贯彻国民政府党化教育而生,因此,该馆的"纪念周"德育活动特别注重对学生政治素质的培养,而这一素质的核心内容就是"遵守党义国法"。1928年中央国术馆的第一次"纪念周",张之江即以"遵守党义国法"为主题对全馆学生进行了演讲,鼓吹"三民主义"和强调遵守国民政府法律的重要性,云:"三民主义,真是美善兼备的,真是大中至当的,我们国术界的同志,为的是强种强国,为的是救国救民,是不是应当遵守主义呢,至于国法二字,就是国家所制定的法律,使国人公共遵守的……"①1929年的一次"纪念周",张之江再次强调:"国民革命,以三民主义救民众、救国家,并且还要救世界;这才是主义。至于本馆的同志们都是在三民主义指导下而努力;为的是要强身强种,自卫卫国。这个革命的工作,何等重大呢?……希望同志们,了解主义,统一意志,勠力同心,本总理革命的精神,自强不息;强身强种,普及全民,造成大无畏、大奋斗的民族,以求中国之自由平等,这就是我们的主义。"②可见,作为中央国术馆的馆长,张之江亲力亲为地向学生传达了"遵守党义国法"的重要性。张之江的演讲词将"三民主义"置于至高无上的地位,反映了其作为国民政府委员自身所具有的过硬政治素质。但是,张之江的演讲却显得空洞,将"三民主义"置于"救世界"的地位显然是一种夸大其词。在遵守法律的宣教中,张之江虽然向学生传递了遵守法律的重要意义,但是他将法律与制度混为一谈,未能向学生表明应该遵守何种具体的法律。其又云:"就国家而言必有纲纪、法律才成国家,就机关或团体而言必有章程、规则才成机关、才成团体。但是守纪律这句话的范围似乎太大,今归纳起来,不外安分守己、循规蹈矩,对个人则努力遵守一切规则,努力尽自己的责任。"显然,张之江所宣教的遵守法律其实是一种法条主义,过于强调规范的重要性,却忽视了价值和事实等要素的重要性。

---

① 编者. 讲演:第五次讲演:遵守党义国法 [J]. 中央国术馆汇刊, 1928 (1): 44-47.
② 编者. 纪录:中央国术馆纪念周:馆长张子姜先生报告 [J]. 中央国术旬刊, 1929 (4): 19-22.

除了馆长的宣教，中央国术馆纪念周活动亦有其他领导者的宣教，并邀请了当时的军政要员来馆演讲，以进一步提高学生的政治素质。例如，1929 年，中央国术馆总务处处长张树声进行了一次"纪念周"演讲，鼓励学生提高政治素质、坚定政治信仰，云："吾人均在党治之下，对于党纲、党义及理论，种种书籍，均应切实研究，方能认识，方能信仰，所谓知之深者，然后信之切……"①1933 年，中央国术馆又邀请了南京市市长石瑛进行"纪念周"演讲。九一八事变后民族危机日益严峻，在民族主义的背景下，石瑛号召学生抵制日货，云："我们现在的政策，不是保守的政策，更不但是要收复失地而已，并且要向日本进攻，不买日货，是制日本经济的死命，要努力、要奋斗，要向日本人进攻，这才是我们唯一的出路、唯一的生存希望！"②从中央国术馆"纪念周"政治宣教的言论中可以发现，该馆是落实国民政府党化教育的先锋。中央国术馆"纪念周"的政治宣教，旨在要求学生坚定政治信仰，其实质是为了向学生灌输"遵守党义国法"的重要性，以培养出符合国民政府价值观的武术人才。

2.2 化除宗派畛域培养学生武德品质

"纪念周"活动的另一个主题即希冀通过"化除宗派畛域"的宣教培养学生武德品质，以实现其普及国术的目标。张之江并非武术科班出身，但他认识到近古以降的中国武术存在着显著的门户之见的弊端，而这一弊端显然违背了中央国术馆武术普及化的目标和强种救国的目的。在张之江看来，中央国术馆的武术教育是培养适应新社会的武术人，更是为国民政府育人，因此，只有"化除宗派畛域"、增进馆内人士的团结方可传承与发展中国武术，以对接国之大事。1929 年的一次"纪念周"活动中，张之江云："希望国术家，鉴于已（以）往之覆辙，共谋今后之改革；无论少林、武当、内家、外家，均应推诚相与，肝胆相照。释已（以）往之猜嫌，造将来之幸福。一秉侠义之素性，而为大联合、大恳亲，互相敬爱，交换智识，优于我者，虚其心、爱之、敬之，逊于我者，静其气，扶之、掖之，消除阋墙之患，共策御外之方。区区愚诚，可质天日，维冀鉴纳，心所愿也。"③1933 年的一次"纪念周"活动中，张之江再次强调："国术同志，要有远大的思想，和光明磊落的风度：第一要化除门户之见，什么武当少林、内家外家的隔阂，一齐划去，融合贯通，销（消）除畛域，亲爱精诚，都如家人父子，把以前的保守秘密、

---

① 编者.纪录：中央国术馆纪念周：张顾问树声报告 [J].中央国术旬刊，1929（5）：16.
② 陈敦正.石市长瑛讲演词：一月十六日于本馆扩大纪念周 [J].国术周刊（南京），1933，91：3-5.
③ 张之江.论文：国术家融化门派为今日之第一要著 [J].中央国术旬刊，1929（8）：1-3.

奇货可居的恶习观念，彻底的连根拔去。"①可见，张之江着实认识到了门户之见是当时发展武术事业的阻碍。因此，张之江向学生所灌输的"化除宗派畛域"是一种符合武术发展时宜的德育宣教，希冀破除学生门户之见的不良认知，帮助学生树立热爱武术事业的远大理想，以及养成光明磊落、互敬互爱的武德品质。

至 1934 年，为了进一步向学生灌输"化除宗派畛域"的必要性，中央国术馆在"纪念周"活动中邀请了体育家程登科前来演讲。程登科以其在德留学经历，从国际化视野进行了宣教："外国人对我们的国术虽表相当的信仰，然对我国术家的各自为是、互相攻击则大不赞成，可知国术家的门户之见不但有碍国术之进行，实为失却外人信仰的主要原因。""因为各自保守秘密，不愿公开，讨论的结果不但不能发明新的原理原则，而使国术发扬光大起来，即固有的国粹亦渐渐消沉下去，故现在要谈国术的统一，首先在化除门户的见解。"②事实上，中华武术文化精华与糟粕并存，门户之见即为其中的糟粕部分，这在中央国术馆时期尤为显著，甚至在该馆创办初期产生了少林门、武当门之争。为此，中央国术馆通过"撤门户设教务"的制度变革以改变这种积习。当然，制度架构并非一劳永逸。中央国术馆在"纪念周"活动中不断向学生灌输"化除宗派畛域"的重要意义，这对武术发展来说无疑是值得肯定的，它引导武术向着规范化、科学化和普及化的方向发展。同时，"化除宗派畛域"要求学生具备全新的武德品质，即团结友爱、光明磊落、互敬互爱，明确了习武不是为了私自斗狠、互争高低，而是只有内部团结，方能对接"国之大事"，成为新的武术人。

2.3 崇尚俭苦忠勤提高学生品德修养

中央国术馆"纪念周"武德教育实施的第一条和第二条是要求学生坚定政治信仰和树立远大理想，从第三条开始则注重学生主体层面的品德培养。"崇尚俭苦忠勤"是中央国术馆希冀通过"纪念周"提高学生品德修养的首要内容。中央国术馆结合武术习练要求提出的这一德育内容，是在国弱民穷的时代背景下和基于中华民族传统美德所提出的。"崇尚俭苦"是中华民族的传统美德，但是国弱民穷的时代背景使得中央国术馆在物质条件短缺的情况下不得不提出这一要求；而"崇尚忠勤"则明确了习武的最高道德准则是为国效忠，只有勤学苦练方能"强种救国"。当然，"崇尚俭苦忠勤"也是武术习练对品德修养的必然要求。1929 年的一次"纪念周"活动，

---

① 张之江. 国术同志应有的思想和风度及其目标 [J]. 国术周刊（南京），1933，91：1–2.
② 程登科，苏锡祺. 统一国术之意见：在中央国体专校纪念周讲演 [J]. 国术周刊（南京），1934，133：1–2.

张之江对学生强调："以后锻炼，当立定志愿，下决心，不在一时之兴高采烈，而在永久之恒毅无间。只要一息尚存，就一直锻炼下去。以个人而言，无论环境如何，饥、饱、寒、暖、得意、失意，都不能间断我的工（功）夫，阻碍我的进步。"①在这里，张之江对学生明确了习练武术应该具备"苦"与"勤"的品德修养，指出习练武术之"勤"在于"永久之恒毅无间"，"苦"在于无论环境多么恶劣都应坚持习练武术。同年，张之江在"纪念周"活动中强调了"忠"的意义在于坚持初心，指出"任作何种事业，志愿若不坚定，势必没有成绩可言，我们练国术，也是这样，大家起初然来馆时候，志愿固然很好，希望以后，更要下决心，把志愿立定，贯彻到底，万不可稍受一点感触、一点刺激，便欲改弦更张，别寻出路，假使这样，那真是违背了初衷，半途而废，岂不可惜么"②。张之江的这一语言上的激励旨在要求学生忠于武术、忠于中央国术馆，这对中央国术馆发展武术事业而言是必要的。1934年，张之江在"纪念周"中再次要求学生对待武术要有勤学苦练的精神："诸生想想，我们的责任何等重大，还能醉生梦死么？"③从张之江"纪念周"的言论中可以发现，中央国术馆"崇尚俭苦忠勤"是在国弱民穷的时代背景下号召学生发扬自强不息、艰苦奋斗精神的德育举措，其教育意义值得肯定。

2.4 戒绝酒色烟赌要求学生树立优良生活作风

中央国术馆武德教育内容的第四条为"戒绝酒色烟赌"，以要求学生树立优良生活作风。由于中央国术馆培养的学生多面向政府机关和各级国术分馆，尤其是1933年后中央国术馆主要面向学校培养武术师资，为此，中央国术馆敢于和不良生活作风作斗争，通过"纪念周"的宣教剀切要求学生注重师表层面的塑造，从而为培养优良师德师风奠定了基础。1929年的一次"纪念周"活动中，张之江对一些学生的不佳精神面貌提出了批评："我看见同志们有几个面色不好，目欠神光，这是表明没有讲究卫生。精神上的卫生就是心术要光明，不要胡思乱想才能节欲，才能保精养气。保精一层尤为重要，假使精不能保，神气即随着耗散，人要没有精气神，百事都不能作，还能够强种救国吗？"④张之江认为，良好的精神面貌尤其是练习武术所要求的精气神应该是武术

---

① 编者.纪录：中央国术馆纪念周：馆长报告[J].中央国术旬刊，1929（2）：15-20.
② 吕光华.纪录：中央国术馆纪念周：张馆长子姜先生报告[J].中央国术旬刊，1929（9）：15-17.
③ 胥以谦.国术家要术学并重：十月十五日馆长在总理纪念周训话[J].国术周刊（南京），1934，128：1-2.
④ 吕光华.纪录：中央国术馆纪念周：张馆长之江报告馆务[J].中央国术旬刊，1929（7）：14-16.

人的必备作风，需要凝心聚力、专心致志地练习武术才能达成。此外，张之江利用兼职国民政府禁烟会员主席的身份，向中央国术馆学生传达了禁烟令。在1930年的一次"纪念周"活动中，张之江指出："禁烟是拒毒，国术是强种，同是救国的工作，不过禁烟属于消极方面的，国术属于积极方面的。一面提倡国术、一面严厉禁烟，两桩事就是一桩，是要合起来作的。"① 对于不良的生活作风，张之江在同年再次对学生进行了提醒："凡属做事，怠惰、玩忽、推诿、萎靡不振、不求进步，这就是腐化的病原。奢侈、淫乱，这就是恶化的导火线，我们必要痛除，这是防止方法，若等到腐化恶化养成了才去达到,试问有什么益处呢？所以必要防祸于未然那才对了。"② 张氏的宣教无疑具有警示意义，一针见血地向学生表明了哪些是不正之风，以要求学生防患于未然。当然，中央国术馆提出的"戒绝酒色烟赌"源自该馆"强种"的信念，"酒色烟赌"的首要危害在该馆看来是"强种"的重大障碍，不利于学生的身心健康。1930年张之江在"纪念周"中再次宣教："我们提倡国术抱着雪耻救国的志愿，希望大家要先把我们所定的拳脚器械努力锻炼。同时，也要把我们所禁的酒色烟赌严格的谢绝，做到修练并重样子才好。那末，我们以身作则起来使全国民众均国术化，人人可以自卫，人人可以强壮起来，我们的中国也就得救了，还有耻辱的事吗？"③ 除张之江外，中央国术馆总务处处长张瑞堂进一步以制度形式对学生的生活作风进行约束，如1934年的一次"纪念周"中所发布的规定："除星期日外不得任意外出；回馆以下午六时为止至迟不得超过八时；学生外出时须保守本馆风纪；茶楼酒肆学生一概不准前往；外出时须衣履整齐，制服不端者不得离馆。"④

至1934年在国民政府倡导新生活运动的背景下，中央国术馆对学生的生活作风提出了全新的要求。在一次"纪念周"中，张之江提出了五点要求：一是起居饮食要有限制，不能损害健康；二是被服要整洁，本馆学生须养成自治精神，因为都是将来的师表；三是保持室内空气流通，保持地面干净，水非沸而不喝；四是保持公共空间清洁整齐；五是修练并重，关于保持身体、涵养德性，这是属于修的事，练习国术尤其是师范生要不忘下刻苦的功夫，要准备到社会上去教人⑤。张之江细致入微地对学生提出的生活

---

① 吕光华.纪录：中央国术馆总理纪念周：张馆长子姜先生报告[J].中央国术旬刊，1930（12）：15-17.
② 吕光华.纪录：中央国术馆总理纪念周：张馆长子姜先生报告[J].中央国术旬刊，1930（13）：8-10.
③ 吕光华.消息：本馆纪念周：张馆长子姜先生政治报告[J].中央国术旬刊，1930（14）：16-17.
④ 张瑞堂，于天骥.张处长瑞堂讲演辞：十月二十日在总理纪念周[J].国术周刊（南京），1934，127：2.
⑤ 于天骥.国术家的新生活：张馆长十月二十九日纪念周讲词[J].国术周刊（南京），1934，132：1-2.

作风要求是新生活运动提倡的"纪律、品德、整洁"等内容在中央国术馆中的延续。该馆在落实新生活运动的基础上,通过"纪念周"提出新的生活作风要求,无疑进一步帮助学生树立了优良生活作风。

2.5 养成博爱和平提高学生社会适应

中央国术馆武德教育内容的第五条为"养成博爱和平",以提高学生的社会适应能力。它所倡导的是一种人际关系能力,要求学生个体融入社会,接纳社会。一次"纪念周"中张之江提出了人际关系能力的关键词在于"和气",在"和气"的基础上进行人际交往方能促进彼此间的团结,云:"国术同志要和气,以忍、让、敬、恕、亲爱精诚,彼此才能相处日久,大家才能团结。对同人进忠告,必要用诚恳的态度、心平气和有条理的陈说,方不至发生误会……用不当用的心,说不当说的话,作不当作的事,那就糟糕了!与(于)公无益,与(于)私有损,不但把你的道德和人格弄得不成话,而团体也就因你受了损失。"①

此外,中央国术馆提出了人际关系能力的第二个关键词"礼节"。军人出身的张之江非常注重军人礼节在馆内的实行,认为馆内师生应有军队官兵相遇时的基本礼节,云:"在军队官兵相遇,在学校师生相见、师生相遇,均有一定的礼节,本馆担任教导的人员务宜郑重其事的指导,同时要练习才能和平。"②中央国术馆"纪念周"从"和气"到"礼节"都要求学生具有良好人际关系的能力。这一能力不仅对学生个体提出了社会适应的要求,而且也是个体实现自己需要的来源,因为人际关系能力是个体社会适应过程中情境的重要部分。该馆"纪念周"将人际关系能力作为落实培养学生"博爱和平"的主要内容,反映了对学生心理健康的重视,有助于学生树立良好的价值观和配合中央国术馆的学生管理。

2.6 惩儆贪嫉骄惰锻造学生个性素质

中央国术馆武德教育内容的第六条为"惩儆贪嫉骄惰",以锻造学生的个性素质。"贪嫉骄惰"不仅是人性之恶,而且对于学生的学习和生活极易造成重大的负面影响。中央国术馆显然认识到了这一点,从而在武德教育实施中力求学生克服"贪嫉骄惰"。

---

① 编者.纪录:中央国术馆纪念周:馆长报告[J].中央国术旬刊,1929(2):15-20.
② 张之江.国术馆的性质:精神要军事化、学校化,事事要知行合一、文武合一(十二月十八日在本馆纪念周讲演)[J].国术周刊(南京),1934,107:1-2.

1929年的一次"纪念周"中，总务处处长张树声采用榜样示范法，对学生进行宣教，云："王子庆同志既以私人资格参加比赛，得着第一名，五千元奖金是他本人所应得的，与本馆名誉并无妨碍。然后他情愿遵照馆长素常的教训'轻利重义'，居然把这五千元放弃，当场宣布，这是何等光明、慷慨、磊落！国术家固应如是。我盼望大家都要这样光明、慷慨、磊落。我更盼望大家今后越发注意锻炼，切莫'故步自封'。在进步之中，更要求进步，这是我所盼望的。"①张树声以中央国术馆学生王子庆在浙江国术馆游艺会中获胜并捐出奖金的事迹为榜样，提出的"光明、慷慨、磊落"的正面个性素质与"故步自封"的"贪嫉骄惰"不良个性素质形成了强烈的反差，对学生的德育宣教来说具有针对性。

1930年的一次"纪念周"中，张之江以人之"贪欲"为主题，对学生进行了宣教："我想无论腐化恶化，怎样为非怎样作恶，都是一个私字没有去掉，以至欲望大，不知足，贪多务得，无所不为了……私字怎样去掉呢？约有数端，一自制、二修身、三克己、四攻心。这些事都要在人所不知的时候用功，所谓'慎独'功深，自然人欲净尽，天理昭彰，这样就是把私字去掉了，所谓大公无私。"②张之江不仅对"贪欲"的危害进行了说明，更是借鉴了《中庸》之中的"慎独"概念，反映了张氏作为中央国术馆德育主导者所具备的高水平德育手段。此外，张之江结合馆内学生的考试情况，大力倡导学生不可有"骄嫉之心"，云："考试之后绝对不可再起骄嫉之心。成绩列在甲等的不可矜夸自满，更要效法古人，以能问于不能，以多问于寡，有若无实若虚，犯而不校的风度。任何人有所质询，都要温和诚恳的来和他详明解说，虚心研究。列在乙等的，越当自加勉励，且藉此结交多少益友，不论东西南北、何宗何派，都要亲爱精诚地相交，声应气求、道义相勖，术愈精深而德育醇厚，处处表彰中华民族博爱典让的风度与纯洁公开的思想，这是我们国术家所应具备的。"③显然，张之江站在道德制高点的宣教对培养学生的个性素质来说是有重大意义的，这与他高尚的人格魅力是密不可分的。

---

① 编者.纪录：中央国术馆纪念周：张顾问树声报告观察浙江国术游艺会的经过[J].中央国术旬刊，1929（7）：16–17.
② 吕光华.纪录：中央国术馆总理纪念周：张馆长子姜先生报告[J].中央国术旬刊，1930（13）：8–10.
③ 张之江.国术同志应有的思想和风度及其目标[J].国术周刊（南京），1933，91：1–2.

3 中央国术馆"纪念周"武德教育的本质

"纪念周"是一个营造出纪念空间的场域。社会学家布迪厄提出了所谓"场域"的概念:"在各种位置之间存在的客观关系的一个网络,或者一个构型。"① 中央国术馆不遗余力地贯彻落实国民党的孙中山崇拜仪式,并将其渗透于日常教学中,这是政治意识形态渗入武术教育的最好方式,借此可以将国家政治霸权的传输隐性化,让学生在日常狂欢与悲伤中,不自觉地接受国民党政治仪式的教化。通过不断反复重现的仪式活动,中央国术馆在孙中山符号中所灌输的三民主义武德教育日益彰显,并逐步内化于学生的意识之中,进而成为学生意识和信仰新的组成部分。应该指出,张之江作为"纪念周"仪式的主讲人,其出色的演讲能力和个人威望给中央国术馆"纪念周"的武德教育增色不少。正如该馆学生所述:"馆长讲话所提出的几个重要题目,当其讲话的那种神采,无处不是表现德风卓卓,教会谆谆,尤其是满腔热望于诸学子,要脚踏正规,以期造就蒸蒸日上,在学生方面于无形中增加了不少智识学问。这种苦口婆心谁不崇敬!"②

然而,中央国术馆"纪念周"武德教育实际上就是权力的实践。国家透过政治仪式的运作向武术界推销官方话语,而中央国术馆对此心领神会,构建了符合国民党价值观念的武德教育目标与内容,进而希冀造就一代新国民、新武人。中央国术馆通过孙中山符号的象征性,不断讲述与强化所构建的"六位一体"德育体系,以简化的直线式叙事方式,塑造出一种成为"圣人"的蓝图。这既是张之江个人被威权化的过程,同时也是教育权力被神圣化的过程。

第6节 中央国术馆武德教育的历史意义

通过对中央国术馆德育目标与内容、途径、方法、特征的史料整理与分析,以及以德育活动"纪念周"为个案的深入剖析,可以发现中央国术馆在"强种救国"的教育目的下,不仅明确了武术技术习练目标,在武德教育上,还以"六位一体"为其目标,

---

① 布迪厄,华康德.实践与反思:反思社会学导论[M].李猛,李康,译.北京:中央编译出版社,1998:134.
② 蒲芳节.关于总理纪念周馆长讲话的检讨[J].国术周刊(南京),1933,94:3.

逐渐要求学生由感知到内省、由身体到品行提升武德水平，成为武术新人。尤其是在"庚子事变"之后，武术的社会地位沦落为"江湖末技"的背景下，中央国术馆顺应国民党党化教育政策，基于对武术专业教育的重视，从"术德并重"的教育理念出发，在武德教育层面展开了武术人才培养，其德育施教的历史意义体现在以下三个方面。

1 传承与发展了武术道德价值

一直以来，武德仅与弘扬习武者个体层面的正向价值观有关，至中央国术馆时期，武术的道德价值与"国之大事"形成契合。武德已不仅仅是技击层面的个体内在约束机制，而且在"强种救国"宏大叙事背景下被赋予了新的内涵。首先，依附于国民政府的中央国术馆将"遵守党义国法"置于德育内容的首要位置，回答了武术教育为谁培养人的德育根本问题。中央国术馆将自古以来武术的"官方—民间"二元结构上升到官方一元结构。武术成为国术虽在名称上值得商榷，但却得到了当时官僚阶层的认同。官方层面的强势扶持使得中央国术馆非常鲜明地提出了为国民政府育武术人才的德育宗旨，"遵守党义国法"成为"强种救国"的政治前提。基于此，中央国术馆结合国弱民穷的社会背景，从"国之大事"的视角不仅对武术自有的道德体系进行了选择性传承，同时还提出了为国民政府培养新人的全新道德观。武术的暴力约束机制发展为团结内部一致对外的"化除宗派畛域"，这一全新武德素质的提出力求将武术传统"门户之见"的封闭性传承糟粕丢弃，规定了武术人行为的正当性。武术品德修养层面的"崇尚俭苦忠勤"的精华部分得到肯定，规定了武术人练以成人的坚韧性。学生生活作风层面"戒绝酒色烟赌"的明确提出，规定了武术人身正为范的模范性。学生社会适应层面"养成博爱和平"的人生观，规定了武术人融入现代社会的正义性。学生个性素质层面"惩儆贪嫉骄惰"的价值观，规定了武术人追求至善的人格性。中央国术馆"六位一体"的道德价值体系对武术传统的扬弃，使得该馆的武德教育实施不仅在某种程度上成为一种"成人"蓝图，亦促进了武术教育的现代化转型，成为民国时代"以武育人"的最强音。

2 术德并重的近代探索与实践

民国时期，与中央国术馆相比具有一定影响力的武术组织为精武体育会和北京体育研究社,后二者与中央国术馆虽不构成三足鼎立之势,但是在近代武术史上同中央国术馆一样具有不可磨灭的历史地位。在以德育人层面,精武体育会促进了武术娱乐、审美等功能的发挥,对于完善国民人格、提高民众综合素质起到了较大作用①。北京体育研究社成立于1912年,远早于中央国术馆,在某种程度上可以说是中央国术馆武术教育的前辈。1929年,北京体育研究社在仿照中央国术馆机构设置的基础上建立了北平市国术馆。北京体育研究社的宗旨为"提倡尚武精神,养成健全国民,并专事研究中国旧有武术使成西体",并强调"不含宗教及政党性质"②。可见,中央国术馆、精武体育会、北京体育研究社三者在以武育人层面都强调了德育的重要意义。中央国术馆与其他二者相比,将武德教育作为武术教育的重要组成部分,规定了德育内容、确定了德育途径、探索了德育方法,尤其是将武德教育设置为课程,这便形成了鲜明的"以武育人"的德育特征。中央国术馆重视武德教育不仅是为了贯彻"术德并重"的教育理念,更是想通过对武术的不断修习,有目的、有计划地让学生由感知到内省、由身体到品行提升武德水平,希冀促进学生内在人格的养成和人生境界的提升。中央国术馆将武术由"江湖末技"上升到"强种救国",在"以武育人"的探索与实践中规定了武术行为的正当性。

3 泛政治化德育的信徒与落寞

中央国术馆的发起人中共有45位国民政府政要,涵盖了国民政府党政军学的核心成员,如此高起点的武术发展模式为中国近代武术史所仅见。正是这种强势依附于政治的特征,给中央国术馆武术教育的开展带来了正统性和权威性,同时也使得该馆在武术教育方面成为国民政府推行党化教育的忠实信徒。在同一时期,国民政府党化教育政策的施行引起了各界的批判与质疑,甚至不但不能消弭学潮,反而使得学潮愈演愈烈③。但是,在中央国术馆从未发生类似事件,这无疑与该馆将"遵守党义国法"置于武德教育的首要位置,以及采取多元并重的德育手段密切相关。从德育的性质来看,其虽然受政治因素的制约,回答了为谁培养人的根本问题,但同时德育也具有相对独

---

① 易剑东. 精武体育会和中央国术馆的比较研究:民国武术的组织社会学探索[J]. 体育文史,1995(6):21.
② 刘帅兵,赵光圣. 北京体育研究社对民国时期武术教育的历史贡献[J]. 南京体育学院学报(社会科学版),2017(4):30.
③ 张宪文,张玉法. 中华民国专题史:第十卷 教育的变革与发展[M]. 南京:南京大学出版社,2015:153.

立性，一味强调德育政治功能的超越，容易造成"假、大、空"，其他德育目标不能真正落实[①]。中央国术馆德育目标与内容以体现国家意志为主，亦造成了缺乏对学生个体需求的关注。这便与当前国家把"坚持以人为本、推进素质教育"作为德育的战略主体形成强烈反差。中央国术馆武德教育的泛政治化路线随着国民政府的命运而沉浮，终究在国民党腐败统治下分崩离析。从作为国民政府推行党化教育忠实信徒的道义层面上来看，中央国术馆武德教育的泛政治化特征实属情理之中，却也直接导致其与最终垮台的国民政府一起湮没在历史尘埃之中。

---

① 柳海民.教育学原理[M].北京：高等教育出版社，2011：249.

第 6 章　中央国术馆武术教育的总体评价

正如邱丕相教授所言,"中央国术馆的成立为武术的教育化、体育化、科学化迈出了重要的一步"[①]。民国以降,西方体育已在我国近代体育教育中占据主导地位,武术则在各种思潮的冲击下走上了教育现代化的转型道路。从1915年武术进入学校肇始,1916年南京高师增设体育科,开设武术课。1917年北京高师创设体育课,在课程内容上将武术列为术科之首。北京体育讲习所附设武术讲习所,培养武术师资。学校武术活动的纷纷开展,标志着现代武术教育的序幕已经拉开[②]。南京国民政府成立后,在政治力量的强势扶持下,中央国术馆将"教授中国武术"作为其基本职能之一,通过武术专业教育和武术普及教育双管齐下的形式推行武术教育,不仅造就了一批杰出的武术人才,亦在一定程度上促进了武术于近代中国的普及,同时还推动了武术学科的发展。杰出的教育组织推动教育前进的作用,同它们的办学特色是分不开的。因此,对中央国术馆的研究不仅要全面真实地描述其功绩,还要深入揭示其办学特质与中国近代武术的关系,以解答教育组织历史背后的精神世界和人文动机。这不仅有助于提高近代体育史研究向着多视角、更深入领域拓展的理论意义,而且对于继续推进中国武术教育的发展亦具有现实的教化意义。基于此,本章拟依据进步史观、唯物史观和大历史观,从功绩和局限两个方面对中央国术馆的武术教育进行总体评价,进而探讨其在现实中的启示。

第 1 节　中央国术馆武术教育的贡献

1948年3月,在国民政府行将垮台之际,中央国术馆在南京举行了"中央国术馆

---

① 邱丕相,王震.中国武术的回眸与展望[J].体育学研究,2018(3):55-56.
② 李龙.历史学视野下的中国武术教育[D].上海:上海体育学院,2008:54.

二十周年纪念大会"，对自身的武术历史贡献进行了总结，且尤为关注于武术教育上的贡献。如史料所载："本馆自国民政府奠都南京，党国诸先进于十七年发起组织成立以来，迄已二十年，一以提倡国术，发扬民族体育，普及健勇教育为职志，总计工作有：1. 设立省市县国术馆，促进普及国术教育，奠定精神动员与建国建军基础。2. 附设教授班与训练班，培养国术师资，改善国术教学。3. 举行全国国术考试，倡导尚武尚勇精神，以期家喻户晓，养成风气。4. 创立国术体育师范专科学校，沟通中西学术。"[①] 当中国由封建社会步入前现代社会，张之江及其中央国术馆的"创业者"们利用全面抗战前相对稳定政局环境背景下的历史机遇，对中国武术教育展开了现代化转型的探索。纵观张之江等人在中央国术馆武术教育活动中所产生的思想轨迹、实践探索、办学特征与历史意义，这辈中国现代武术教育"创业者"们无论是对国家、社会、民族，还是对武术本身的发展，都做出了不可磨灭的历史贡献。

1 初步形成了中国现代武术专业教育体系

国民政府时期是中国武术教育转型的特殊阶段。中国武术在民国初年进入近代学校，从封建社会官学中所几乎没有的教育内容，发展成为有代表性的民族体育项目。国民政府成立后，武术的社会地位进一步提升，逐渐成为这一时期学校教育、军队训练、国术分馆、党政机关中的重要教育内容之一。中央国术馆在落实其"教授中国武术"的基本职能时，改变了武术自古以来口传心授、师徒传承的封闭性教育模式，大力推动了武术教育的现代化转型，这在中国武术教育史上具有里程碑式的意义。中央国术馆的武术教育在一定程度上改变了中国武术教育的传承方式，使得在经历"庚子事变""武举制废除"等事件后沦为"江湖末技"的中国武术突破了时空界限，转而成为现代教育体系中的重要一员。并且国民政府弘扬"尚武精神"的价值诉求、巩固统治的政治诉求和秩序重建的文化诉求，给予了中央国术馆推行武术教育极高的发展起点。正是基于此，在全面抗战前中央国术馆得以大刀阔斧地开展武术教育，并由此初步形成了中国武术专业教育体系。

中央国术馆初步构建的武术专业教育体系主要表现在以下四个方面：

---

① 中央国术馆二十周年纪念筹备会.关于定期举行中央国术馆二十周年纪念筹备会成立纪念日请南京市政府教育局派员指导的函：1948[A]. 南京：南京市档案馆（全宗号：1003，案卷号：10030071190（00）0039）.

第一，武术专业教育的制度架构。中央国术馆武术专业教育的制度架构在"文武兼修、术德并重"的教育指导思想下，形成了由教务处统筹管理教学工作的机构设置。教务处的设立是中央国术馆武术教育制度化管理的表现，同时，教务处所采取的一系列有利于武术教育推行的举措保障了中央国术馆武术教育的开展与质量。例如例会制度，至全面抗战前中央国术馆共开了约400次会议[①]。每次会议上由教务处发起的主题讨论着实将武术教育纳入了秩序的轨道。

第二，武术专业教育的课程建设。中央国术馆之所以初步形成了武术专业教育体系，其核心举措是将庞杂的中国武术内容进行了整理与分类。这不仅形成了该馆武术专业教育的各种术科课程，亦推进了武术由师门教育向学院教育的转型。在课程设置上，中央国术馆遵循循序渐进、体用兼备、中西交融的课程设置原则。首先，较为完整地继承了中国武术的练习内容，所不同的只是将师门式的日传夜授转变为有目的、有计划的武术课程。其次，在课程设置中尤为突出武术的技击价值，将师门式的关门习练场域转变至课堂进行公开教学与习练。最后，主动将西方体育中的搏击、球类等术科以及教育学、生理学等学科纳入课程体系，促进了武术人才中西交融的发展。

第三，武术专业教育的教学变革。中央国术馆的武术教学将师门武术以口传心授为主导的慢节奏教学模式转变为适应现代教学需要的公开化、专业化、团体化教学，并且为了符合教育原理实施了武术教学组织形式优化、教学方法改良、教学评价构建等一系列举措。

第四，武术专业教育的德育构建。不同于封建社会武德核心价值观之"侠义"精神，"以武育人"是中央国术馆武术专业教育的重要组成部分。其"六位一体"的武德教育内容，所培养的不仅是具有优秀武术技术的人才，更是集优良政治素质、武德品质、个性修养等多种素质于一身的高质量现代型武术人才。

中央国术馆从以上四个方面所初步构建的武术专业教育体系为民国所仅见。时至今日，我国武术专业教育已形成了本科—硕士—博士的成熟教育体系。由专业教育观之，中央国术馆形成的高层次人才培养机制初步构建了武术专业教育体系，因此从广义上来说，中央国术馆是中国近代第一所高规格的武术学院。

---

① 根据中央国术馆馆办刊物《中央国术旬刊》《国术周刊（南京）》统计。

2 着力培养了一大批术德并重的武术人才

在波澜壮阔的近代武术史上，张之江在战前教育热的时代背景下，以教育为着力点发起成立了中央国术馆，创办了体育专科学校。他与热心武术之人共同演绎的中央国术馆和体育专科学校的历史无疑是璀璨夺目的。作为中国近代武术事业的最高管理机构，中央国术馆更注重的是在武术专业教育中培养出什么样的武术人才，这同近代史上的武术会和体育会有着本质区别。从国术馆时期广开班种的武术泛化教育，到"一馆一校"时期中西交融的精耕细作，使得武术得到了传承，同时也汲取了现代文明的滋养，其中一些符合教育规律的理念与实践更是留下了光辉的一笔。是时，中央国术馆在"知行合一"的价值追求下，以"术德并重"的教育理念推进武术专业教育，落实其"教授中国武术"的基本职能，并在课程与教学上进行了卓有成效的探索。正是基于长远眼光的武术人才培养理念，全面抗战爆发前，"一馆一校"进入了它们的黄金阶段。此时的中央国术馆积极向全国各校推介自己的学生。该馆在给重庆多所大学的推介函中写道："本馆有鉴于国术师资缺乏，连年积极男女师资之养成，藉供各校聘用，并计本年夏季毕业本馆讲习班学生，有男生 15 名、女生 6 名，皆为系本馆选取夙有国术根底者来馆深造，肄业三年，经严格考试及格，极合各大学国术师资之选。"① 而中央国术馆体育专科学校的毕业生一度也供不应求。有媒体报道："由于该校培养的学生毕业后所学范围甚广，故此项人才于国内殊不易多得，因以尚未离校即为各方聘请一空。"② 中央国术馆之所以能够培养出优秀的武术人才，同该馆的教育实践密不可分。

在技术教学上，中央国术馆通过"打练结合"武术教学模式的实施，使学生的武术技术能力有所提高。在全国各级各类比赛中，中央国术馆的学生成绩卓著，如：1930 年举办的浙江国术游艺大会上，王子庆获得冠军③；1933 年民国第五届全运会，温敬铭获得全国短兵第二名④；1934 年全国中国式摔跤比赛中，张文广获得轻量级冠军⑤；1935 年民国第六届全运会，郭景春获得全国长兵第一⑥。

---

① 中央国术馆.关于告知延聘中央国术馆毕业男女教员给省立重庆大学的训令，1936[A].重庆：重庆市档案馆（全宗号：0120，案卷号：01200001000810000001000）.
② 新闻报社.中央国体专毕业生供不应求[N].新闻报，1936-11-24（12）.
③ 编者.优胜等级及奖品表[M]//浙江国术游艺大会汇刊（1929）.香港：心一堂有限公司，1930：296.
④ 刘素娥.奥运情缘：一代武宗温敬铭的奥运传奇[M].石家庄：河北教育出版社，2008：54.
⑤ 《张文广百年纪念画册》编委会.张文广百年纪念画册[M].北京：北京体育大学出版社，2015：11.
⑥ 中央国术馆史编辑委员会.中央国术馆史[M].合肥：黄山书社，1996：212.

此外，在"六位一体"的德育教化下，中央国术馆学生品德亦有发展。例如，王子庆获得浙江国术游艺大会冠军后，将所得5000元奖金分予比赛者。他为此慷慨陈词："兄弟来浙参加比赛，目的是在提倡国术，并不是为五千元赏金而来。现在为表示本人的真实的态度起见，特将奖金分给优胜之二十六人，希望大家共同努力国术。"[①]1933年中央国术馆的学生评议中，温敬铭、张文广、王子庆三人被授予馆中"术德并重、文武兼修"最优学生称号[②]。又如，在1936年柏林奥运会开幕之际，国术选拔委员会亦根据"术德并重、文武兼修"的选拔原则选出9人参与柏林奥运会表演，其中有4人来自中央国术馆，分别是张文广、温敬铭、翟涟源和傅淑云，他们代表中国完成了武术史上的奥运首秀[③]。至全面抗战前，中央国术馆和体育专科学校为近代中国培养了近4000名武术和体育特长兼备的人才[④]，优秀桃李如温敬铭、张文广、吴文忠等等不一而足。中央国术馆教化下的武术精英人才，绝大多数充任到军队、机关、各级国术馆和学校，对中国近代武术的传承与发展产生了深远影响。全面抗战爆发后，张之江带领50多名中央国术馆学生亲赴第五战区，参加了台儿庄会战[⑤]。一批优秀的学生亦主动投入保家卫国的前线中，如吴江平、蒋浩泉、程建、李士廉等人[⑥]。他们都在践行着张之江"知行合一"的武术教育思想。也正是在"术德并重"的教化下，整个抗战期间，鲜有中央国术馆师生的负面新闻。中央国术馆以武术为"强种救国"之志，最终培养了大批活跃在海峡两岸与海外的体育人，为20世纪下半叶中华武术事业的发展奠定了基础，而这一切都离不开中央国术馆馆长张之江及其教职员工所倾注的心血。

3 努力促进了武术在近代中国的横向传播

北伐战争后国民党虽然形式上统一了中国，但是国民政府时期中国的国内外环境并不乐观。中央国术馆在成立之初提出的普及武术以"强种救国"的教育目的正是基于中国积贫积弱、日寇逼迫的时代背景。因此，除却培养武术师资充实各级单位的武

---

① 编者.王子庆君演词[M]//浙江国术游艺大会汇刊（1929）.香港.心一堂有限公司，1930：20.
② 刘素娥.奥运情缘：一代武宗温敬铭的奥运传奇[M].石家庄：河北教育出版社，2008：57.
③ 中央日报社.国术代表已选定[N].中央日报，1936-05-14（8）.
④ 万乐刚.张之江将军传[M].北京：团结出版社，2015：189.
⑤ 资料来源于中央电视台纪录片《藏着的武林》第五集《道·天地人心》中宋茂田口述内容。
⑥ 中央国术馆史编辑委员会.中央国术馆史[M].合肥：黄山书社，1996：321-338.

术专业教育外，中央国术馆亦通过组织各种类型的"练习班"开展武术普及教育活动，进而希冀实现其"强种救国"的教育目的。尤其是"九一八"事变爆发后，民族危机日益严峻，此时中央国术馆想要普及武术以实现武术救国的愿望更加迫切。在中央国术馆普及武术教育的努力下，武术在学校、军队、党政机关等各处得到了传播，这种横向传播正是基于中央国术馆武术教育的普及实践，对武术的推广产生了积极影响。

中央国术馆武术普及教育的贡献主要表现在以下三个方面：

第一，通过组建"练习班""女子练习班""民众练习班"等武术普及教育组织形式，依据就近原则招收了所在地区的普通民众进馆免费学习。1931年后，中央国术馆更是通过分点设站的形式在南京多个地区进行了武术普及教学活动，且回应了南京市政府部门的要求，派员赴中小学展开了武术教学活动[①]。全面抗战期间，中央国术馆在重庆仍坚持武术普及教育。中央国术馆馆内馆外双管齐下的教育举措着实促进了武术的直接普及。

第二，中央国术馆编辑和审定出版了一批面向大众的武术教材，将武术教学理念融于书中，力求破除武术的神秘性。这些教材的特点在于对武术动作进行了分解，辅以图文并茂的文字解释，使其成为通俗易学、利于普通练习者快速掌握的教材。这些教材的出版无疑促进了武术在近代学校和社会中的传播，对武术的横向普及具有重要影响。

第三，中央国术馆在近代学校武术教育中做出了很多努力。中央国术馆在开办伊始，就开始推动武术在各级学校的开展。正如张之江在《为请定国术为国操事呈国府文》中所述："职馆负党国重托，提倡国术馆挽颓风、振民气，责无旁贷，兹拟请钧府将国术定为国操，推行于学校及全民运动。"不久，张之江更是将武术列为学校必修课程，向国民政府呈交了议案。在《请审定国术为国操推行全国学校暨陆海空军省警民团实行普及以图精神建设期达强种救国案》中，张之江明确指出："凡国内学校以及陆海空军省警民团应将国术训练列为必修课程，定为国操。"[②] 中央国术馆致力于推进武术于学校的普及化。1929年该馆在《学校国术教程规定之研究》中提出学校武术教育的构想。1934年国民政府教育部指定中央国术馆起草国术课程教材，并最终由北平特别市国术馆系统研制的中国第一部关于各级学校武术普及课程的官方纲领性文件——《大

---

① 南京市特别市政府秘书处.市校开始国术训练：1931[A].南京：南京市档案馆（全宗号：1001，案卷号：10010011741（00）0029）.
② 中央国术馆.张之江先生国术言论集[M].南京：中央国术馆，1931：113.

中小学国术课程标准》①。中央国术馆虽然未能实质性地推动学校武术普及化的发展，但其做出的努力不应埋没。

4 张之江的武术教育思想与爱国情怀在中央国术馆中升华

发起成立中央国术馆是张之江广为人知的事迹。在中央国术馆的成立过程中，张之江个人起到了很大作用。张之江与中央国术馆的缘分与其自身经历有关。张之江早年投身军旅志在强国却不满军阀混战，厉行戒烟旨在强种却遭权贵打压；中年时，张之江始认中国武术是强国强种的一剂良方。作为中央国术馆的馆长与体育专科学校的校长，张之江在"一馆一校"的创建中具有举足轻重的地位；其源于传承武术的"知行合一"思想，源于发展武术的"中西交融"思想，以及源于"武术救国"的"民族主义"思想，对中央国术馆武术教育的开展影响至深且巨。中央国术馆后来能够初步构建现代武术专业教育体系，离不开张之江武术教育思想的践行。正是在张氏的领导下，中央国术馆撤门户设教务，引入现代教育管理机制，犹如源头活水，给中央国术馆的武术教学组织形式、课程设置与教学、武德教育等带来了一系列现代体育文明因素，从而培养出了一批中西并举的武术人才，而非古董式的武术大师。

新中国成立时张之江已68岁，定居在上海。1954年，中共中央统战部发来一份专电，特邀张之江为全国政协委员，以爱国民主人士身份至北京参加第二届全国政治协商会议第一次会议。会间，张之江抱着当面交谈的希望给毛泽东写了一封信。返回上海不久，毛泽东亲笔给张之江回信："惠书早已收到，本想约谈，因循未果。近日查询，知先生已返上海，只好待之将来了。先生热忱爱国，如有所见，尚望随时赐教。"② 1956年秋，国家体委在北京召开了首次全国武术汇演，张之江被聘为总裁判长。贺龙充分肯定了张之江对武术的贡献③。1960年全国政协第三届第二次会议期间，张之江得到周恩来亲切接见。周恩来询问张之江："还打太极拳吗？年纪大了腿上的关节有没有毛病？"当听到张之江回答说他每天仍坚持打拳、关节灵活时，周恩来高兴地说："很好。"④

---

① 吉灿忠，孙庆祝. 民国《大中小学国术课程标准》及其当代启示 [J]. 上海体育学院学报，2016，40（2）：46-50.
② 张润苏. 张之江传略 [M]. 上海：学林出版社，1994：86.
③ 张润苏. 张之江传略 [M]. 上海：学林出版社，1994：86.
④ 大公报社. 建议推广民族形式体育项目七十六岁的张之江提倡武术 [N]. 大公报（香港），1957-03-19（1）.

万乐刚口述佐证："我的外祖父一向是一个非常高尚、有爱国爱民情怀的人。他原来在西北军的时候部队纪律就非常严明，每个官办身上都写着真爱民、不扰民。他一心一意就想为国家、民族做贡献。他的热忱爱国是有口皆碑、人人皆知的，如果不爱国他何必做这些事呢。"正如毛泽东写给晚年张之江的信中所述，热忱爱国贯穿了张之江的一生，这也是他一生践行的核心价值观。张之江的前半生实属风尘仆仆，从征战沙场谋求民族独立，到厉行戒烟谋求人民健康，如果张之江在军阀混战中随波逐流，抑或是在禁烟运动中顺势而为，他也许会在军界和政界谋得一席之地而不会全力发展中国武术。然而，正是由于一颗热忱爱国之心，在征战沙场和厉行戒烟未能实现他心中的强国强种之志后，张之江选择武术作为他下半生奋斗的重心。在张之江的努力下，中国武术事业得以在全面抗战前焕发生机，不至于沦落为江湖末技，其社会地位也得到了极大提高。同时，张之江的爱国情怀也在中央国术馆武术教育事业中得到升华。张之江可以称得上是中国现代武术专业教育之父。

第2节　中央国术馆武术教育的局限

受制于武术教育历史背景与认知水平的限制，张之江及其中央国术馆的"创业者"们并未完全实现借助教育的手段，将中国武术带向新生的愿望。相反，由于泛政治化的武术教育技术路线，中央国术馆仅经历了全面抗战爆发前10年的蓬勃发展，就无可避免地在全面抗战中开始衰落直至战后烟消云散。可以说，中央国术馆武术教育虎头蛇尾、昙花一现的发展历程，是由其历史局限性所造成的历史必然结果。

1　张之江的向实主义教育思想湮没了武术教育"技外之理"

张之江基于"向实"主义的武术教育思想，使得中央国术馆将"强种救国"作为武术教育的唯一目的，武术的实用价值被抬高至"救国"层面。这种"天下兴亡，匹夫有责"的教育担当确实值得钦佩，也和中国文化"治国平天下"的积极入世思想一致。中国传统哲学重实用的思维特点，决定了武术在古代无论是在技术上还是在理论上都强调切合实用,着重突出其技击价值，处处表现为一种对技击术"不离乎日用"的追求。

张之江推崇戚继光，反对不切合实际的"花法"。武术"练为战"在古代冷兵器时代具有重要的实用价值，然而在科技快速发展的20世纪上半叶，武术的军事技击价值已经微乎其微，以人体或冷兵器直接进行对抗的格斗在实战中逐渐演变成了辅助的手段。因此，中央国术馆所提出的"武术救国"命题实际上高估了武术的实用价值。

教育确实能救国，但并不是短时间内所能奏效，正如教育规律之"十年树木，百年树人"。中央国术馆所定之教育目的若无日本侵华的外部因素和国民党腐败统治的内部原因，或许能够实现其"强种"的第一层目的。然而，国势微弱的客观环境使得中央国术馆不得不迫切直面武术的向实线索。基于此，中央国术馆的武术教学以技击为纲，在教学原则上突出对抗性原则，在教学方法上采用对试法，在教学评价上以格斗为主，并形成了武术教学"打练结合"的模式。虽然这些教育实践从技能习得上来看值得称道，但是技击不是武术教育的唯一价值。武术的教育价值还体现在主宰这种身体行为技术形成的"技术以外的理性"，即"技外之理"。正如当代武术家邱丕相所言："中国武术既不是唯美主义的身体艺术，也不是唯技击的实用技术，是一种灵巧、多样、充满假设、富有艺术性的攻防技艺，是一种提炼了的攻防技术、诗化了的格斗技术，用以防身、健身、修为、教化，以及由此衍生的程序、规约、礼仪、习俗、思想，也便构成了武术文化。"① 武术教育的核心不是为了追求"活命之术"，而是"以技载道"和"技以厚道"之"武以成人"的合法性依据。尤其是在学校教育中，武术应是以"中华文化为理论基础，以技击方法为内容，以套路、格斗、功法等为运动形式"的教育手段，其目的理应在于促进学生身心发育与健康，其根本任务在于对人的培养②。因而，即便是在武术教育中突出技击价值，也应以技击为手段，将磨炼意志、增进身心健康作为最终目的，而不是与军事武术异曲同工，培养上战场搏斗之士——因为战士的教育是军队的职责。

中央国术馆"强种救国"的武术教育目的、教育技术、教育材料过于拔高了武术的社会功能。正如《中央国术馆宣言》中所述，"国术唯一的目的就是要用强身强种的法子来做根本救国的运动"③。张之江的"向实"主义教育思想，也限制了中央国术馆时期的武术教育向着更丰富、更多样的方向发展。究其原因，中央国术馆过于追求武术教育的技击价值，尤其年考时国民政府要员的莅临视察使得学生不得不以掌握"技

---

① 邱丕相. 中国武术文化散论 [M]. 上海：上海人民出版社，2007：23.
② 梁勤超，高鹏飞，李源. 学校武术教育技击本质的回归 [J]. 上海体育学院学报，2020，44（7）：44-49.
③ 编者. 纪要：本馆宣言 [J]. 中央国术馆汇刊，1928（1）：34-37.

击"为学习的唯一着力点。是以,中央国术馆基于"向实"线索的武术教育虽突出了武术技击价值,却未能有效探索武术教育的"技外之理",馆中师生时刻接受着"练是为了打,打是为了练"的武术教学模式。中央国术馆以培养学生武术应用能力为主旨,这在强种救国的教育目的下是一种以竞技体育"选手制"和战场搏斗"临阵杀敌"为目标的武术教育,因而也就在客观上湮没了武术教育的多元价值。

2 泛政治化的武术教育技术路线成为落幕的直接原因

张之江利用政治资源曾使中国武术快速发展,其历史功绩值得肯定。白璧微瑕的是,他将武术上升到国术高度,与国家民族的发展紧密相连。武术与政治相挂钩,所以其命运也随着国民政府命运的变化而变化[①]。中央国术馆成立时的起点之高,为中国近代武术史上所仅见。国民政府党、政、军要员悉数成为该馆的发起人,并在不同场合、刊物上,以演讲、撰文、题字的形式支持中央国术馆发展武术事业,更有政府要员带头捐款,以实际行动支持中央国术馆。正是基于国民政府的鼎力支持,中央国术馆才成为为国民党培养武术人才的忠诚摇篮。中央国术馆从张之江的武术教育思想、教育目的到课程设置、教学方法、武德教育,全都表现出泛政治化的教育行为特征:馆长张之江武术教育的"民族主义"思想,源自国民党总理孙中山的"三民主义";中央国术馆武术教育目的之"强种救国",贴合国民政府巩固统治根基的政治诉求;中央国术馆武术课程将"党义"作为必修课程并贯彻始终,有力配合了国民政府的党化教育;中央国术馆武术教学倡导技击,符合国民政府的军事备战需求;中央国术馆之武德教育将"遵守党义国法"置于首位,更是在向国民政府表忠。

然而,中央国术馆极度迎合国民政府的武术教育技术路线却在全面抗战爆发前后遭遇了严重危机。随着国民政府军备开支增大,中央国术馆的办学经费捉襟见肘。而在全面抗战时期,中央国术馆经费来源直接断绝,不得不自筹经费勉强维持。中央国术馆武术教育的泛政治化技术路线在经历全民族抗战后曾迎来复员的曙光。万乐刚口述:"战后经费比较紧张,8年抗战打下来,国民政府也没有精力和实力去顾及这一方面。国体没有中断,他在天津继续举办。当时中央国术馆的筹备机构也是在国体内部,但因为各种原因,中央国术馆没有能够复馆。"

---

① 杨建营. 张之江与嘉纳治五郎的武术(武道)实践比较研究 [J]. 武汉体育学院学报,2017,51(11):72.

最终，中央国术馆在国民党腐败统治下落幕，其体育专科学校在解放后并入今河北师范大学。新中国成立后，张之江已是年近古稀的老人，再无法全力奔走呼吁。诚然，张之江在1957年政协会议上的发言实属真知灼见，但是新中国的成立极大地振奋了民族精神，"国术救国"和"强国强种"已不合时宜，取而代之的是武术健身和表演价值的凸显。中央国术馆的武术教育事业之所以出现虎头蛇尾、昙花一现、无人继承的悲凉局面，国民政府的腐败统治是直接原因。中央国术馆的武术教育事业正所谓"成也时局，败也时局"。尽管中国武术在政治背景下取得过短暂的辉煌，但其毕竟只是优秀的体育项目之一，其发展虽有赖于政治背景和精英人物的助推，却也只能奠定在价值转变基础之上。中央国术馆武术教育行为的泛政治化特征以及其对武术社会功能的过度拔高，客观上使张之江苦心经营的国术事业走向分化，在精英阶层和大众之间、在受教育者和未受教育者之间存在很大的鸿沟。

3 未能同步发展武术普及教育成为衰败的根本原因

尽管中央国术馆的武术教育在历史上有过重大贡献，但不可否认的事实是，中央国术馆最终消亡了，其附属体育专科学校在更名后亦未能在解放后成为一所以弘扬武术为目的的独立院校。抗战胜利后，中华民族的自信心空前高涨，向实主义的"强种救国"教育目的已不合时宜，而泛政治化的武术教育路线只是在其消亡过程中起到了推波助澜的作用。那么，中央国术馆武术教育何以落幕？纵览该馆武术教育的历史，未能同步发展武术普及教育是中央国术馆武术教育最终落幕的根本原因。质言之，中央国术馆所推行的"国术"未能成为普罗大众心目中的"国术"，未能成为人们信仰的"国术"，这是中央国术馆武术教育的根本局限。

中央国术馆在大力发展武术专业教育的同时，忽略了自身作为当时全国武术的中央机构，应该从行政管理上统筹各省、市、县国术馆的武术教育发展。虽然中央国术馆努力促进了武术的普及，但是受教者仅限于全面抗战爆发前的南京市民以及全面抗战时的重庆市民，其所做出的学校武术普及教育的努力也仅局限在纸质层面，并未取得实际性进展。面对中央国术馆初期全国各级国术馆兴起的局面，该馆未能及时调整工作计划，未能做到专业教育与普及教育并重，促进各级国术馆与中央国术馆教育路线相一致，形成武术教育政令通达的效果，进而保障群众有更多的机会接触武术、习练武术。至1935年，全国国术馆系统仅有中央国术馆和极少数省级国术馆的武术教育开展得有声有色，这也正如中央国术馆编审处处长姜容樵所述："现在中央以及各省市国术馆都是各自为政，各不相干，中央国术馆既没有闲工夫去视察各省市的国术行政和历年推行的成绩，而各省市国术馆根本又不愿意理睬中央。"姜容樵为此呼吁："创始新的健全的国术行政系统，国术教育才能够普及到民众身上。"[①]全面抗战时期，全国国术馆系统几乎消亡殆尽，走向衰落的中央国术馆在重庆虽有武术普及教育的举措，却再无谋划武术普及教育的机遇。此时的中央国术馆武术普及教育已只为少数人强身健体服务。1944年中央国术馆奉国民政府教育部35723号训令发布了《北碚公教人员国术训练班简章》，其宗旨已无"明耻教战"的词句，而是"为提倡北碚区公教人员适当运动利用公余时间予以国术训练以增进健康"[②]。其所发布的国术训练邀请对象清一色指向政府机关——例如民国时期的中国银行、中央银行、交通银行、农业银行[③]和北碚邮政局[④]等——工作人员与财阀。郝凤岭口述佐证："重庆时期的中央国术馆招收的都是中央字号的学员，例如中央美术学院啦、中央医学院啦等等，用现在的话来说抗战时期中央国术馆招收的学生都是央企人员。"因此，如果说全面抗战爆发前中央国术馆武术普及教育的重心限于城市市民，那么全面抗战期间，该馆的武术普及教育进一步脱离群众，成为官僚阶层的武术普及教育。

总之，中央国术馆武术教育初步形成了中国现代武术专业教育体系，用心培养了一批武术人才，且努力促进了武术的近代传播。但是，中央国术馆之所以出现"心有余而力不足"的衰败现象，其根本原因在于该馆的武术教育是一种脱离群众的武术教育，未能在中国广大的农民阶级、工人阶级中形成发展武术的合力，从而让人民热爱上武术。与脱离群众、代表少数人利益的国民党政权一样，中央国术馆的武术教育最终只能走向落幕。是以，《中央国术馆组织大纲》中所提出的"教授中国武术"的职能，本质上是一种少数人的武术教育。

---

① 姜容樵.国术丛谈：国术行政[J].互励月刊，1935，1（4）：107-108.
② 中央国术馆.中央国术馆北碚公教人员国术训练班简章，1944[A].重庆：重庆市档案馆（全宗号：0342，案卷号：03420001000280000029）.
③ 中中交农四行联合办事总处北碚支处文书组.关于告知参加中央国术馆受训人员于1944年9月1日前在本埠操场坝集合致中国银行的函：1944[A].重庆：重庆市档案馆（全宗号：0287，案卷号：02870001054570000128000）.
④ 中央国术馆.关于派员来国术馆受训致北碚邮政局的函：1944[A].重庆：重庆市档案馆（全宗号：0342，案卷号：03420001000280000028）.

下篇

中央国术馆武术教育的当代启示

近年来，中共中央办公厅、国务院办公厅于2017年、2019年、2020年相继发布的有关政策中都在倡导武术教育的重要现实意义。《关于实施中华优秀传统文化传承发展的工程意见》中指出：优秀传统文化应贯穿国民教育始终[①]。《体育强国建设纲要》中强调：传承中华传统体育文化，推动传统体育类非物质文化遗产进校园[②]。《关于全面加强和改进新时代学校体育工作的意见》中点明：认真梳理武术、摔跤等中华传统体育项目，因地制宜开展传统体育教学、训练、竞赛机制。涵养阳光健康、拼搏向上的校园体育文化，培养学生爱国主义、集体主义、社会主义精神，增强文化自信，促进学生知行合一、刚健有为、自强不息[③]。回望历史，中央国术馆作为中国近代声名赫赫的武术组织，其在落实"教授中国武术"之基本职能时的经验和局限对于今日有着重要的启示意义。本书基于不同的历史背景、教育目的和文化空间，对中央国术馆武术教育进行成因判断、事实判断和价值判断后认为，其历史经验与局限的启示适用于宏观和中观层面，且启示意义首要在于武术专业教育，其次为武术普及教育，再次在新时代立德树人根本任务教育背景下的德育。

---

① 中共中央办公厅 国务院办公厅印发《关于实施中华优秀传统文化传承发展工程的意见》[EB/OL].（2017-01-25）[2021-05-06]. http：//www.gov.cn/zhengce/2017/01/25/content_5163472.htm.
② 国务院办公厅. 体育强国建设纲要[EB/OL].（2019-09-02）[2021-05-06]. http：//www.gov.cn/xinwen/2019-09/02/content_5426540.htm.
③ 中共中央办公厅 国务院办公厅印发《关于全面加强和改进新时代学校体育工作的意见》和《关于全面加强和改进新时代学校美育工作的意见》[EB/OL].（2020-10-15）[2021-05-06]. http：//www.gov.cn/xinwen/2020-10/15/content_5551609.htm.

第 7 章　中央国术馆对新时代武术专业教育的启示

　　武术与现代学校教育机制接轨并成为一门专业，发轫于民国时期，中央国术馆是将武术与教育相结合的典范。这种典范的产生，不仅有其特定的历史原因，亦是时人超越保守与激进，树立文化自信与汲取西方文明理性因素的体现。武术专业教育是推进武术传承与发展的先导力量。中央国术馆武术专业教育产生于"尚武精神"勃发、政府需求武术以及学生成为武术重点发展对象的文化、政治与教育三重历史原因之下。在动荡和战乱中，中央国术馆砥砺奋进，展现了师生们乃至整个社会为武术事业发展呕心沥血的历程。在教育目标、教学管理、教学组织形式、教学模式以及教学评价方面，中央国术馆的武术专业教育力求超越保守与激进，推进中华武术的学科化、专业化发展，具有强烈的现实意义。中央国术馆在抗战前后所坚守的武术专业教育，为中华武术的学科化、专业化发展起到了重要的推动作用。正如邱丕相教授所言，中央国术馆的成立"为武术的教育化、体育化、科学化迈出了重要的一步"[1]。新中国成立后武术专业教育得到了空前的发展，对于中华武术的传承与发展可谓功不可没。然而，武术专业教育却又在一定程度上脱离了中华武术近代历史发展的内在逻辑规律——中西交融，表现为：武术专业教育在坚定历史自信上不足，将全盘西化的竞技武术作为主体；在增强历史主动上不够，至今仍没有一个拳种以完整的技术体系进入专业教育，得到体系化传承；在中华武术"走出去"上亦有待进一步推进，而同为优秀民族传统体育项目的舞狮已走在前列。行有不得，反求诸己，其本土经验应如何借鉴？

---

[1] 邱丕相，王震. 中国武术的回眸与展望[J]. 体育学研究，2018（3）：55-60.

第 1 节　武术专业教育理念层面的启示

中央国术馆在其发展历程中，力求促进体育与武术融合发展，调和中西体育歧见，其将武术与体育置于同等位置办学的理念不啻中国近现代体育教育史上的一朵奇葩。教育理念是教育主体在教学实践及教育思维活动中形成的对"教育应然"的理性认识和主观要求。中央国术馆领导者汲取中华优秀传统文化，并接受西方体育教育理念的理性因素，这对当代武术专业教育的理念更新具有重要的启示意义。

1　重视"知行合一"的武术专业教育理念

"知行合一"在中国哲学史上有其文本来源，对中国武术的发展有着深刻的影响。从春秋战国的百家争鸣，到汉代的独尊儒术，再到宋明时代理学的盛行，中国武术从阴阳五行的世界观、天人合一的价值观到知行合一的认识论，发展至古代武术的最高峰。张岱年、方克立剀切指出："知行关系问题是中国哲学家特别重视的问题之一。它所涵盖的是理论理性与实践理性的统一。中国哲学家偏重于践行尽性，履行实践。古代哲学家的兴趣不在于建构理论体系，不是只把思想与观念系统表达出来就达到了目的，而在于言行一致、知行统一，自己所讲的与自家身心的修炼必相结合。他们强调知行的互动，即按照自己的哲学信息生活，身体力行，集知识与美德于一身，不断地把自己修养到'无我'的境界。"[①] 习近平总书记多次强调"知行合一"。2019 年 3 月 1 日，他在中央党校（国家行政学院）中青年干部培训班开班式上发表重要讲话，再次强调在常学常新中加强理论修养，在知行合一中主动担当作为[②]。"知行合一"思想之所以焕发着时代光辉，是因为它提出了认识论和实践论的重要命题，指出不仅要认识（知），尤其应当实践（行），只有把"知"和"行"统一起来，才能称得上"善"。

在古代，习武主要是用于攻防实战。力排实战中不适用的"花法"者，莫过于明代戚继光。他在《纪效新书·拳经捷要篇》中提出"既得艺、必试敌"的武术习练思想，

---

① 张岱年，方克立. 中国文化概论 [M]. 2 版. 北京：北京师范大学出版社，2004：260.
② 洪向华. 在知行合一中担当作为 [EB/OL].（2019-04-04）[2021-05-04]. http://theory.people.com.cn/n1/2019/0404/c40531-31014011.html.

即主张由教会、练会再到攻防竞赛①。这虽与戚继光戎马倥偬的经历有关，但同时也说明古代习武重视"知行合一"的思想。中央国术馆时期，张之江非常重视"知行合一"思想与武术教育的契合。对于发起成立中央国术馆后应如何"教授中国武术"，张之江认为应该知行合一。如他所述："我们应该怎样的提倡国术，使得现代的武术归趋于知行合一这条路上方对。"②张之江要求套路练习应与技击比试相结合的"知行合一"思想对中央国术馆开展武术教育的影响至深且巨，使得该馆的武术教学朝着切合实用、突出武术技击价值的方向发展。

  反观当下，对于武术的技击本质已基本形成共识。尤其是进入21世纪以来，各专家学者先后发出了类似的呼吁，如：邱丕相、蔡仲林、周之华等专家提出了"淡化套路，突出方法，强调应用"③；武冬、吕韶钧等专家提出了"整合拳种、优化套路、强调应用、弘扬文化"④；全国学校体育武术项目联盟提出了"一校一拳、打练并进、术道融合、德艺兼修"的教改思想⑤。20世纪下半叶自套路始至套路终，只练套路、不求实践的武术教育"知行分离"思想的弊端已被重视。无论是"强调应用"，抑或是"打练并进"，都旨在促进武术教育认识论和实践论的统一。当然，张之江的"知行合一"武术教育思想是以面向竞技体育"选手制"和战场搏斗"临阵杀敌"为目的的武术教育。新时代所树立的"知行合一"武术教育思想应该是"知"于套路练习，"行"于文明化的技击竞赛。中华武术具有技击、健身、审美等多重属性，但其本质是技击，习练后的攻防竞赛是最终目的。因为攻防竞赛是践行"知行合一"武术教育思想的关键环节，更是健全人格塑造、规则意识建立和武术文化传承的切实载体。此外，拳种是中华武术的基本单位，不同拳种虽有技法差异，但其大部分习练过程都是由功法、套路、拆招、喂手、散手、实战组成，这也明确了中华武术在"教会、勤练、常赛"时的内容。由此观之，重视武术教育"知行合一"思想，显然不是倡导学生武术习练后的逞强、斗狠、打架，而是通过套路攻防中一招一式的"沉浸式体验"，使学生进行由外而内的体与悟，感知与省思日常行为；通过文明化的技击对抗竞赛中的"事上练"，使学生从身体到品

---

① 戚继光.纪效新书[M].葛业文，译注.北京：中华书局，2017：243.
② 中央国术馆.张之江先生国术言论集[M].南京：中央国术馆，1931：17.
③ 教育部办公厅.普通高等学校体育教育本科专业各类主干课程教学指导纲要[Z].教体艺厅[2004]9号，2004-09-29.
④ 武冬，吕韶钧.高等学校武术课程体系改革研究[J].北京体育大学学报，2013，36（3）：92-98.
⑤ 赵光圣，戴国斌.我国学校武术教育现实困境与改革路径选择：写在"全国学校体育武术项目联盟"成立之际[J].上海体育学院学报，2014，38（1）：84-88.

行都融入新时代,进而踏上社会主义核心价值观中"爱国""敬业""诚信"的"立德"之路。

2 重视"中西交融"的武术专业教育理念

教育学原理指出：在教育活动中教师占主导的地位。武术专业教育是武术教育的基石,武术由谁来教是武术教育的首要问题。中央国术馆武术专业教育的主导者已由师父转为武术教师。该馆在成熟时期基于"中西交融"的武术教育理念,为近现代的中国培养了一批活跃在海峡两岸和海外的武术人才。事实上,在中央国术馆初创时期,张之江是一位坚定的"国粹者",曾在中国近代著名的"土洋体育之争"中大力鼓吹中华武术。然而,正是这场争鸣,使得中央国术馆馆长张之江对武术教育有了更深刻的认识,即：非此即彼的武术教育存在逻辑上和现实中的显著不足；武术和体育完全可以共同发展,以达到时代提出的"强种救国"要求。正是基于对武术和体育的全新认识,1931年后张之江已力主中央国术馆的武术教育应该中西交融,并希冀把国术和体育融会贯通起来,造就一批富于体育和国术知识的新人才。这正如其所说的："中国的国术界,有许多竟未认识体育为何物,体育界有许多竟未认识国术为何物,要想把'国术'和'体育'之间开一条通路,使双方都有真切的认识与了解,也非造就一批富于体育和国术知识的新人才不可。"① 其又说："对欧美体育之所长,为我国所需而易行者,例如游泳、棒球、竞走、赛马、拳斗等等,亦均须兼收并采,善与人同。庶融会贯通冶中外于一炉,俾我进步,成一最劲健侠义勇敢之民族。"② "土洋体育之争"后的张之江虽然仍是本土体育——武术的倡导者,但是他并不排斥现代体育,正是基于这样的认识,中央国术馆在"一馆一校"时期的武术教育思想已全然不同于建馆初期的文化保守主义,从而为培养一批中西体育并举的体育人才奠定了基础。

自20世纪60年代以来,我国武术专业教育场域主要位于体育院校和师范院校,对中国武术的传承与发展起到了关键作用。然而,当前武术专业教育采取的是"西化"倾向的竞技武术教育理念,体育院校招收武术本科生的考试标准也是按照竞技武术的模式建立的③。

---

① 中央国术馆. 张之江先生国术言论集[M]. 南京：中央国术馆,1931：21.
② 张之江. 国术与体育[M]. 南京：中央国术馆,1932：9.
③ 郭玉成. 传统武术在当代社会的传承与发展[J]. 上海体育学院学报,2008,32(2)：51-57.

自党的十八大以来，建设社会主义文化强国被确立为国家战略。弘扬中华优秀传统文化和坚定文化自信的要求更能说明武术专业教育不应完全"西化"，而是应该牢牢树立"中西交融"的理念不动摇。尽管当前不同高校的武术专业教育已开始重视"中西交融"的理念，但在主体教学内容中仍是高度"西化"的竞技武术散打和套路。以当前民族复兴的国家意志观之，当前的武术专业教育需要承担起传承中华武术优秀传统文化的任务，以及培养传播中华武术优秀传统文化人才的任务。反观中央国术馆时期的本土经验，其武术专业教育由初创时期的"国粹主义"思想，在"一馆一校"办学期间，实现了向"中西交融"的转变。

　　当下，我们应重视"中西交融"的武术专业教育理念。首先，需要在社会主义核心价值观的基础上进一步明晰中国武术的文化内涵，构建新时代的武术武德体系，让武术成为智育和德育的重要手段，而不只是进行空壳式的身体练习。其次，在武术专业的术科教学内容中，需要立足于拳种，倡导中华武术公平竞争、自我超越、去危险化、去神秘化的武术精神，传承与发展传统武术的技术体系。最后，在武术专业的学科教学内容中，武术概论、武术史、武术教学法等武术专业学科课程应再次呈现在武术专业教育中，以提升学生的中华武术认知水平，使其成为传播中华武术优秀传统文化的排头兵。是以，重视"中西交融"的武术专业教育理念，应以复兴民族文化为指引，在社会主义核心价值观的基础上促进武术专业人才的全面发展。

3 重视"民族精神"的武术专业教育理念

　　民国时期，面对积贫积弱的国内环境，有识之士从不同角度探讨了救国方略，如实业救国、科学救国、文学救国等。张之江则认为"航空救国、统一货币、复兴农村都是好的救国方略，但都不是短时间可以收效的，当前急切需要的是国术救国"[1]。张之江将武术上升到"救国"的高度，虽在一定程度上夸大了武术的实用价值，但其"刚健有为"的民族自强精神值得敬佩。正如张之江所说，"吾人提倡国术，旨在唤起民族精神，从此和平奋斗、图雪国耻，建设最伟大之功业，以造成强毅独立之国家"[2]。中央国术馆所倡导的"强种救国"的责任担当，以及通过武术专业办学的努力，初步形成

---

[1] 张之江. 急切需要的国术救国 [J]. 时事月报, 1933（18-21）: 223-224.
[2] 编者. 规章：本馆教授班简章 [J]. 中央国术馆汇刊, 1928（1）: 55.

了弘扬"尚武精神"、振起民气的历史经验。习近平总书记多次强调,"要从弘扬优秀传统文化中寻找精气神",这种"精气神"在武术领域的体现则为张之江所提出的"强毅国家"所必备之"刚健有为"的民族精神。

2021年1月,教育部在关于政协十三届全国委员会第三次会议第4404号(教育类410号)提案答复的函中明确指出,要适度改进体育教师教学方法、形式,更多注重学生"阳刚之气"培养[①]。武术专业教育之所以要重视"刚健有为"的民族精神的培养,正如杨建营教授所述:"首先,通过习武,可以培育中华文化的基本精神'自强不息,厚德载物',特别是核心层面的刚健自强精神;其次,中华武术在历史发展过程中形成了诸多风格不同的拳种流派,这些内容构成了一个文化特色鲜明、价值功能多元的技术体系。"[②]武术专业教育的立足点是"育人",武术所特有的技击属性是培养学生"刚健有为"精神的优秀载体。那么,在建成文化强国和实现民族复兴的战略目标下,武术专业教育如何增强历史主动,无疑需要构建核心层面的精神铸造体系、突出武术的技击本质,以培育"刚健有为"精神,凝聚中华民族的"精气神"。

现行武术专业教育以套路与散打两分法为主的技术教学内容存在两大问题。一是套路无攻防对抗,学生没有攻防对抗具身体验就无法培养"刚健有为"的民族精神。二是散打就是一个现代竞赛,稍微练两下就可以上场比赛,与中华优秀传统文化交集甚少[③]。中央国术馆的武术专业教育至少有两点值得借鉴:一是,以循序渐进的中华武术分级对抗类技术为主设置教学内容;二是,充分挖掘中国传统武术丰富的拳种资源。这对当前武术专业教育的启示在于:学生的套路练习和对抗练习应理论联系实际,推进"打练合一"。套路教学内容上应贯穿格斗能力的提高,格斗教学内容上应体现演练水平的提升,在此种"沉浸式体验"的基础上再有所侧重,精于套路者能掌握一定的攻防技击技能,同时,长于对抗者能掌握一定的套路演练技术,从而在"打"与"练"的融合过程中达到"致良知"的文化传承成效。此外,相比于"打"与"练"的叠加结合和平行向前,只有"打"与"练"相互融合,方能促进武术教育朝着"突出拳种"和"一校一拳"的"拳种意识"方向发展。这不仅是因为拳种在很大程度上体现了民

---

① 中华人民共和国教育部. 关于政协十三届全国委员会第三次会议第4404号(教育类410号)提案答复的函 [EB/OL]. (2021-01-28) [2021-05-06]. http://www.moe.gov.cn/jyb_xxgk/xxgk_jyta/jyta_jiaoshisi/202101/t20210128_511584.html.
② 杨建营. 基于民族复兴目标的学校武术传承体系研究 [J]. 体育科学, 2020, 40(11): 21.
③ 杨建营. 深陷困境的中华武术的发展之路:邱丕相教授学术对话录 [J]. 体育与科学, 2018, 39(4): 20.

族的个性和地域文化的特征,还在于不同拳种以其"打"和"练"的特色方式成为弘扬优秀传统文化的切实载体。从学生角度而言,"对练"形式的习练可以提高学习者的积极性,"对试"形式的对抗亦可弘扬"知行合一""事上练"的优秀传统文化,以及以爱国主义为核心、以崇尚武勇为特征的团结和谐、积极向上、刚健有为的"致良知"的民族精神。

4 重视"走向世界"的武术专业教育理念

党的二十大报告指出,"深化文明交流互鉴,推动中华文化更好走向世界"。中央国术馆办学期间,张之江已然认识到武术教育交流互鉴的重要性,曾先后带领"一馆一校"的学生出访日本以及东南亚和欧美等地。1936年柏林奥运会时,中央国术馆派出张文广、温敬铭出席了奥运会开幕式系列表演,成为中国近代武术交流互鉴的一段佳话。

武术专业教育深化文明交流互鉴,是由其专业属性所决定的,否则将陷入闭门造车和盲目模仿中不能自拔。随着我国改革开放的不断深化,国际宽领域、多层次的教育交流与合作逐渐增多,现代高等院校的国际交流功能亦日益加强。截至2018年底,我国已在154个国家和地区建立了548所孔子学院和1193个中小学孔子课堂,学员总数达187万人[①]。基于此,武术专业教育应借助新时代推进文明交流互鉴的历史机遇,不断提高本专业的学术价值和国际影响力,并以孔子学院为跳板,将武术专业教育国际交流有计划、有组织、系统地向前推进,以培养大批具有国际视野、通晓国际规则、能够参与国际事务和国际竞争的国际化人才。此外,在文明互鉴层面应以中华武术习练为手段,推动人类和平和武技文明的发展,向世界推介中华武术讲仁爱、崇正义、尚和合、求大同的思想理念,以及"以柔克刚""引进落空""顺势而发""内外兼修"的技击特征。在此基础上,吸引热爱中国文化的国外留学生就读武术专业,使世界各国高等院校渐次认同并接受具有中国传统文化特色的武术专业教育知识体系与功能价值,以推动武术专业教育走向世界。

---

① 中华人民共和国中央人民政府. 世界各地已有548所孔子学院[EB/OL].(2018-12-05)[2021-05-06]. http://www.gov.cn/xinwen//2018-12/05/content_5345886.htm.

第 2 节　武术专业教育课程层面的启示

如何使得中国武术繁杂的内容体系走向秩序，在面对西方体育占据主流位置的近代中国体育界和教育界，又如何解答武术与体育的关系？中央国术馆在武术专业教育中对中国武术进行了课程化的构建。从中央国术馆创始时期教练培训式的武术速成课程定位，至师范班（讲习班）时期武术师范教育"多元并举、中西交融"的系统课程，可以发现该馆的武术专业教育课程随办学实践发展而不断优化。中央国术馆武术教育课程设置呈现出"中西交融""体用兼备"以及以拳种为单位设计武术技术课程的特征，积累了丰富的历史经验。立足当下，重视"文明互鉴"、更新武术专业课程设置理念，重视"体用兼备"、聚集课程攻防对抗体验，重视"拳种意识"、优化武术技术课程内容，是中央国术馆武术教育课程设置历史经验所带来的启示。

1　重视"文明互鉴"，更新武术专业课程设置观念

教育学原理指出，在教育活动中教师占主导地位，武术由谁来教是武术教育的首要问题。中央国术馆时期武术教育的主导者已由师父转为武术教师。该馆师范班时期基于"中西交融"的武术教育理念，"熔中西体育精粹于一炉"，为中国近现代培养了一批优秀武术人才，优秀桃李如温敬铭、张文广、吴文忠等等不一而足。他们在中国近代以及 20 世纪下半叶海峡两岸与海外的中华武术事业中做出了突出的贡献。

当前我国高校武术专业教育课程教学体系始终是以竞技武术套路为主体[①]，把"西化"的竞技武术作为武术专业教育的主体内容，培养的武术师资在技能结构上较为单一，甚至形成了以套路代武术的思维局限。这在一定程度上导致了学生对武术的实际期望不相匹配，也可能造成了学生"喜欢武术，却不喜欢武术课"现象的发生。

---

① 冷传奇，高亮，胡晓飞.中央国术馆招生制度考证：兼与《中央国术馆史》《中国武术史》作者商榷 [J]. 北京体育大学学报，2020，43（7）：155.

党的二十大报告指出：深化文明交流互鉴，推动中华文化更好走向世界。[①] 以当前民族复兴的国家意志观之，武术专业教育需要承担起发扬文化自信的育人任务，传承中国武术优秀传统文化，以及深化文明交流互鉴，培养推动中国武术更好走向世界的武术人才。

2　重视"体用兼备"，聚焦课程攻防对抗体验

"体用兼备"作为中国武术的重要思想，是重视武术技击本质的反映，同时也奠定了中央国术馆武术技术课程的实施基础。立足当下，我国武术教育技术课程实施中存在着显著的"体用分离"现象。当前的武术专业技术课程实施与评价基本是从武术的"表演"维度出发，即便是对抗类课程也仅限于散打、推手等少数项目。"体用分离"的武术技术课程实施存在诸多问题：一是，与一般人对武术的认识形成错位——学生认为练习武术肯定可以防身。二是，套路属于封闭性运动，不易激发学生的学习兴趣。三是，技术上没有明显的目标定位，使学生难以体验成功的喜悦。

中央国术馆重视"体用兼备"，进而实施了注重技击对抗的武术技术课程。这对当前武术教育有三点启示：一是，武术技术课程实施应注重套路动作的攻防含义说明并强化个人攻防动作的演练。二是，将武术之"对手、对练""推法、拿法、摔法"作为先期课程的延伸，进而在此基础上进行两两对抗，以完善武术技术课程中的对抗体验。三是，应摒弃中国武术中一些攻击人体要害部位和反关节动作的技击技术，让学生在佩戴护具的基础上进行安全对抗。基于此，中央国术馆通过"体"与"用"的衔接以及注重安全环境下的技击对抗，推动武术教育技术课程在"体"和"用"的双管齐下中，弘扬中国武术自古以来"体用兼备"的重要思想。

3　重视"拳种意识"，优化武术技术课程内容

武术应该教什么？这是武术教育的核心问题。目前的武术专业课程内容除了竞技武术中的散打、套路、中国跤外，其他内容涉猎过少，而武术普及教育多年来的教学

---

① 中华人民共和国中央人民政府.习近平：高举中国特色社会主义伟大旗帜 为全面建设社会主义现代化国家而团结奋斗：在中国共产党第二十次全国代表大会上的报告 [EB/OL].（2022-10-25）[2022-11-21]. http://www.gov.cn/xinwen/2022-10/25/content_5721685.htm.

模式是从基本功到套路[①]。虽然武术技术课程内容历经多次改革提议，但整体上学校武术课程内容设置仍然不改初衷，"武术基本动作、基本功、组合动作、初级拳、武术操为小学三年级起的主要内容；器械中的初级剑、初级棍、三合剑为高中阶段主要内容；简化太极拳、初级长拳、初级剑、初级刀、初级棍则为大学阶段主要内容"[②]。这些课程内容虽然对中国武术加以凝练，并符合循序渐进的教育原则，但是与博大精深的中国武术内容是相违背的。反观中央国术馆时期"师范班"的武术专业课程，其术科课程分成了七大类，除军事科外每一类都包含中国武术的丰富拳种。

基于此，结合中央国术馆武术课程内容设置的历史经验，至少可以得到四点启示。一是，在课程内容分类上应突出武术的拳种属性。套路、散打、中国跤这"三板斧"只是按照竞技体育的理念进行了分类，并没有结合中国武术自身的拳种属性进行分类，这一点中央国术馆师范班的分类显然具有镜鉴价值。二是，在课程内容设置上应突出武术的技击属性。中央国术馆除了套路外，摔跤、对手练习、推手及拿法都是对抗类术科课程。因为，武术课程设置只有重视安全文明的技击对抗，传承与发展不同拳种的对手练习，才能避免回到学生不喜欢武术课的老路[③]。三是，在突出武术拳种属性的基础上，应鼓励各地结合民俗开发地方教材和校本课程，在全国学校体育联盟（中华武术）提出的"一校一拳"课程内容设置基础上，推动"一省一拳""一市一拳"的展开。例如，河北的梅花拳是燕赵大地的代表拳种，苏州市的阳湖拳则是江南水乡的代表拳种。民俗学指出的传统文化区域性特征是推动设置地方性武术课程的学理依据，亦是武术拳种属性的必然要求。四是，在课程内容设置上不应排斥国外武技，在武术教育课时充足的前提下完全可以加入拳击、柔道等项目。这一点，中央国术馆即便是将武术置于国术的高度，其武术课程中也已然设置了拳击、搏击等项目。因此，在武术教育课程内容设置上应以中国武术为主，辅以国外武技，推动文明互鉴，优化武术课程内容，而非落入文化保守主义的窠臼。总之，优化当前武术课程内容应先从武术专业教育起始，在突出武术拳种属性的基础上避免保守化倾向，这理应成为武术课程内容改良的一种技术路线。

[①] 邱丕相，马文国.武术文化研究和教育研究的当代意义[J].广州体育学院学报，2005，25（2）：8.
[②] 张峰，赵光圣，吉洪林.回归武术之本真：从农耕技术取向再论我国中小学武术课程设计[J].上海体育学院学报，2014，38（3）：41-45.
[③] 杨建营.中华传统武术技艺困境突破的具体方略探析[J].武汉体育学院学报，2020，54（5）：61-69.

第3节　武术专业教育教学层面的启示

　　武术"怎么教"是制约武术教育发展的一个重要问题。中央国术馆成立后面对的最现实问题便是武术"怎么教"的问题，特别是中华武术自古以来的"口传心授"教学方法，过渡到现代学校教学场景时，如何让武术教学方法克服当时的简单性和封闭性？基于此，中央国术馆在技术初步掌握阶段、技术巩固阶段、技术运用阶段分别有针对性地采取了不同的武术教学方法，其方法具有强调教学方法的整体化与综合化、力求教师主导与学生主体相统一、施行"打练结合"突出武术技击本质的三重特征，具有深刻的现实意义。

1　一体两翼，完善武术教学的表演和技击属性

　　回望历史，"打练结合"是中央国术馆武术专业教育术科教学的唯一模式。其时，在"知行合一""体用兼备"的传统文化熏陶下，中央国术馆在教学内容、教学过程、教学方法、教学评价等环节中都紧扣武术的技击本质，进而贯彻了"打练结合"武术教学模式。立足当下，"打练结合"也许并非武术专业教育术科教学的最佳模式，但从传承武术文化的内在要求上来看，只有正视"打"与"练"方能汲取武术传统文化的营养。在武术文化的传承过程中，专业教育是一种极为重要的传播路径，其不仅能够纵向将我国传统武术文化深入贯彻到教学过程中，从不同学科和领域展开多样化的传统文化传承，更能在横向的武术普及教育中将武术发扬光大。

　　如今，我国武术专业教育术科教学存在着显著的脱离传统现象。正如某体育专业院校武术教师所述："在现今的武术专业教育中，以竞技武术为代表的现代武术正与传统武术日益脱离，甚至成为互不相关的'两张皮'，失去与传统的联系，也就脱离了中国武术历史发展的内在逻辑规律而逐渐迷失自我。"[①]事实上，当前的武术专业术科教学内容基本以套路为主，其教学过程、教学方法、教学评价都是从武术的"表演"维度出发，其竞技内容亦是以"表演"的优劣作为评判标准。这不仅是现代武术与传统武术的脱离，更是武术"表演"超越"技击"本质的问题。因此，当前的武术专业教育

---

① 王飞.民族传统体育武术专业课程理论基础研究[D].武汉：武汉体育学院，2007：11.

需要借鉴中央国术馆时期坚持中国武术为主体的教学内容。课时量充足的院校可广泛选取武术拳种，形成武术传承的新阵地。课时量不足的院校可选择一个地方拳种开发校本课程进行教学。在教学模式中，需要突出武术的技击本质，在教学过程、教学方法、教学评价方面重视学生的武术对抗体验获得。同时，在教学中摒弃一些传统武术中攻击人体要害部位和反关节动作的不文明技击技术，让学生在佩戴护具的基础上进行"对抗"。在"练"的教学中，对不同拳种所需要的练习方法、器具加以改进，使其融入课堂，进而让武术专业教育术科教学在"表演"和"技击"的双管齐下中，传承武术自古以来"击与舞"交相辉映的优秀传统。

"表演"和"技击"是武术专业教育术科教学的"一体两翼"，能够从源头增强学生对优秀传统文化的热爱和信心。

2 突出攻防，因时制宜优化不同武术教学方法

任何一种武术教学方法应突出武术的攻防属性，这也是中央国术馆力求克服当时武术教学"学习者只知其然，而不知其所以然"的优化策略。回望历史，中央国术馆通过西方体育已架构好的基础，渗入国术课程，在突出攻防的基础上优化不同武术教学方法，从而对中华武术"课程化"转型起到了开拓者的作用。突出攻防，优化不同武术教学方法是教会学生中华武术技能的基本要求。基于"全国学校体育联盟（中华武术）"提出的"一校一拳，打练并进，术道融合，德艺兼修"的武术教育改革思路，学校武术教学方法的优化需要借鉴中央国术馆。首先，在各地学校确立不同拳种教学内容的基础上，运用技术讲解法、动作示范法和分解教学法时，应侧重于精讲、多示范面和"拆招""喂手"，帮助学生明晰拳理、理清顺序和知晓攻防，并配有攻防性的动作示范以"知其所以然"。其次，在注重不同拳种口诀和口令练习的基础上，采取基本功、套路和格斗组合练习的打练结合法，使精于套路者能掌握一定的攻防技击技能，同时长于对抗者能掌握一定的套路演练技术，以践行"打练并进"。最后，在课堂和课外竞赛阶段，在完善不同拳种竞技规则的基础上采用考察法和对试法相结合的主客观评价方法，分别检验学生对不同拳种的套路演练和攻防格斗的熟练程度，以践行"术道融合""德艺兼修"的表现力和技术运用能力。

3 注重评价，"表演"与"技击"的双重性不应偏颇

　　评价学生武术习练的优劣，是武术教育中必不可少的环节，亦是衡量目标实现程度的重要依据。当前的武术教学评价单一化特征明显，多以套路的规范与否作为主要评价形式。回望历史，中央国术馆的武术教育评价体系有三个显著特征：以技击为导向，注重评价学生的武术应用能力；施行师生双重评价，重视武术教学质量的提高；重视量化评价方法和质性评价方法相结合。这一本土经验对当前的武术教学评价具有启示意义。"表演"抑或"竞技"是中央国术馆武术教学评价首先面对的问题。其时，在"知行合一""体用兼备"的传统武术文化价值观下，中央国术馆的教学评价紧扣武术的技击本质，却充斥着对套路"表演"的偏见。立足当下，目前的武术教学评价却又走向了中央国术馆时期的彼端，过于重视武术"表演"维度的评价。事实上，这不仅是现代武术与传统武术的脱离，更是武术"表演"超越"技击"的问题。以史为鉴，武术教学评价中的"技击"与"表演"维度不应偏颇，而是需要重视二者的双重性。"表演"维度的套路评价是要提高学生的攻防能力，"技击"维度的格斗评价亦须体现学生的演练能力，二者的评价过程构成了中华武术完整的技术体系，从而能够达到"既得艺、必试敌"的武术文化传承目的。具而言之，套路维度的武术教学评价应贯穿格斗能力的提升，技击维度的武术教学评价应体现演练水平的提升，在重视二者双重性的基础上再有所侧重，使得精于套路的学生能够掌握一定的攻防技击能力，同时长于对抗者能够掌握一定的套路演练技术，以传承中华武术"知行合一""体用兼备"的文化精神。

第 8 章　中央国术馆对新时代武术普及教育的启示

作为中国近现代体育史上推行武术普及教育的先驱者，中央国术馆所设置的一批武术普及课程对传承与发展中华武术以及推动中华武术的课程化发展起到了承上启下的重要作用。中央国术馆武术普及教育课程依据"循序渐进"的教育原则和"体用兼备"的武术思想，设置了武术分级课程，这对没有武术基础的习练者来说是合理的。此外，该馆推动了学校武术课程标准的编订，不仅体现了传承中华武术与强种救国的责任担当，同时也积累了丰富的历史经验。中央国术馆使得中国近代武术从"义和团"的奇技淫巧和"新武术"的亦步亦趋，逐步探索发展出中央国术馆武术普及教育的课程体系，进而在全面抗战前教育发展的背景下对中国近代武术的横向普及产生了积极影响。中央国术馆武术普及教育的启示主要聚焦于教育理念、课程和教学层面。

第 1 节　武术普及教育理念层面的启示

中央国术馆武术普及教育本土经验与当前学校体育教学"教会、勤练、常赛"的教改理念有一致性。2020 年，中共中央办公厅、国务院办公厅印发的《关于全面加强和改进新时代学校体育工作的意见》中提出了"教会、勤练、常赛"的教改理念，指出要认真梳理武术等中华传统体育项目，让中华传统体育在校园里绽放光彩[①]。2021 年，教育部印发的《〈体育与健康〉教学改革指导纲要（试行）》（下文简称《纲

---

① 中共中央办公厅 国务院办公厅印发《关于全面加强和改进新时代学校体育工作的意见》和《关于全面加强和改进新时代学校美育工作的意见》[EB/OL]. （2020-10-15）[221-05-06]. http://www.gov.cn/zhengce/2020-10/15/content_5551609.htm.

要》）中再次提出深化学校体育教学改革，强化"教会、勤练、常赛"[①]。在学校武术中落实"教会、勤练、常赛"教改理念，目标是通过深化武术教学改革，转变教学观念，全面把握"教会、勤练、常赛"的内涵与要求，使其成为常态化、规范化、系统化的教学组织模式。当前，"教会、勤练、常赛"已成为新时代学校武术教学改革的主线，有助于学校体育进一步落实立德树人根本任务，弘扬中华优秀传统文化，促进学生身心健康发展。"教会、勤练、常赛"作为新时代学校体育教改理念，亦体现出中华武术"知行合一"的习练思想。中华武术无论是作为本土优秀传统文化代表性项目，还是作为体育项目，都理应成为落实这一教改理念的先锋者。

1 重视"刚健有为"的武术普及教育理念

中央国术馆武术普及教育虽然存在很大的局限性，但是仍具有现实启示意义。

现行武术普及教育以套路为主的教学内容存在着诸多问题：一是，与一般人对武术的认识形成错位，因为普通学生认为练习武术肯定可以防身。二是，套路属于封闭性运动，不易激发学生的学习兴趣。三是，动作太复杂，简化不当，难学难练。四是，技术上没有明显的目标定位，难以使学生体验成功的喜悦。五是，无法培育中华民族发展急需的"刚健有为"精神。中央国术馆武术普及教育至少有两点值得借鉴：一是，以循序渐进的分级对抗类技术为主设置教学内容；二是，充分挖掘中国传统武术丰富的拳种资源。基于此，各级普通学校中的武术普及教育，须紧紧围绕培育学生"刚健有为"精神的核心目标，以对抗类技术为主体，形成"拳种＋对抗"的文明化技击的武术教学体系。在建设文化强国和民族复兴的战略目标下，如何弘扬以武术为代表的优秀传统文化？无疑需要构建核心层面的精神铸造体系，突出武术的技击本质以培育"刚健有为"精神，凝聚中华民族的"精气神"。而这也是进入新世纪以来不同专家提出"淡化套路""优化套路"的学理依据。

[①] 教育部. 教育部办公厅关于印发《〈体育与健康〉教学改革指导纲要（试行）》的通知[Z]. 教体艺厅函[2021]28号，2021-06-30.

2 重视"以武育心"的武术普及教育理念

中央国术馆的武术课程囿于"强种救国"的教育目的,除了重视武术课程增强体质和实用技击的目标外,并没有挖掘出武术教育的多元价值。审视当下,2020年10月,中共中央办公厅、国务院办公厅印发的《关于全面加强和改进新时代学校体育工作的意见》中再次指出:"学校体育是实现立德树人根本任务、提高学生综合素质的基础性工程,是加快推进教育现代化、建设教育强国和体育强国的重要工作,对于弘扬社会主义核心价值观,培养学生爱国主义、集体主义、社会主义精神和奋发向上、顽强拼搏的意志品质,实现以体育智、以体育心具有独特功能。"[①] 事实上,武术课程除了有着体育类课程共有的增强体质的功能,其特有价值恰在于弘扬民族精神与健全人格。以武育智和以武育心,是对以体育智、以体育心的重要补充。

武术专业教育课程应促进术科与学科的融合。武术技术教育的课程目标应进行改良,在教授技术的同时须设立教师教育的课程目标,提高学生的武术教学能力。中央国术馆教授班和师范班的学科课程中就已开设了武术教学法、实习教授法等课程,尽管这些课程的具体目标没有史料记载,但是可以逆推的是,中央国术馆在教授武术技术的同时亦注重对学生武术教学能力的培养。促进武术专业教育课程术科与学科的融合,重视教学能力的培养,是实现弘扬民族精神与健全人格的前提。很难想象一个只会教技术的武术教师是如何以武育智和以武育心的。应将以爱国主义为核心、以崇尚武勇为特征的团结和谐、积极向上、刚健有为的"致良知"的民族精神嵌入武术普及教育课程目标之中。此外,武术技术教学中的对抗体验,不仅能够培养学生灵活反应的能力、准确判断的能力、时机把握的能力、防身自卫的能力,还能培养其敢于面对、迎难而上、坚忍不拔、刚健有为的精神,促进健全人格的养成。而通过套路教学,学生最大的收获仅仅是能"比画"动作,获得的主要能力是短时记忆能力。是以,重视弘扬民族精神与健全人格需要在武术课程的目标中加以体现。

---

① 中共中央办公厅 国务院办公厅印发《关于全面加强和改进新时代学校体育工作的意见》和《关于全面加强和改进新时代学校美育工作的意见》[EB/OL].(2020-10-15)[2021-05-06]. http://www.gov.cn/xinwen/2020/10/15/content_5551609.htm.

3 重视"打练融合"的武术普及教育理念

进入新世纪以来,邱丕相、蔡仲林、周之华等专家先后提出了"淡化套路,突出方法,强调应用"[①];武冬、吕韶钧等专家提出了"整合拳种、优化套路、强调应用、弘扬文化"[②];全国学校体育武术项目联盟主席赵光圣等专家提出了"一校一拳、打练并进、术道融合、德艺兼修"[③]的教改思想。学界对"打练分离"带来的学生武术习练和文化传承成效不彰的积弊已有所共识。尽管三种教改理念提法不同,但都重新审视了武术习练在培养学生全面发展中的重要意义。中国武术承载的优秀传统文化,除了套路中的体会,技击亦是必不可少的领悟途径。正如拳谚所说,"练拳不明虚实理,白费功夫终成空",通过对抗更能增进学生的学习兴趣和对武术的文化自信。"打练并进"的理念弥补了如何"强调应用"的技术层面问题,旨在突出练习目标的精准化。然而,把套路和散打进行平行教学虽有利于解决学校武术教育重套路轻对抗的现状,却很可能落入了"知行分离""体用分离"之外新的"打练分离"——套路之"练"和散打之"打"——的窠臼。而从中央国术馆打练结合"基本动作—套路—对练—对试"的历史经验来看,其教学计划是由"练"入"打",将"打"和"练"通过"功、套、用"结合以提升练习者的格斗和对抗水平,却忽略了"击和舞""套路与格斗"同属武术的两个文化系统。基于此,在强调弘扬优秀传统文化的价值追求下,套路教学时须提高学生的攻防能力,格斗教学时亦须锻炼学生的审美能力。这是因为二者共同构成了武术完整的文化体系,并且学习二者的过程又构成了武术完整的技术体系。

4 重视"技外之理"的武术普及教育理念

"武以德先"是中国武术"技外之理"的核心。武术历来注重在"德"的基础上通过技术的不断挖掘与探索,在"打"与"练"的同时以恒久的习练和体悟,达到"术德并重"。只有"打练融合",从外在技术练习到内在"真善美"人格养成和人生境界的提升,方能产生追求技术之境后百炼成钢的"化学反应"。武术教育从中央国术馆时

---

① 教育部办公厅.普通高等学校体育教育本科专业各类主干课程教学指导纲要[Z].教体艺厅[2004]9号,2004-09-29.
② 武冬,吕韶钧.高等学校武术课程体系改革研究[J].北京体育大学学报,2013,36(3):92-98.
③ 赵光圣,戴国斌.我国学校武术教育现实困境与改革路径选择:写在"全国学校体育武术项目联盟"成立之际[J].上海体育学院学报,2014,38(1):84-88.

期的"强国强种""技击之能"发展至"修身之术""艺术之能",最终成为"以武育人""立德树人"的切实载体。注重"打练融合"的技外之理,需要通过基本动作的打磨培养学生由内而外的恒与毅,使学生勇于面对与战胜生活中的艰难困苦;通过套路攻防中一招一式的"沉浸式体验"养成学生由外而内的体与悟,使学生感知与省思日常行为;通过格斗对抗中的"事上练"使学生从身体到品行融入新时代,进而迈入社会主义核心价值观中的"爱国""敬业""诚信"的"立德"之路,以及优秀传统文化"致良知"中的"知轻重""知进退""知分寸"的"树人"之径。

第 2 节　武术普及教育课程层面的启示

武术普及教育作为中央国术馆践行其武术普及教育蓝图的实施程序,在全面抗战前得以贯彻,其烙印着救亡图存的时代背景,因而馆中师生亦被卷入武术救国的旋涡之中。尽管中央国术馆武术普及教育相比于专业教育发展不力,但其重视对中国武术"知行合一、体用兼备"文化属性的传承与弘扬,促进了武术在民国时期的横向传播。关照当下,面对"打练分离"造成的学校武术教育的委顿,审视中央国术馆武术普及教育课程,至少可以得到以下启示。

1　重视"拳种意识",开发中华武术对抗类技术课程

中华武术的诸多拳理,也只有通过身体对抗才能领悟,正如拳谚所说:"练拳不明虚实理,白费功夫终成空。"[①] 中央国术馆武术普及教育课程至少有两点值得借鉴:一是,以循序渐进的分级对抗类技术为主设置课程;二是,充分挖掘中国传统武术丰富的拳种资源。这对当前武术普及教育课程设置有两点启示:一是,课程内容应该以两两对抗为主,而非个人演练为主;二是,可从不同武术拳种中提炼几个可直接用于对抗的简单组合,在青少年中推广普及,进一步落实全国学校武术联盟提出的"一校一拳"武术传承与发展目标。基于此,各级普通学校中的武术普及教育,须紧紧围绕培

---

① 麻晨俊,高亮.中央国术馆武术教育考述[J].体育文化导刊,2019(8):109.

育学生"刚健有为"精神的核心目标，以对抗类技术为主体，形成"拳种＋对抗"的文明化技击的武术课程体系；通过开发不同拳种的对抗类技术课程，摒弃一些攻击人体要害部位和反关节动作等不文明的技击技术来培育民族精神；从而立足于武术"育人"的主体目标，发挥中华武术最主要的育人功能。

2 推动武术普及教育与武术专业教育协同共进

拳种作为中华武术的基本单位，是全国学校体育联盟（中华武术）提出"一校一拳"武术教育课程内容改革的理论依据。武术专业教育是推进"教会、勤练、常赛"的先导力量，武术普及教育是其延伸。武术普及教育术科课程教会"拳种"势在必行。一是，在术科课程内容分类上应突出武术的拳种属性，建议分成功法、腿法、拳术、摔跤、器械五类，每一类优选全国普及度较高的拳种，并结合当地特色拳种设置校本课程。此外，在保障充足课时的基础上，要求学生普修与专修相结合，既会上述"五大类"中的多数拳种，亦能有其中一类的专项能力。二是，在课程教学上应突出武术的攻防属性。如若体育教师都不会攻防，又何谈学校武术中的"教会、勤练、常赛"！武术普及教育作为专业教育的延伸，亦须在落实"教会、勤练、常赛"的基础上，形成"一校一拳"，以武术特色学校为试点，打造"一校一品""一校多品"；亦可在有师资力量和课时保障的武术特色学校中，先行构建学校武术"教会、勤练、常赛"体系，倒逼武术专业教育课程与教学改革。

"术德并重"是中华武术千百年来的文化传承。在弘扬优秀传统文化与增强文化自信的课程思政理念下，学校武术所教的不应囿于功防动作，还应包含中华武礼、武德等优秀传统文化。中华武术的精神核心是武礼与武德，如拳谚所云："未曾学艺先学礼，未曾习武先习德。""以武技之能，行道德之举。""中华武德"作为优秀传统文化的重要组成部分，是"立德树人"根本任务的落实点之一。教会学生"礼仪＋对抗＋武德"是促进学生思想道德建设、培养学生核心素养、激发学生爱国主义情怀、培养学生坚强意志品质的关键。在所教内容上，杨建营教授等指出武术课程思政元素包括民族精神、崇武尚德、文化自信、科学精神、规则意识、家国情怀、国际视野、以人为本八个方面[①]。在武术教学中，学校要通过直接教学和间接教学相结合的形式，展开

---

① 杨建营，冯香红，徐亚奎，等. 体育教育专业武术理论课程思政元素及教学案例解析[J]. 武汉体育学院学报，2021，55（5）：79-86.

课程思政教学,落实"教会、勤练、常赛"中的精神层面内容。武术普及教育不能空谈武术精神,更要注重课内外习练与竞赛活动中的体验。学生习练和竞赛的体验就是弘扬中华武术精神层面内容的过程。武术专业教育与武术普及教育协同共进,方能做到"术德并重"。

3　提炼单势、组合、成套动作,注重攻防对抗体验

套路是中华武术一种特有的运动形式,也是当前学校武术练习的主要内容。由于目前的套路缺少攻防对抗练习,导致其成为一种封闭性运动,即程宗猷所言的"散势"。自始至终,勤练套路并不符合学校武术"教会、勤练、常赛"教改理念"知行合一"的理论内涵,更不利于提升学生习练武术的兴趣。《纲要》中点明,体育专项技能包括单个和组合技能[①]。因此,勤练不是抛弃套路、只练攻防对抗,而是优化套路动作,提炼不同拳种的单势动作、组合动作、成套动作,摒弃不文明动作。

单势动作是指单个攻防动作。单势动作便于练习,亦可直接用于攻防对抗。这要求从不同拳种套路中提炼攻防动作,例如形意拳的"劈拳""炮拳"等。组合动作是指基于单势动作的串联动作。组合动作更具攻防特征,接近攻防比赛。这要求从不同拳种套路中提取"散势",串联成攻防组合,例如可提取少林七星拳的"缩身钳子手+上步三冲拳"作为攻防组合动作,勤练防守反击动作。成套动作则是将单势动作和组合动作串联起来的完整程式化动作,它是演练拳种所有攻防技术的形式。

基于单势动作、组合动作和成套动作,学校武术教育可通过"打练结合"的形式解决学生怎么练的问题,以此提升学生武术习练的攻防对抗体验。光有"练",没有"打",学生很快就会失去学习兴趣。这里的"打",是模拟实战中攻防对抗的练习。练习模式:单势动作的"人—物"对抗练习,组合动作的"两两"攻防对抗练习,成套动作的"拆招""喂手"攻防练习。练习目标:在"打"与"练"结合的过程中,发现问题,提高动作攻防规格,弘扬中华武术精神,为攻防竞赛打下基础。一方面,在课堂上练习单势、组合和成套动作,要关注学生练习频度,保障勤练质量,避免武术课成为"说教课",学生只有比画起来,才能掌握攻防技能和提高攻防竞赛能力。这就需

---

① 教育部. 教育部办公厅关于印发《〈体育与健康〉教学改革指导纲要(试行)》的通知[Z]. 教体艺厅函[2021]28号,2021-06-30.

要体育教师做好课前预设，精讲、勤练，明确每堂课什么时间练、练到什么程度，亦需要教师通过课堂观察、情境测验，考查学生练到什么程度，通过教学评价及时给予学生反馈。另一方面，要注重学生课内外学习与课外校外勤练的联动。课外体育活动中的攻防展演是学生勤练的辅助手段，学校要依据所开设的拳种和各学段的学习水平设置丰富的攻防展演活动。校外的武术学习要注重家庭作业，布置一些可行且利于学生发展单势、组合和成套动作的作业，通过视频提交的方式督促学生完成作业。

第 3 节　武术普及教育教学层面的启示

中央国术馆成立后所面对的现实便是武术"怎么教"的问题，特别是中华武术自古以来的"口传心授"教学模式，过渡到现代学校教学场景时，如何让武术教学发生适应性改变，成了馆长张之江及该馆教育者关注的重大问题。通过史料的梳理与研究发现，中央国术馆力求通过各种方法对学生之学和教师之教做出客观评价。然而，中央国术馆的武术教学烙印着救亡图存的时代背景，因而馆中师生亦被卷入武术救国的巨大旋涡之中，向实化的武术思想成为该馆的核心价值观。当然，中央国术馆借鉴现代学校教学的方法体系，使得中华武术的技击本质以及"知行合一、体用兼备"的文化属性得以在近代中国生根发芽。以史为鉴，立足当下，从中央国术馆武术教学中至少能够得到以下启示。

1　分段推进，重视不同武术教学方法的适用性

任何一种武术教学方法都有其适用性，换言之，一种武术教学方法不宜用在技术习练的所有阶段，而应有所侧重。中央国术馆的三段式教学过程，强调每种方法作为一个要素，均有各自的特点、范围和条件，力求解决当时"每守秘密，不肯以进功程序示人"的问题。中央国术馆基于体育技能的习得规律，立足于技能初步掌握阶段、技能巩固阶段和技能运用阶段法，采取了分段推进的三段式武术教学方法，其启示意义在于：首先，在技术初步掌握阶段，应综合运用讲解法、示范法和分解法，这是教授武术基本动作和攻防套路动作的基本要求。其目的在于让学生知晓动作名称和技术

规格，运动方法、路线及其要领，动作的攻防含义，劲力、节奏、精神与动作的配合及要求，以及对错误动作的分析。其次，在技能巩固阶段，提炼口令、编写口诀有助于学生习练套路时体悟动作要领，进而在"打练结合"中感知攻防含义，提升动作规格。最后，在技能运用阶段采用考查法检验套路熟练程度，运用对试法检验技术运用能力。分段推进，重视不同阶段教学方法的适应性是遵守体育项目循序渐进教育原则的体现。

2 身临其境，重视学生武术习练时的对抗体验

身临其境，重视学生武术习练时的对抗体验，是遵循"教师为主导，学生为主体"教育原则的重点要求。它是突出技击和分段推进的延伸，亦是贯彻"享受乐趣、增强体质、健全人格、锤炼意志"新时代学校体育指导思想的必然要求。然而，当前的武术教学采用的套路教学方法孤立和脱离武术对抗体验，具有封闭性，仅能起到"增强体质"的作用。例如马步上格挡冲拳，该动作的攻防含义是格挡对手攻击头部的防守反击动作，但是当前的套路教学多侧重于动作的表演属性，以至于要求格挡手直臂撑于头顶，而不是悬架于额前。很显然，这一动作由于暴露头部，是没有做出防守反击的套路动作，根本无法在攻防对抗中运用。针对这一问题，中央国术馆考查法与对试法相结合的教学方法具有一定的启示价值。

首先，体育教师要组织学生在体育课中参与攻防对抗，课堂中注重单势动作和组合动作的比赛。如学生学会形意拳"崩拳"后的击打不倒翁比赛，进而注重组合动作的比赛，再如学会咏春拳"小念头"后的双人"对拆"比赛。其次，在一学段结束后的"对试"比赛中，根据不同拳种"偏于一隅"的技击特征，设定比试规则，更加直观与开放地判断学生的攻防表现。不同拳种的技击特征分别偏重于技击的某一方面，应制定分别有利于腿法、拿法、跌法、打法发挥的不同比试规则，形成不同规则指导下的对试体系，以发挥不同拳种的长处[1]。最后，在比赛情境中，综合运用考查法与对试法，在攻防对抗中加入考查学生武德水平的主观评价，以及对击中、出圈与倒地的客观评价。考查法之定性与对试法之量化相结合，方能共同提高学生武术习练水平。以学生为主体，注重学生武术习练对抗体验的教学方法，可以帮助学生享受乐趣、增强体质，"对试法"中的"事上练"亦可健全人格、锤炼意志。

---

[1] 杨建营. 中华传统武术技艺困境突破的具体方略探析 [J]. 武汉体育学院学报，2020，54（5）：61-69.

3 聚焦对试，重视学生武术习练后的攻防能力

回望历史，"对试"是中华武术评价习练者技术水平的关键环节，在中央国术馆的武术教学评价中亦占据重要地位。这一重视学生武术对抗体验的教学评价方法贯彻中央国术馆武术教学始终。当前的学校武术教学应以史为鉴，不仅需要借鉴中央国术馆时期坚持将"对试"作为主要评价方法的历史经验，以激发学生习练武术的动机和提升文化自信，同时，亦须多元并举，全面、科学地评价学生的武术习练水平。

具体而言，目前的武术教学评价应以中央国术馆为鉴，在评价对象、评价类型、评价方法上全面加以优化。首先，在评价对象上，应侧重于教学的结果、学生学的行为的学习导向，增加对教师教的行为的评价。这是因为教师教的行为直接影响武术教学质量。反观中央国术馆时期的教师评价，以教师的武术技能评价为唯一标准，而忽视了教师的教学能力评价。对教师教的行为的评价应包括教学设计行为、组织实施行为、课堂管理行为、人际交往行为等多方面，恰当地评价教的行为将为全面改善教学评价奠定重要的基础。其次，在评价类型上，应借鉴中央国术馆武术教学形成性评价与总结性评价并重的历史经验，在一个学习阶段摒弃以结果来判断学生的导向。建议以一学年为基本评价单位，设立月考、季考、年考的过程评价，并在最后阶段设立考试环节，对学生的全学段学习进行总结。最后，在评价方法上，中央国术馆武术教学量化评价与质性评价相结合的历史经验值得借鉴。套路评价中，建议以规范动作评分标准为依据，辅以考查学生的美的表现力；格斗评价中，建议以打点计分的量化评价为依据，辅以考查学生对武术综合运用的能力。基于此，武术普及教育从评价对象、类型、方法等方面多元并举地优化武术教学评价，注重学生武术攻防能力的获得，是为中央国术馆历史经验的启示。

4 打练合一，重视优化套路与攻防习练的配合

仅就中华武术技术动作而论，"击"与"舞"是其一体两翼，但是当前的学校武术侧重于套路表演。套路的产生是为了适应传授、记忆和训练的需要。套路具有直接和间接的攻防技击价值，否则它就失去了存在的根基，也不会在历史上产生。事实上，套路练习和对抗性练习以及围绕它们而存在的许多功法，共同构成了武术完整的技术体系。在武术习练过程中，套路练习是攻防竞赛的基础，也是功防动作提高的过程与

手段。功防对抗练习则是在进行攻防竞技能力的习练和竞赛经验的积累，是检验在套路习练中所获的某些技术运用于攻防比赛时水平高低的手段。明代程宗猷在《耕余剩技·单刀法选》中指出，仅练散势在实战中难免有"掣肘"之感，进而将"着着皆是临敌实用"的刀法"总列成路刀法"[①]。程宗猷将散势编成套路进行训练，以提高运用能力，最终以散势运用于实战中。戚继光则在《纪效新书·拳经捷要篇》中"择其拳之善者三十二势"，编成"势势相承"的套路，进而"遇敌制胜"[②]。即套路离不开实用，而实用也需要用套路来训练。因此，在中华武术技术习练的历史中，攻防对抗是主体，套路为辅助。

"勤练"，首先需要对不同拳种的套路进行优化，提炼安全和实用性动作，摒弃攻击人体要害部位和反关节动作，穿戴护具和使用安全材质的器械。在此基础上联合使用，不同拳种的实用性单势动作、组合动作、成套动作进行对抗性练习，通过散手、拆手、喂手的练习手段，勤练攻防动作，这关系到学生是否能够真正掌握攻防动作并参与比赛。此外，"勤练"还需要课时的保障，这要求学校应保障基本的体育课时让学生"勤练"。没有课时的保障，"教会、勤练、常赛"就难以具体落实[③]。另外，也可通过体育走班制、体育兴趣小组、体育俱乐部等形式保障"勤练"的落实，让学生能够在课外活动中强化攻防动作的熟练度。

---

① 程宗猷.耕余剩技[M].北京：中国书店，2021：89.
② 戚继光.纪效新书[M].葛业文，译注.北京：中华书局，2017：243.
③ 于素梅，许弘.《〈体育与健康〉教学改革指导纲要（试行）》解读[J].首都体育学院学报，2021，33（4）：372-377.

第9章 中央国术馆对新时代武德教育的启示

育人的根本在于立德。党的二十大再次指出：落实立德树人根本任务，培养德智体美劳全面发展的社会主义建设者和接班人。中华武术作为我国学校体育本土代表性体育项目，在落实"立德树人"根本任务上不仅具有一般体育项目的作用，亦具有弘扬中华优秀传统文化的独特立德功能。2017年，中共中央办公厅、国务院办公厅联合印发的《关于实施中华优秀传统文化传承发展工程的意见》中指出：传承发展中华优秀传统文化，就要大力弘扬自强不息、敬业乐群、扶危济困、见义勇为、孝老爱亲等中华传统美德。把中华优秀传统文化全方位融入艺术体育教育等各领域。[1]2021年，党中央总结的《中共中央关于党的百年奋斗重大成就和历史经验的决议》中强调：中华优秀传统文化是中华民族的突出优势，是我们在世界文化激荡中站稳脚跟的根基，必须结合新的时代条件传承和弘扬好[2]。回望历史，面向未来，中央国术馆的武德教育在新时代具有重要的启示意义。

第1节 新时代武德教育"大德""公德""私德"的三维德育观构建

重视武德是中华武术的优秀传统，中华武德是学校体育德育维度的有力补充。早在春秋战国时期，武德就被认为是人才培养的重要素质。孙武认为"将者，智、信、仁、勇、严也"[3]；明代戚继光则将武德置于将帅基本素质的首位，认为"夫如是而教养之矣，

---

[1] 中共中央办公厅 国务院办公厅印发《关于实施中华优秀传统文化传承发展工程的意见》[EB/OL].（2017-01-25）[2021-05-06]. http://www.gov.cn/zhengce/2017-01/25/content_5163472.htm.
[2] 新华社.中共中央关于党的百年奋斗重大成就和历史经验的决议（全文）[EB/OL].（2021-11-16）[2021-11-18]. http://www.gov.cn/zhengce/2021-11/16/content_5651269.htm.
[3] 孙武.孙子兵法[M].藏宪柱，译.北京：北京联合出版公司，2015：2-8.

养将之德也，养将之材也，养将之智识也"①。近代以降，张之江则更直接地强调了中华武德的教育意义，云："智勇强健了以后，假使没有武德工作作基础，那么本领愈好，深恐为害愈大，学识愈高，为患作恶愈甚。"②如此种种，历史上有关中华武德的文本资料不胜枚举。除却体育学科核心素养体育品德层面上提出的体育精神、体育道德和体育品格三个方面的品质之外，中华武德有其独特内涵。以习近平总书记将道德分成大德、公德、私德三个维度为理论依据，学校体育中华武德可概括为：大德维度——民族气节；公德维度——见义勇为；私德维度——谦逊和善。这些优良道德品质植根于中华优秀传统文化之中，是新时代落实"立德树人"根本任务所急需的道德品质。

1　学校武术有助于大德维度——民族气节的熏陶

大德维度——民族气节的熏陶，是学校武术教育中的中华武德教育之于国家层面而言的内容。无论是唐代李德裕"虽然以诺许人，必以节义为本"③，还是宋人岳飞"待从头、收拾旧山河，朝天阙"的赤胆忠心④，再或是近世武术家王芗斋一再告诫门徒"练武先学做人，要做一个有民族气节的人，为了我们的国家和民族"⑤，历史上的习武群体普遍将民族气节的爱国主义精神置于崇高位置。习近平总书记指出："爱国主义是我们民族精神的核心，是中华民族团结奋斗、自强不息的精神纽带。"⑥学校武术弘扬大德——民族气节，目的是通过武术习练，培育学生威武不能屈的坚强品格和自强不息的爱国主义精神，助力民族复兴中国梦的实现。

2　学校武术有助于公德维度——见义勇为的培育

公德维度——见义勇为的培育，是学校武术教育中的中华武德教育之于社会层面的内容。见义勇为的侠义精神是古代习武者崇尚的公德。早在先秦时期，儒家便把"勇"

---

① 戚继光. 练兵实纪[M]. 邱心田, 校释. 北京：中华书局，2001：211.
② 吕光华. 纪录：十九年元旦日：馆长张子姜先生讲演[J]. 中央国术旬刊，1930（10）：17-19.
③ 陈平原. 千古文人侠客梦（插图珍藏本）[M]. 北京：新世界出版社，2002：19.
④ 有书. 诗词里的中国 宋词[M]. 北京：天地出版社，2023：235.
⑤ 胥荣东. 拳道中枢：大成拳[M]. 北京：中国科学技术出版社，2022：328.
⑥ 习近平. 习近平：在纪念五四运动100周年大会上的讲话[EB/OL]. （2019-04-30）[2021-05-06]. http://www.gov.cn/xinwen/2019-04/30/content_5387964.htm?tdsourcetag=s_pcqq_aiomsg.

和"义"紧紧联系起来。《论语·阳货》中指出"君子以义为上。君子有勇无义为乱，小人有勇而无义为道"①；孟子则直接指出"义，人之正路也"②。古代习武者以仁义为行为标准，见义勇为、行侠仗义、扶危济困正是习武者的优良传统作风。近世梁启超在《中国之武士道》一书中列举诸多中国古代武士的生动事例，并在中国武士道精神第九条中指出了中华武术"见义勇为"的社会公德精神，云："他人有难，虽然没有求我，但我认为有大义存在，所以自告奋勇去救助，事成之后并不居功自傲。"③习近平总书记深刻指出："新时代新征程，更需要榜样的力量、榜样的激励。充分发挥见义勇为表彰奖励的精神引领、典型示范作用。"④学校武术弘扬公德——见义勇为，目的是通过武术习练，深入弘扬见义勇为精神，摒弃现代性教育人是手段的工具论弊端，倡导人是目的的人文关怀，拒绝冷漠，弘扬社会正义，助力激发学生明德惟馨、崇德向善的内生动力。

3 学校武术有助于私德维度——谦逊和善的养成

私德维度——谦逊和善的养成，是学校武术教育中的中华武德教育之于个人层面的内容。两千余年居于中华文明主导的孔孟仁学是中华武德私德维度的核心，起着对武术行为的道德判断和价值取向的指导作用。中华武术对谦逊和善的私德的注重在较技中体现得最为明显——较技旨在通过武艺切磋交流感情，达到"以武会友"的目的。因此，古代习武者主张"点到为止"，并且十分强调以谦逊和善的态度对待较技。中华武德的仁爱主义人伦观，主张爱人，与人为善，追求的是人与人之间的和谐境界。例如，万籁声在《武术汇宗》中论及少林授徒条规时一再强调"要克己和众，助人成美"⑤。少林派之戒约亦指出"非谦和恭敬者，难得有好善终"。孙禄堂亦有言"夫武术以和为用，和之中，智勇备焉"⑥。尤瓦尔·赫拉利在《今日简史——人类命运大议题》中更是直言：想治疗人类的愚蠢，办法之一可能就是加点儿谦逊。人一旦认为自己的国家、宗教和文化是全世界最重要的，就会认为自身利益比任何

---

① 孔子. 论语·大学·中庸 [M]. 陈晓芬，徐儒宗，译注. 2 版. 北京：中华书局，2015：102.
② 孟子. 孟子 [M]. 方勇，译注. 2 版. 北京：中华书局，2015：72-75.
③ 梁启超. 梁启超全集 [M]. 北京：北京出版社，1999：1386-1388.
④ 元玉昆. 大力弘扬见义勇为精神（人民时评）[N]. 人民日报，2022-08-05（5）.
⑤ 万籁声. 武术汇宗：上 [M]. 太原：山西科学技术出版社，2006：78-81.
⑥ 孙禄堂. 孙禄堂武学集注：拳意述真 [M]. 北京：北京科学技术出版社，2016：67-68.

人甚至全人类还重要，于是让各个国家、宗教和文化间的关系变得更加紧张。[①] 学校武术弘扬私德——谦逊和善，目的是通过武术习练，对争强好胜乃至好勇斗狠的人性加以抑制，从仁爱出发，培养学生在遵守礼仪与规则的基础上开展竞赛，培养"君子之争"的风度，调和西方体育的功利色彩。

第2节 新时代武德教育理论层面的启示

党的二十大报告提出"实施公民道德建设工程，弘扬中华传统美德"，且强调"增强文化自信"，"坚守中华文化立场，提炼展示中华文明的精神标识和文化精髓"。重视武德是中华武术的优秀传统，中华武德是实施公民道德建设工程、建设体育强国，以及讲好中国故事的有力补充。《新时代公民道德建设实施纲要》中提出要传承中华传统美德，深入挖掘自强不息、敬业乐群、扶正扬善、扶危济困、见义勇为、孝老爱亲等传统美德。中华武德的自身属性与这六个方面的传统美德相一致。然而，近年来中华武德在学界与社会中呈背离之势。一方面，学界已愈加重视中华武德的研究；另一方面，社会上一句"年轻人不讲武德"成为热门用语，使得中华武德成了被戏谑的对象。因此，中央国术馆将武德教育理论与实践相结合具有重要启示意义。

1 立德树人，推动"打练融合"优化武德教育目标

当前的武术教育德育目标的优化应着重放在培育爱国主义精神和培育民族精神两个层面。"武以德先"是中国武术"技外之理"的核心。武术历来注重在"德"的基础上通过技术的不断挖掘与探索，在"打"与"练"的同时以恒久的习练和体悟，使习武者成为一名"术德并重"的人。只有"打练融合"，从外在技术练习到内在"真善美"人格养成和人生境界的提升，方能产生追求技术之境后百炼成钢的"化学反应"。武术教育从中央国术馆时期的"强种救国""技击之能"发展至"修身之术""艺术之能"，最终成为"以武育人""立德树人"的切实载体。

[①] 赫拉利. 今日简史：人类命运大议题[M]. 林俊宏, 译. 北京：中信出版集团, 2018: 161.

2 弘扬美德，构建"课程思政"完善武德教育内容

2018 年，《教育部关于加快建设高水平本科教育，全面提高人才培养能力的意见》中指出：全面落实立德树人根本任务[①]。2020 年，教育部在《高等学校课程思政建设指导纲要》中再次强调，高校要结合各专业的特点，全面推进各类专业课程思政建设工作，深入挖掘课程育人作用[②]。在我国社会主义各项事业中，马克思主义是总理论和总指导。体育课程思政建设，要配合学校思想政治教育的总体导向和要求，使学生能够自觉地将自己的奋斗目标与国家、民族的命运联系起来，树立服务国家和奉献社会的意识与精神[③]。作为体育课程思政建设的重要组成部分，武术课程思政建设理应提上研究日程。体育"课程思政"将思政元素自然地、顺理成章地融入体育专业知识之中，使学生在学到知识的同时受到思想教育，提升思想境界[④]。武术也不例外，将武术专业课程知识与思政元素有机结合的研究目前刚刚起步。但是，在课程思政的内容上，中央国术馆的经验可以借鉴。

反观中央国术馆时期的德育内容，其"六位一体"的德育内容架构，除却政治素养和技术素养具有鲜明的时代印记外，其品德素养、生活素养、社会素养、个性素养四个方面的德育经验具有强烈的现实意义。基于此，在当前社会主义核心价值观引导的课程思政建设背景下，武术专业教育的课程思政内容建设可以借鉴中央国术馆。在政治素养上，中央国术馆的"遵守党义国法"，在新时代应转变为帮助学生树立成为社会主义建设者和接班人的理想追求，而非中央国术馆个人崇拜式的落实国民政府"三民主义"教育；在技术素养上，中央国术馆的"化除宗派畛域"在如今已非武德教育的主要任务，而是应通过武术学习磨炼学生慈、勇、智、恒的坚强意志，培养守好一段渠、种好责任田的现代工匠精神。除这两者外，中央国术馆从品德素养、生活素养、社会素养、个性素养方面提出的崇尚俭苦忠勤、戒绝酒色烟赌、养成博爱和平、惩儆

---

① 教育部.教育部关于加快建设高水平本科教育，全面提高人才培养能力的意见[EB/OL].（2018-10-08）[2021-05-06]. http://www.moe.gov.cn/srcsite/A08/s7056/201810/t20181017_351887.html.
② 教育部.教育部关于印发《高等学校课程思政建设指导纲要》的通知[EB/OL].（2020-05-28）[2021-05-06]. http://www.gov.cn/zhengce/zhengceku/2020-06/06/content_5517606.htm.
③ 赵富学，陈蔚，王杰，等."立德树人"视域下体育课程思政建设的五重维度及实践路向研究[J].武汉体育学院学报，2020，54（4）：81.
④ 王秀阁.关于"课程思政"的几个基本问题：基于体育"课程思政"的思考[J].天津体育学院学报，2019，34（3）：189.

贪嫉骄惰，仍可作为课程思政的借鉴内容，因为这些德育目标与内容都是源于中华民族的传统美德。

3 以人为本，改进新时代的武德教育手段和方法

尽管中央国术馆只有短短 20 年历史，其高光办学时间更是仅限于全面抗战爆发前的 10 年，然而就在这昙花一现的历程里，中央国术馆培养出了一大批"术德并重"的武术人才。中央国术馆武术专业教育之所以将"武德教育"置于重要位置，是因为馆长张之江"知行合一"的武术教育思想。中央国术馆除却构建了"六位一体"的武术德育内容，其德育实践亦值得借鉴。

首先在德育途径上，中央国术馆的直接道德教育中，除了党义课程和纪念周课程具有鲜明的时代印记外，音乐和训话课程具有较强的现实意义。音乐课程的价值不仅在于陶冶学生情操，其在一定程度上亦能潜移默化地催人奋进；而训话课程的德育形式更加直接，是帮助学生树立正确价值观的切实手段。当前的武术专业教育乃至体育专业教育各学历段课程中已无音乐课程。重新审视音乐课程之于德育的价值，理应展开实践。训话则多由班级辅导员主导，不系统且无一定的连续性，同样需要加以完善。此外，在间接道德教育中，中央国术馆组织的集体演讲、撰文宣教、课外活动等形式的武德教育亦具有启示意义。当前的武术专业教育中，集体演讲需要增加次数，由演讲能力出众的人主导，结合热点事件提高德育质量；撰文宣教应以官方微信公众号为载体，提高撰文内容的质量，增加施教者与受教者的互动；课外活动亦是学生感兴趣的德育途径，应加强社会主义核心价值观的引导，鼓励开展形式多样的课外活动，增强德育的创生取向。

其次，在德育方法上，中央国术馆的说服教育、榜样示范、实践锻炼三种方法颇为经典。事实上，德育无定法，更是德育主导者的一种艺术。中央国术馆德育主导者对德育时机的把握值得学习，武术专业教育中的德育方法亦应以学生为本，避免机械、僵化、压迫式的德育方法。基于此，武术专业教育的武德教育应紧扣时代脉搏，以"立德树人"为根本宗旨，在武德教育课程建设的基础上，丰富德育途径与手段，使其自然地、顺理成章地成为武术教育的组成部分和培养全面发展的人的切实载体，而非空泛的、形式主义的武德教育。

4 武以成人,重视新时代武德教育评价体系构建

现有的史料表明,中央国术馆的武德教育评价以德育课程考试与领导者主观评价为主。这也说明了中央国术馆并无成熟的德育评价实践,这一局限需要在当前加以警示。评价是武德教育的重要组成部分,而"德才兼备"则从古至今都是我国评价人才的理想标准。在武德教育层面,从古代文武双全的褒扬,到中央国术馆术德并重的教化,再至今天立德树人的指向,提升道德水准一直以来都是武术教育的出发点和落脚点。将武德教育纳入学业考核,从中央国术馆的党义课程、音乐课程到今日的思政课程,都发挥了评价的引导作用,同时,对于破解"唯技术"的痼疾也有所裨益。然而,若将学业成绩作为武德教育评价的主要形式,却存在着学理上的合法性风险。武德教育评价的特殊性、评价的操作行为主义路线以及道德基于自由意志等特征,使得武德教育评价过程中可能出现违背评价伦理、程序正义难以保障、产生应试德育等风险。因此,武术德育评价的开展理应回到以武育德本身,并最终指向个体的成人,实现武以成人的评价目的。

基于此,武术专业教育的武德评价必须回到学生德性发展本身,不宜全面地、硬性地把武德教育纳入学业成绩考评,而应该在学校日常武德教育实践的开展中以育德为核心。无论术科还是学科的课程教学,教者在教学过程中都应融入对学生德性的教化。中央国术馆的德育评价不仅限于课程评定,还通过音乐、演讲、撰文、课外活动等多种途径,在日常的教育实践中将德育精神和武德原理常态运用于学生道德情感的陶冶。是以,中央国术馆历史经验对当前武术专业教育德育评价的启示在于:回到以武育德本身的德育评价,实现由"成材"向"成人"的转变。这也正如戴国斌教授等所述的:"武术学习、锻炼、文化传承,是武术人不断深化对'动作—身心—人'认识的行道过程,也是武术主体'由社会人转变为武术人'的成人过程。"[①] 武以成人是武术教育的本质要求,亦是"立德树人"根本宗旨的武术实践,更是武术教育的归宿。

---

① 戴国斌,刘祖辉,周延."锻炼行道,练以成人":中国求道传统的武术文化实践[J].体育科学,2020,40(2):29.

第3节　新时代武德教育实践层面的启示

中华武术在我国学校体育体系中具有重要的德育价值，有助于大德维度"民族气节"的熏陶、公德维度"见义勇为"的培育、私德维度"谦逊和善"的养成。鉴于学校体育弘扬中华武德的实然困境，具身认知理论提供了理论视角的选择。具身武德基于具身认知理论，吸收具身德育观点，主张武之本在攻防、武之体在竞赛，强调立德树人、以武育人。基于此，结合中央国术馆历史经验，本节提出了新时代武德教育实践层面的启示。

1　确保学校体育武术课时是武德教育的前提要求

基于"全国2/3以上的学校没有开设武术课，一些开设武术课的学校以其他内容（如跆拳道等域外武技）取代武术"的情况[①]，如不以增加武术课时为前提，学校体育弘扬中华武德之大德——民族气节、公德——见义勇为、私德——谦逊和善的三维德育价值观将缺乏根本保障。《关于全面加强和改进新时代学校体育工作的意见》中明确提出要"开齐开足体育课"[②]。当前，我国义务教育阶段体育与健康课程已形成小学1~3年级每周4课时、小学4~6年级每周3课时、初中每周3课时的局面。某些地方教育主管部门更是加强要求，例如宁波市要求各年级在现有体育课时的基础上，每周增加1节体育课[③]。但是，武术项目的课时并没有得到明确支持。《关于实施中华优秀传统文化传承发展工程的意见》中指出："丰富拓展校园文化，推进戏曲、书法、高雅艺术、传统体育等进校园。"[④]《义务教育体育与健康课程标准（2022年版）》中强调：学校应至少开设1个中华传统体育类运动项目或项目组合。学校体育若没有保障武术课时，弘扬中华武德就失去了前提条件。对此，要实事求是地认清我国目前学校体育武术课时不足以及

---

① 国家体育总局武术研究院.我国中小学武术教育改革与发展的研究[M].北京：高等教育出版社，2008：17.
② 中共中央办公厅 国务院办公厅印发《关于全面加强和改进新时代学校体育工作的意见》和《关于全面加强和改进新时代学校美育工作的意见》[EB/OL].（2020-10-15）[2021-05-06]. http：//www.gov.cn/zhengce/2020-10/15/content_5551609.htm.
③ 史望颖.宁波创新体育美育教学，实现"一生一技""一生一艺"[N].中国教育报，2023-02-07（2）.
④ 中共中央办公厅 国务院办公厅印发《关于实施中华优秀传统文化传承发展工程的意见》[EB/OL].（2017-01-25）[2021-05-06]. http：//www.gov.cn/zhengce/2017-01/25/content_5163472.htm.

单列武术课不具备条件的现实。唯有在学校体育框架中，尽可能地在义务教育阶段保障武术每周 1 课时，在高中、大学阶段保障武术成为被选择的体育项目之一才较为实际。另外，《义务教育体育与健康课程标准（2022 年版）》中指出：让学校自主选择教学内容更有利于学生学习和发展①。学校体育可通过体育走班制、体育兴趣小组、体育俱乐部等形式保障武术的开展，让学生能够在课外活动中弘扬中华武德。以弘扬优秀传统文化为特色的学校，以及形成"一校一品"的武术特色学校，亦可在体育课时外丰富学校武术活动。因此，无论从政策上，还是从作为弘扬中华优秀传统文化的代表性体育项目上来看，保障学校体育武术项目课时的必要性与可行性均已形成，其将助力学校体育落实"立德树人"根本任务。

2 推动武术课程与教学改革是武德教育的核心要求

中央国术馆主张武德教育"本在攻防，体在竞赛"，注重在攻防对抗具身体验中获得武德，是"习武先习德"的说教模式的有力补充。《义务教育体育与健康课程标准（2022 年版）》特别强调要重视具有对抗性的中华传统体育类运动项目，减少花拳绣腿式的比画动作教学，培养学生的尚武精神和阳刚之气。这就要求当前学校体育武术项目既有的套路内容、武术操内容及其打练分离模式下只是简单动作机械练习的课程与教学进行改革，突出中华武术教学内容的技击性和对抗性。

课程与教学目标上，需要立足于体育学科核心素养——体育品德素养，结合不同拳种的技术特点与历史流变，由体育精神、体育道德、体育品格三个维度，转变为"大德—公德—私德"三个维度的"具身武德"目标。例如，课程咏春拳全学段的"具身武德"目标，可以具体描述为：通过咏春拳的攻防习练和跨学科主题学习，弘扬梁赞、陈华顺、叶问等武术名家的爱国主义民族气节，培养学生见义勇为的社会公德意识与能力，培育学生谦逊和善的私德行为。具体到课时目标，可结合学情和不同教学内容设立生成性目标。课程与教学模式上，需要立足拳种，注重单势动作、组合动作、成套动作的打练结合，通过课内外攻防勤练与竞赛的具身体验弘扬中华武德。拳种作为中华武术的基本单位，是全国学校体育联盟（中华武术）提出"一校一拳"学校武术教育课程内容改革的理论依据。具身武德要求结合中华武术自身的拳种属性进行分类，

---

① 季浏. 我国《义务教育体育与健康课程标准（2022 年版）》解读 [J]. 体育科学，2022，42（5）：13.

建议分成功法、腿法、拳术、摔跤、器械五类，每一类优选全国普及度较高的拳种，并结合当地特色拳种设置校本课程。具身武德要求从行为出发，只有在攻防习练中体验、在攻防习练中感悟、在攻防习练中内化，才能完成知、情、行的整合。具身武德最主要的实施路径就是课堂上的攻防对抗练习。通过攻防对抗，主体才能有武德感知，在"拳拳之心"的紧握中体悟中华武德"威武不能屈"的民族气节之大德，在"知轻重""知进退""知分寸"的攻防演练中体悟中华武德"勇敢""仁义"的见义勇为之公德，在"点到为止"的对试中体悟中华武德"谦逊和善"之私德。课程与教学评价上，应侧重于形成性评价，立足于基本观念与基本行为，以弘扬中华武德为目的，注重课堂上攻防习练与比赛情境中的及时反馈。

3 提升体育教师武德教育意识与能力是武德教育的基本要求

教育学原理指出，在教育活动中教师占主导的地位。学校体育在落实"立德树人"根本任务时，也应高度重视体育师资队伍建设，尤其要着重提升体育教师的德育意识与能力[①]。基于"具身武德"的课程与教学改革，提升体育教师的"具身武德"意识与能力尤为重要。如果体育教师都不理解"具身武德"，何谈学生"具身武德"的养成呢？然而，由于受"学科中心主义"影响，部分体育教师仍认为体育与健康课程的任务是教会体育技术，道德与法治课程的任务才是德育。存在这种认识的教师不仅没做到国家所要求的"把社会主义核心价值观贯彻教书育人全过程"，而且忽视了"具身武德"在学校体育中的作用。首先，教育主管部门需要重视学校体育师资的职前教育与职后培训。《义务教育体育与健康课程标准（2022年版）》强调：针对体育教师的培训，要充分考虑培训内容的实用性、指导性和可操作性。这要求在培训中增加武术拳种内容，教会拳种单势、组合、成套动作的攻防技术，着重提升体育教师的"具身武德"意识，摒弃"学科中心主义"，使其意识到学校体育武术项目"具身武德"的独特价值。其次，要在武术专业教育中加强师范生"具身武德"能力的培养，注重培养其在学校体育武术课堂教学与课外活动组织中创设多样化、复合型"具身武德"情境的能力。此外，"具身武德"要求体育教师应有武术攻防能力，做到立

---

① 季浏，马德浩.新时代我国学校体育改革与发展[J].体育科学，2019，39（3）：3—12.

足拳种、教会攻防、勤练攻防以及多元常赛。

4 重视课内外竞赛互相联动是武德教育的重点要求

中国传统文化的"践履""体认"和"体证",以及西方认知心理学所提出的"具身"思想,均表明美德培育的关键在于个体在实践活动中的体验[①]。武德教育最直接的践行路径就是武术攻防竞赛教育。通过竞赛,个体与客体才能发生切实的道德关系,才能身临其境,体验感悟主客体之间的关系,实现知、情、行的整合。《义务教育体育与健康课程标准（2022年版）》亦强调：体育品德的评价重点应关注学生在真实运动情景,特别是体育比赛或展示中表现出的体育品德情况[②]。因此,武德教育的实施离不开武术竞赛的渗透。在"立德树人"根本任务下,竞赛有着重要的德育作用,这是因为竞赛就是真实的德育情境,有助于学生弘扬中华武德的具身体验。"具身武德"的独特价值就在于不空谈武术精神,而是注重课内外武术攻防展演与攻防对抗竞赛的相互联动。学生攻防展演和攻防对抗竞赛的体验就是弘扬中华武德的过程。

攻防展演不同于套路表演和武术操表演,它是以双人或多人为组织形式的武术单势动作、组合动作、成套动作的一功一防的展示与表演。攻防展演是攻防比赛的基础,也是功防动作提高的过程与手段。攻防对抗竞赛不同于散打,它是立足于拳种功法、套路、拆招、喂手、散手、实战的中华武术习练过程的最终形态。

攻防展演与攻防对抗竞赛中有竞争、对抗、冲突、合作、规则、团队等元素,比赛中学生对这些显性和隐性元素的体验和感受就是塑造学生身心和形成武德的过程。通过竞赛弘扬中华武德,更多的是课堂上和校内的比赛。《〈体育与健康〉教学改革指导纲要（试行）》中指出,要面向全体学生,根据体育教学内容合理组织每堂课上的教学比赛,结合体育课堂教学组建班队,要周周打比赛,使学生享受竞赛乐趣,更加牢固地掌握专项运动技能,培养学生的体育与健康素养[③]。通过课内外攻防展演和攻防对抗竞赛的模拟与真实情景,有助于中华武德的文化熏陶,有助于引导、激发学生追求先辈民族气节,感悟见义勇为,表现谦逊和善的心理潜能。

---

① 刘惊铎.道德体验论[M].北京：人民教育出版社,2003：231.
② 季浏.我国《义务教育体育与健康课程标准（2022年版）》解读[J].体育科学,2022,42（5）：13.
③ 教育部.教育部办公厅关于印发《〈体育与健康〉教学改革指导纲要（试行）》的通知[Z].教体艺厅函[2021]28号,2021-06-30.

在比赛内容上，体育课堂环节需要让学生尽快和尽多地体验简单或较难的功法、攻防展演或攻防对抗比赛。例如，学生掌握马步动作后的持续时间比赛，掌握形意拳"崩拳"后的击打不倒翁比赛，掌握咏春拳"小念头"后的攻防展演和"对拆"比赛等。另一方面，学校武术课外比赛应通过多元形式展开。横向上，可以是校内的班级间，也可以是年级间的攻防展演和攻防对抗比赛；纵向上，可以是市内各校的比赛，也可以是省内各校的比赛。可采用赛季的形式，在不同赛季中学习与体验不同拳种文化，对于不同拳种的比赛礼仪，在开始前先要对国旗行注目礼，比赛前后要与对手、教师和裁判分别行碰拳礼、拥抱礼和抱拳礼。在武德行为规范上，要重视比赛中对中华武德的评价，形成"90% 武术比赛的客观规则 +10% 礼仪与武德的主观评价"，以及"武德一票否决制"的学校武术竞赛规则设计理念。例如，攻防对抗竞赛中对手倒地后如若继续攻击、辱骂他人等可直接判败，以促进学生能在竞赛中表现出有责任担当的行为，激发学生的民族气节，使其具有见义勇为的意识和能力，以及谦逊和善的品质。

第 10 章 研究结论与省思

第 1 节 中央国术馆武术教育的研究结论

本书通过搭建严密的研究框架,系统梳理与分析大量一手史料,基于进步史观、唯物史观、大历史观以及教育原理的运用,得出以下结论:

1 中央国术馆武术教育的成因判断与发展轨迹

中央国术馆武术教育奠定在近代中国积贫积弱唤起尚武精神的文化背景下,南京国民政府成立后发展武术的政治背景下,以及学生成为近代武术重点发展对象的教育背景下。中央国术馆的武术教育的目的为"强种救国"。中央国术馆武术教育先后历经了南京时期的发展和流离时期后的衰落。

2 中央国术馆武术教育课程、教学、武德的事实判断与价值判断

在武术课程上:中央国术馆基于"强种救国"的教育目的,分别从武术专业教育课程设置和武术普及教育课程设置两条线出发,对中国武术进行了课程化的构建。中央国术馆的武术课程有学科、术科、活动、实习四种类型。该馆的武术专业教育课程从创始时期"重术轻学"的武术课程设置,到"一馆一校"时期中央国术馆"术学并举""中西结合"的武术课程编制,再至"一馆一校"时期体育专科学校"术学并重""中西交融"的武术课程编制,体现出随办学实践而发展、不断优化的特点。中央国术馆的武术普及教育课程从全面抗战爆发前分级培训模式下的武术课程设置,到全面抗战时期假期培训的武术课程模式,再至对编订大中小学武术课程标准的努力,反映出该馆一

定程度上促进了武术的传播。中央国术馆武术课程呈现出循序渐进、体用兼备、中西交融的特征。中央国术馆着力探索武术课程化转型，却烙印着泛政治化的局限性，当然，术学并重的武术课程设置使其成为武术专业教育的开拓者，以拳种为单位设计的技术课程亦初步形成了武术传承体系。

在武术教学上：首先，中央国术馆通过延揽武术人才保障武术教学师资基础，"撤门户设教务"铺平教学管理道路，兴建"竞武场"等优化武术教学环境，多渠道筹集资金确保武术教学之经费的四种举措，以保障武术教学的正常开展。其次，中央国术馆通过设立教授班、师范班、讲习班、专科班、研究班、国术研究会等武术专业教学组织形式，以及馆内馆外练习班的武术普及教学组织形式，以践行其所谋划的教育目的。再次，中央国术馆在确立直观性、系统性、科学性、技击性、修炼并重的教学原则的基础上，传承与发展了以指导、练习、评价为主的武术教学方法。最后，中央国术馆武术教学评价通过形成性评价和终结性评价两种类型，运用对试法和考察法为主的评价方法，力求对学生之学和教师之教作出评价。中央国术馆中西交融促进了武术教学的现代化，突出技击促进了武术教学的向实化，但却囿于技击限制了武术教学的人本化。

在武德教育上：中央国术馆从政治素养、技术素养、品德素养、生活素养、社会素养、个性素养六个方面，分别提出了遵守党义国法、化除宗派畛域、崇尚俭苦忠勤、戒绝酒色烟赌、养成博爱和平、惩儆贪嫉骄惰"六位一体"的武德教育内容，通过直接道德教育和间接道德教育两种途径，采用说服教育、榜样示范、实践锻炼三种方法开展武德教育。该馆的武德教育呈现出"强种救国"为核心理念、"六位一体"构建德育内容、张之江为德育领导者、多元化的武德教育实施四种特征。中央国术馆武德教育传承与发展了武术道德价值，是"术德并重"武术教育理念的近代探索与实践。然而，其泛政治化的武德教育存在着很大的局限性。

3 中央国术馆武术教育的总体评价与新时代启示

中央国术馆初步构建了中国武术专业教育体系，培养了一大批武术精英人才，促进了武术在近代中国的传播，张之江的武术教育思想与爱国情怀得以在中央国术馆中升华。然而，张之江向实化的教育思想湮没了武术教育的"技外之理"。中央国术馆在泛政治化的武术教育技术路线的直接原因下，以及未能同步发展武术普及教育的根本原因下，最终走向没落。

中央国术馆对新时代武术专业教育的启示在三个层面。教育理念层面：①重视"知行合一"的武术专业教育理念；②重视"中西融合"的武术专业教育理念；③重视"民族精神"的武术专业教育理念；④重视"走向世界"的武术专业教育理念。课程层面：①重视"文明互鉴"，更新武术专业课程设置观念；②重视"体用兼备"，聚焦课程攻防对抗体验；③重视"拳种意识"，优化武术技术课程内容。教学层面：①一体两翼，完善武术教学的表演和技击属性；②突出攻防，因时制宜优化不同武术教学方法；③注重评价，"表演"与"技击"的双重性不应偏颇。

中央国术馆对新时代武术普及教育的启示在三个层面。教育理念层面：①重视"刚健有为"的武术普及教育理念；②重视"以武育心"的武术普及教育理念；③重视"打练融合"的武术普及教育理念；④重视"技外之理"的武术普及教育理念。课程层面：①重视"拳种意识"，开发中华武术对抗类技术课程；②推动武术普及教育与武术专业教育的协同共进；③提炼单势、组合、成套动作，注重攻防对抗体验。教学层面：①分段推进，重视不同武术教学方法的适用性；②身临其境，重视学生武术习练时的对抗体验；③聚焦对试，重视学生武术习练后的攻防能力；④打练合一，重视优化套路与攻防习练的配合。

中央国术馆对新时代武德教育的启示在三个层面。武德教育观层面：①学校武术有助于大德维度——民族气节的熏陶；②学校武术有助于公德维度——见义勇为的培育；③学校武术有助于私德维度——谦逊和善的养成。武德教育理论层面：①立德树人，推动"打练融合"优化武德教育目标；②弘扬美德，构建"课程思政"完善武德教育内容；③以人为本，改进新时代的武德教育手段和方法；④武以成人，重视新时代武德教育评价体系构建。武德教育实践层面：①确保学校体育武术课时是武德教育的前提要求；②推动武术课程与教学改革是武德教育的核心要求；③提升体育教师武德教育意识与能力是武德教育的基本要求；④重视课内外竞赛互相联动是武德教育的重点要求。

第2节　中央国术馆武术教育的研究省思

中央国术馆是民国时期影响最为广泛的武术组织，也是最重要的武术教育单位，它既是中国武术教育从传统走向现代的产物，也是武术寻求对接"国之大事"的产物，更是国民党建构和深化党化意识形态的产物。中央国术馆与现代中国教育变迁有着密切联系，体现了教育转型过程中特有的武术教育特征，并对现代中国武术教育以及武术文化的发展产生了重要和深刻的影响。本书在完成中央国术馆武术教育的历史研究之后，试图结合中央国术馆历史，从更宽广的视域深化对"武术何为"问题的思考，以作进一步的概括与展望。

1　中央国术馆武术教育的传统性与现代性

中央国术馆的武术教育是传统性与现代性交织的一种教育现象，是民国社会处于从传统向现代转型的特殊时期的产物。武术教育实际上是教育者对受教者施以武术技术和品德修养的教化过程。以武育人是武术教育的终极追求。中央国术馆一定意义上是对武术传统的继承，而且在形式上也大量吸收了传统质素，从而使中央国术馆的传统性较为明显。无论是张之江"知行合一"的武术教育思想，抑或是课程设置中的大量传统武术内容，再或是德育中所强调的"礼义廉耻"，都体现了基于本土经验发展武术教育的文化自觉。而将"武术"在词源上变更为"国术"，更是一种打破天窗的举措。"武术"一词起源于南朝颜延之《皇太子释奠会作》中的"偃闭武术，阐扬文令"，在延续一千多年后升格为"国术"，与民族国家命运相匹配。将武术对接为"国之大事"的愿望空前，无论如何亦是一种对中华优秀传统文化极度自信的体现。

当然，中央国术馆武术教育的产生毕竟是在现代教育建立过程中出现的本土体育传承与发展运动，因此，也必然体现出时代的特质，表现出鲜明的现代性。这种现代性不仅表现在中央国术馆的一系列武术教育实质性举措上，同时也体现在国家权力对武术教育的影响上。

中央国术馆初期，馆长张之江与副馆长李景林之间的教育思想矛盾表明，张之江吸纳了现代体育的文明因素，并积极破除武术门户自限的传统局限性。正是在张之江的领导下，"一馆一校"时期的中央国术馆形成了"中西交融"的发展模式，乃至培养出了一批中西并举的武术人才，而非古董式的武术大师。然而，在现代国家建构的控制体系内，教育迅速被国家权力所渗透和掌控，这显然不同于传统时代的师徒传授。国民党执政后，建立了全国性的国家权力机构，大力推行统一化的党化教育，进行时空重组，包括全面推广孙中山崇拜运动，体现出现代性特征[①]。在中央国术馆的武术教

---

① 陈蕴茜. 崇拜与记忆：孙中山符号的建构与传播[M]. 南京：南京大学出版社，2009：563.

育中,"党义"课程贯穿始终,"总理纪念周"课程更体现了国家权力在时间维度上对该馆武术教育的控制——通过设置政治时间操控学生形成有关国民党崇高形象的认知和记忆。因此,中央国术馆的武术教育发展路径兼具传统性与现代性,其中庸式的武术教育技术路线使中央国术馆成为那一时期武术人安身立命的摇篮,却又使得进馆受教者无可逃避地成为文化重建的力量和政治建设的后盾。

2 中央国术馆武术专业教育与普及教育的不对称性

《中央国术馆组织大纲》中所提出的"教授中国武术"这一中央国术馆四项职能之教育职能,由该馆通过武术专业教育和武术普及教育两种形式双管齐下地展开。然而,通过对史料的整理与分析发现,中央国术馆实际上只有武术专业教育产生了历史影响,其武术普及教育的开展实际上是心有余而力不足。中央国术馆随着国民政府的强势扶持逐渐在全国成为武术最高学府,集各种资源于一身,但是该馆推行武术教育的时间、力度和强度并不统一和均衡,而是存在着强弱差距,由此造成了专业教育与普及教育之间巨大的鸿沟,未能让武术普及全民、深入人心。这种分化在该馆早期武术专业教育学生的毕业去向中可见端倪——教授班所培养的武术精英人才大多被分配至国民政府的权力机构。即便是在"一馆一校"时期,中央国术馆已然认识到面向学校培养武术师资人才的重要性,但是由于全面抗战的爆发,该馆的普及武术蓝图被迫中断。

当然,中央国术馆武术专业教育与武术普及教育发展不对称的根本原因在于该馆的武术普及教育未能深得民心,以及未能在民众当中形成普及武术的合力。让国人热爱武术,而非少数人强推上去的国术,乃是武术专业教育与普及教育协同发展的关键。时至今日,武术普及教育仍是难点,让学生热爱武术,乃至走向社会仍有习练武术的习惯;就像空手道之于日本、泰拳之于泰国、跆拳道之于韩国,让武术成为真正意义上的"国术":仍任重道远。正如邱丕相教授等所指出的,我国学校是最重要、最广泛的武术传承阵地,只有将武术置于学校,通过青少年进行传承,才能更好地履行武术弘扬民族精神和传承中国传统文化的历史使命[①]。遗憾的是,当前武术专业教育与普及教育仍未形成持续性的"全国一盘棋"式的改革实践,这种不对称性或许就是邱丕相教授等所说的"武术进学校已喊了近百年,却依然显得寥落"[②]之重要原因之一。中央

---

① 邱丕相,王国志.当代武术教育改革的几点思考[J].体育学刊,2006,13(2):76-78.
② 邱丕相,王震.中国武术的回眸与展望[J].体育学研究,2018(3):55-60.

国术馆武术教育同民国高等教育存在内在一致性，都是一种少数人的教育。如何让武术教育由"国之大事"下沉到"民之生活"？如何让"学生喜欢武术"同时转变成"学生喜欢武术课"，使武术教育成为培养学生全面发展的切实载体？武术专业教育与普及教育的对称性发展无疑是破解这一顽疾的重要理路。

3 中央国术馆武术教育的工具理性与价值理性

中央国术馆武术教育的落幕，除却随国民政府命运而沉浮的外部因素外，它的工具理性倾向是其最终走向衰落的原因。民族救亡的特殊时代背景使得中央国术馆将"强种救国"当成武术教育的最高理想。这种工具理性思维在中央国术馆的武术教育领域则表现为突出技击与武德教育成为霸权话语，缺少对武术"技外之理"的探索，亦湮没了武术的多元价值。如果说在当时的历史背景下，中央国术馆的工具理性倾向所表现出的效用原则发挥了与时代主题相吻合的积极作用，那么，时至今日，武术教育仍然沿袭的短期功利主义思想对于武术的发展只能是弊端了。当前武术专业教育人文素质教育课程被边缘化，武术术科课程被去技击化。要培养学生爱国主义、集体主义、社会主义精神，以及奋发向上、顽强拼搏的意志品质，实现以武育智、以武育心乃至民族复兴的价值理性，无疑需要走出现代武术教育百年来的工具理性窠臼。

一个教育组织合目的、合规律的教育实践活动的成功，即学生精神价值向社会价值的转化，取决于工具理性与价值理性的统一。当"救亡压倒育人"时，中央国术馆武术教育偏重于工具理性所产生的直接效益，而忽略了价值理性是武术教育发展的重要保障。武术专业教育是培养高级武术人才的摇篮和促进武术传承与发展的桥梁，武术专业教育的理性判断直接影响着武术普及教育的开展。以史为鉴，为了适应新时代社会发展的需要，培养全面发展的人才已经成为武术教育的最终目的。武术教育只有达到工具理性与价值理性的统一，方能不断确证武术教育"武以成人"的最高本质，进而培养全面发展的人才。由此观之，中央国术馆恰因为未能处理好武术教育工具理性与价值理性的关系而最终消散。中国未来的武术教育要破除唯工具理性的倾向，无疑需要以史为鉴，将武术教育对接"国之大事"的工具理性倾向与"武以成人"的价值理性倾向相联结。这种武术教育不是政治的附庸，不是救国的工具，而是弘扬优秀传统文化的切实载体，是文化强国战略与民族复兴目标的重要拼图，更是"立德树人"育人宗旨的武术在场。

附录 A　中央国术馆武术教育史料图集

中央国术馆初创时期全体职员①

中央国术馆旅行团赴军校表演后其女子成员与军人合影②

---

① 图片来源于《中央国术馆汇刊》，1928 年第 1 期，16 页。
② 图片来源于《华昌影刊》，1936 年第 14 期，27 页。

中央国术馆讲习班（男生）课表①

中央国术馆年终考核之"对试"②

---

① 图片来源于《国术周刊（南京）》，1935年138/139期，封4。
② 图片来源于《图画时报》，1928年第522期，3页。

附录 A 中央国术馆武术教育史料图集

中央国术馆前身国术研究馆成立大会①

漫画：国术是中国的国基②

中央国术馆学生表演剑术③

张之江表演国术④

中央国术馆女学员蒲曼伶⑤

---

① 图片来源于《中国大观图画年鉴》，1930 年版，258 页。
② 图片来源于《专刊汇编》，1929 年第 38 期，1 页。
③ 图片来源于《时代》，1933 年第 4 卷第 6 期，3 页。
④ 图片来源于《华昌影刊》，1936 年第 14 期，9 页。
⑤ 图片来源于《女子月刊》，1933 年第 1 卷第 10 期，10 页。

中央国术馆教师郝鸿昌聘书①

张之江率领"一馆一校"学生代表出访东南亚于马来西亚槟榔屿合影②

中央国术馆学生张文广（右）
练习拳击③

中央国术馆学生张文广（左）
与温敬铭（右）练习"空手夺枪"④

---

① 聘书由郝鸿昌之子郝凤岭提供。
② 图片来源于《外部周刊》，1936年第109期，11页。
③ 图片来源于《张文广百年纪念画册》，北京体育大学出版社2015年版，12页。
④ 图片来源于《张文广百年纪念画册》，北京体育大学出版社2015年版，14页。

附录 A　中央国术馆武术教育史料图集

中央国术馆"竞武场"①

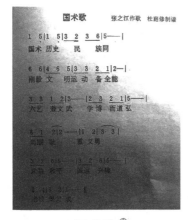 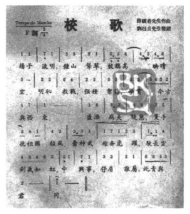

国术歌②　　　　中央国术馆体育专科学校校歌③

中央国术馆学生练习摔跤④　　中央国术馆体育专科学校学生练习体操⑤

---

① 图片来源于《百年缘——近现代南京与奥林匹克》，南京出版社2014年版，28页。
② 图片来源于《中央国术馆史》，黄山书社1996年版，41页。
③ 图片来源于《中央国体专校季刊》，1935年第1卷第2期，6页。
④ 图片来源于《中央国体专校季刊》，1935年第1卷第2期，19页。
⑤ 图片来源于《中央国体专校季刊》，1935年第1卷第2期，20页。

中央国术馆体育专科学校体育馆①

"一馆一校"师生代表欢送
张之江出国考察②

民国第六届全运会中央国术馆
体育专科学校参赛运动员③

中央国术馆体育专科学校招生简章一页④

---

① 图片来源于《中央国体专校季刊》，1935年第1卷第2期，15页。
② 图片来源于《中央国体专校季刊》，1935年第1卷第2期，26页。
③ 图片来源于《中央国体专校季刊》，1935年第1卷第2期，32页。
④ 图片来源于《中央国体专校季刊》，1935年第1卷第2期，33页。

附录 A　中央国术馆武术教育史料图集

更名后的国立国术体育师范
专科学校学生报考备查表①

更名后的国立国术体育师范专科学校
新生口试成绩表②

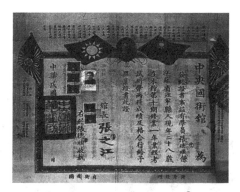

中央国术馆学生毕业证书③

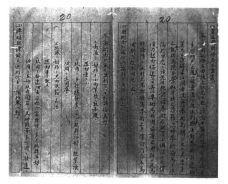

中央国术馆课程"国术概论"学生试卷一页④

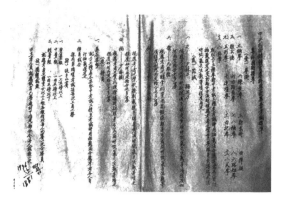

中央国术馆体育专科学校毕业考试标准一页⑤

---

① 图片来源于重庆市档案馆藏档案，档案号：01270001003480000001000。
② 图片来源于重庆市档案馆藏档案，档案号：01270001001020000001000。
③ 图片来源于重庆市档案馆藏档案，档案号：00940010000230000002000。
④ 图片来源于重庆市档案馆藏档案，档案号：01270001002290000001000。
⑤ 图片来源于重庆市档案馆藏档案，档案号：01270001000020000053000。

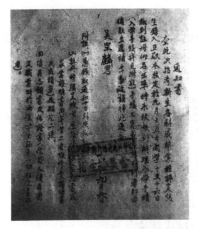

更名后的国立国术体育师范专科
学校录取通知书①

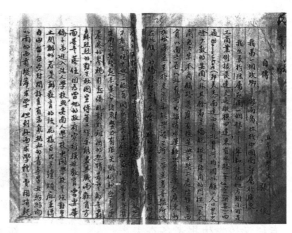

更名后的国立国术体育师范专科
学校学生自传②

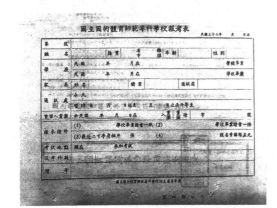

更名后的国立国术体育师范专科
学校报考表③

中央国术馆
部分师生1985年合影④

---

① 图片来源于重庆市档案馆藏档案，档案号：0127000100040000000102000。
② 图片来源于重庆市档案馆藏档案，档案号：0127000100020000001000。
③ 图片来源于重庆市档案馆藏档案，档案号：01270001000400000100000。
④ 图片由郝鸿昌之子郝凤岭提供。

附录 B 《中央国术馆武术教育研究》专家访谈提纲

访谈前言：尊敬的专家您好！本人的论文题目为《中央国术馆武术教育研究》，现就中央国术馆及其武术教育相关问题进行访谈。

1. 请谈谈您对民国武术的看法，在研究上应注意哪些问题。

2. 请谈谈您对民国武术教育的看法，在研究上应注意哪些问题。

3. 中央国术馆基本职能之一为"教授中国武术"，在推进武术教育改革方面采取了诸多举措。请您谈谈对中央国术馆武术教育的看法，在研究上应注意哪些问题。

4. 请您结合中央国术馆武术教育，谈谈您对当前武术专业教育的看法。

5. 请您结合中央国术馆武术教育，谈谈您对当前武术普及教育的看法。

6. 进入新世纪以来，从2006年上海体育学院提出的"淡化套路，突出方法，强调应用"，到2010年北京体育大学提出的"突出拳种、优化套路、强调应用、弘扬文化"，再到2013年上海体育学院提出的"一校一拳，打练并进，术道融合，德艺兼修"的教改思想，请您结合当前武术教育改革，谈谈您对武术教育未来发展的看法。

7. 您认为本研究提出的中央国术馆武术教育理念上的启示，武术课程与教学上的启示，武术德育上的启示，是否妥当？请谈谈您的看法。

8. 您能否联系到中央国术馆健在的领导者、教师和学生，或者中央国术馆的亲密联系者或其亲朋好友？

附录 C 周仲霞口述采访提纲

访谈前言：周奶奶您好！现就中央国术馆和体育专科学校（国立国术体育专科学校）重庆时期的武术教育相关内容对您进行访谈。

1. 中央国术馆体育专科学校（国立国术体育专科学校）当时是否还在办学？

2. 中央国术馆体育专科学校（国立国术体育专科学校）当时全校大约有多少学生和老师？

3. 中央国术馆体育专科学校（国立国术体育专科学校）当时有哪些课程？教学进展如何？

4. 中央国术馆体育专科学校（国立国术体育专科学校）当时收不收学费，学生有没有补助？

5. 中央国术馆体育专科学校（国立国术体育专科学校）当时学生有没有毕业实习？

附录 D　万乐刚口述采访提纲

访谈前言：万伯伯您好！现就张之江先生与中央国术馆武术教育相关问题对您进行访谈。

1. 张之江为什么创建中央国术馆？

2. 张之江为什么在中央国术馆的基础上创建体育专科学校？对于二者办学的相同点和不同点您是怎么看的？

3. 中央国术馆的课程您是否了解？比如"初级腿法""练步拳""国术史"等。

4. 中央国术馆的教学您是否了解？比如突出技击，强调对抗。

5. 中央国术馆的武德您是否了解？比如"崇尚俭苦忠勤"。

6. 中央国术馆的教师和学生从哪里来？学生毕业后去哪里？

7. 抗战胜利后，中央国术馆因为什么原因没有办起来？中央国术馆体育专科学校（国立国术体育专科学校）是否还在办学？

8. 您如何评价张之江先生，以及中央国术馆的武术教育？

附录 E　郝凤岭口述采访提纲

访谈前言：郝伯伯您好！现就郝鸿昌先生与中央国术馆武术教育相关问题对您进行访谈。

1. 郝鸿昌先生当年在中央国术馆担任什么职务？何时开始何时结束？

2. 中央国术馆及其体育专科学校的办学有何相同点和不同点？

3. 中央国术馆的课程您是否了解？比如"初级腿法""练步拳""国术史"等。

4. 中央国术馆的教学您是否了解？比如突出技击，强调对抗。

5. 中央国术馆的武德您是否了解？比如"崇尚俭苦忠勤"。

6. 中央国术馆的教师和学生从哪里来？学生毕业后去哪里？

7. 您如何评价中央国术馆及其体育专科学校的武术教育？

参考文献

（一）档案类

［1］中国第二历史档案馆馆藏档案，全宗号：5，11.

［2］南京市档案馆馆藏档案，全宗号：1001，1003.

［3］重庆市档案馆馆藏档案，全宗号：0049，0081，0094，0120，0127，0287，0342，0343.

［4］江苏省档案馆馆藏档案，全宗号：1001，1006.

［5］天津市档案馆馆藏档案，全宗号：401206800.

（二）民国著述类

［1］孙文.《精武本纪》：序［M］//陈铁生.精武本纪.上海：精武体育会，1919.

［2］张九如.党义教育下各科教学法纲要［M］.上海：新时代教育社，1927.

［3］中央国术馆.张之江先生国术言论集［M］.南京：中央国术馆，1931.

［4］张之江.国术与体育［M］.南京：中央国术馆，1932.

［5］吴志青.少林正宗练步拳［M］.上海：大东书局，1930.

［6］吴志青.太极正宗源流［M］.昆明：北门书屋，1945.

［7］阚文璪.中央国术馆体育专科学校行政章则汇编［G］.南京：中央国术馆体育专科学校，1934.

［8］吴志青.科学化的国术［M］.上海：大东书局，1930.

［9］中央国术馆.初级腿法［M］.上海：大东书局，1931.

［10］吴图南.国术概论［M］.上海：商务印书馆，1939.

［11］张之江.国术考试要览［M］.南京：中央国术馆，1931.

[12] 中国国民党党史委员会. 中国国民党年鉴：民国十八年[M]. 南京：中国国民党中央执行委员会党史史料编纂委员会，1929.

[13] 张之江. 国术与国难[M]. 南京：中央国术馆，1932.

[14] 中央国术馆. 国术规则[M]. 南京：中央国术馆，1935.

[15] 金一明. 拳术初步[M]. 上海：沪江国术出版社，1930.

[16] 吴志青. 国术教范：查拳[M]. 上海：大东书局，1929.

[17] 宋赓平. 剑法图说[M]. 上海：大东书局，1929.

[18] 宋赓平. 射技图说[M]. 上海：大东书局，1922.

[19] 程宗猷. 单刀法图说[M]. 上海：大东书局，1921.

[20] 程宗猷. 少林棍法图说[M]. 上海：大东书局，1921.

[21] 程宗猷. 长枪法图说[M]. 上海：大东书局，1921.

[22] 朱鸿寿. 少林拳法图说[M]. 上海：大东书局，1921.

[23] 吴志青. 六路短拳图说[M]. 上海：大东书局，1929.

[24] 吴志青. 查拳图说[M]. 3版. 上海：大东书局，1932.

[25] 吴志青，金一明. 七星剑图说[M]. 3版. 上海：大东书局，1932.

[26] 金一明，郭粹亚. 三义刀图说[M]. 上海：大东书局，1930.

[27] 凌善清. 形意五行拳图说[M]. 上海：大东书局，1930.

[28] 程宗猷. 服气图说[M]. 4版. 上海：大东书局，1929.

[29] 吴翼翚. 心意六合八法拳[M]. 南京：中央国术馆，出版年不详.

[30] 程宗猷. 苗刀[M]. 南京：中央国术馆，出版年不详.

[31] 郭长生. 劈挂拳[M]. 南京：中央国术馆，出版年不详.

[32] 蒋浩泉. 满江红[M]. 南京：中央国术馆，1934.

[33] 刘崇峻；吴志青，整理. 练步拳[M]. 上海：大东书局，1930.

[34] 金一明. 练功秘诀总目[M]. 南京：中央国术馆，1930.

[35] 金一明，郭粹亚. 练功秘诀[M]. 上海：百新图书公司，1930.

[36] 姜容樵，刘俊龄. 写真昆吾剑[M]. 2版. 上海：世界书局，1930.

[37] 吴兴，凌善清. 国术新教本[M]. 上海：大东书局，1930.

[38] 姜容樵. 形意杂式捶八式拳合刊[M]. 上海：武学书局，1930.

[39] 姜容樵. 写真鞭枪大战[M]. 上海：世界书局，1930.

[40] 黄柏年，任邱. 龙形八卦掌[M]. 上海：武学书局，1930.

［41］吴志青.太极正宗［M］.上海：大东书局，1930.

［42］姜容樵.写真少林棍法［M］.上海：世界书局，1930.

［43］姜容樵，姚馥春.太极拳［M］.上海：武学书局，1930.

［44］吴志青.教门弹腿［M］.上海：大东书局，1930.

［45］吕光华，李元智.梅花刀图说［M］.上海：大东书局，1931.

［46］傅秀山.捷拳图说［M］.上海：大东书局，1931.

［47］吴志青.赵门拳法炮拳图说［M］.上海：大东书局，1931.

［48］马永胜.新太极拳书［M］.南京：中央国术馆，1931.

［49］李元智，国术健身操［M］.南京：中央国术馆体育专科学校，1936.

［50］何学诗.练步拳图解［M］.南京：中央国术馆体育专科学校，1936.

［51］张文广.摔角术［M］.南京：教育部国民体育委员会，1936.

［52］金一明.君子剑［M］.4版.上海：百新书店，1937.

［53］金一明.国术体操图说［M］.7版.上海：百新书店，1937.

［54］中央国术馆.国术比赛新规［M］.上海：大众书局，1930.

［55］中央国术馆.国术考试条例［M］.南京：中央国术馆，1931.

［56］中央国术馆.最新国术比赛规则［M］.上海：上海体育书局，1933.

［57］姚馥春，姜容樵.太极拳讲义［M］.4版.上海：武学书局，1934.

［58］朱国福，刘浩然.国术归宗［M］.长沙：松雪纸庄，1935.

［59］侯敬舆，吴志青，异军.国术理论概要［M］.上海：大东书局，1935.

［60］张登魁.中国拳术与西洋拳术［M］.南京：国立师范学院体育与健康教育研究社，1936.

［61］张登魁.小学摔角教材教法［M］.南京：教育部体育委员会，1936.

［62］编者.优胜等级及奖品表［M］//浙江国术游艺大会汇刊（1929）.香港：心一堂有限公司，1930：296.

［63］编者.王子庆君演词［M］//浙江国术游艺大会汇刊（1929）.香港：心一堂有限公司，1930：20.

（四）民国期刊、报纸、其他类

1. 期刊类

[1] IH. 武化运动 [J]. 努力周报，1922（20）：3-4.

[2] 鲁继曾. 新武化运动 [J]. 长虹，1925（创刊号）：25-28.

[3] 李璜. 我们怎样预备作战？[J]. 艺林旬刊，1925（8）：2-6.

[4] 丘汉兴. 新武化运动发端（一）[J]. 晨报副刊：新少年旬刊，1925（4）：1-2.

[5] 丘汉兴. 新武化运动发端（二）[J]. 晨报副刊：新少年旬刊，1925（5）：1-5.

[6] 万籁声. "新武化运动"与"中国武术"[J]. 晨报副刊：新少年旬刊，1925（5）：3-6.

[7] 万籁声. 新武化运动之实现 [J]. 晨报副刊：新少年旬刊，1925（8）：5-6.

[8] 编者. 中央国术馆宣言 [J]. 中央国术馆汇刊，1928（1）：7-9.

[9] 张之江. 本馆馆长答词 [J]. 中央国术馆汇刊，1928（1）：4.

[10] 蒋中正. 序 [J]. 中央国术馆汇刊，1928（1）：2.

[11] 编者. 本馆发起人 [J]. 中央国术馆汇刊，1928（1）：39.

[12] 编者. 麦克乐所拟之武术大纲 [J]. 中华教育界，1925，15（6）：8.

[13] 编者. 体育研究社呈教育部规定武术教材文 [J]. 体育丛刊，1924（11）：295-303.

[14] 蒋中正. 专载：救国的教育 [J]. 上海市教育局教育周报，1933（182）：1-3.

[15] 黄梦. 纪录：中央国术馆纪念周：张馆长馆务报告、唐副处长报告本馆收支情形 [J]. 中央国术旬刊，1929（6）：14-17.

[16] 陈家轸. 我对于提倡国术之贡献 [J]. 中央国术旬刊，1929（2）：1-5.

[17] 唐克南. 杂俎：对国术家敬进一言 [J]. 中央国术旬刊，1929（7）：21.

[18] 姜容樵. 国术功用与贯通论 [J]. 勤奋体育月报，1936（5）：47-48.

[19] 姜容樵. 国术学说（续）[J]. 国术周刊（南京），1934，123：3-4.

[20] 吴志青. 国术与各科学之关系 [J]. 山西国术体育旬刊，1935，1（17）：2.

[21] 姜容樵. 从哲学科学说到国术 [J]. 求是月刊，1936，2（11/12）：361-365.

[22] 胡昇军. 国术的新生命与其新趋势 [J]. 中央国术旬刊，1929（3）：4-5.

[23] 胡昇军. 国术的新生命与其新趋势（续）[J]. 中央国术旬刊，1929（4）：4-6.

[24] 禹生. 为当道国术家进一杷言 [J]. 中央国术旬刊，1929（7）：3-5.

[25] 谢似颜. 评大公报七日社评 [J]. 体育周报，1932，1（30）：2-3.

［26］张之江. 急切需要的国术救国［J］. 时事月报，1933（18-21）：223-224.

［27］编者. 纪要：本馆宣言［J］. 中央国术馆汇刊，1928（1）：34-37.

［28］编者. 纪要：本馆缘起、本馆筹备会纪事［J］. 中央国术馆汇刊，1928（1）：32.

［29］编者. 规章：中央国术馆组织大纲［J］. 中央国术馆汇刊，1928（1）：19.

［30］编者. 国术同志应遵守之规律［J］. 中央国术馆汇刊，1928（1）：56.

［31］编者. 规章：本馆教授班简章［J］. 中央国术馆汇刊，1928（1）：55.

［32］金一明. 国术教学法编制大意［J］. 国术周刊（南京），1934，107：3-4.

［33］吕光华. 著述：国术教范基本拳（续）：初级之部：附图［J］. 中央国术旬刊，1930（12）：6-14.

［34］编者. 本校人物志［J］. 中央国体专校季刊，1935，1（2）：27-30.

［35］编者. 国术馆国体专校同人欢送张之江先生出国［J］. 国术周刊（天津），1935（11/12/13）：34-35.

［36］校闻：中央国术馆馆长张之江先生来校演讲并表演国术［J］. 同济旬刊，1937，130：2.

［37］校闻：中央国术馆馆员来校表演，馆长张之江亦出席演讲［J］. 交大校友，1937（3）：8.

［38］安庆崇文中学近闻：张之江将军至崇文中学演讲［J］. 安庆教务（月刊），1937（8）：41-42.

［39］编者. 大事汇述：褚民谊张之江接受奥林匹亚勋章［J］. 中央周报，1937，472：25-26.

［40］编者. 中央国术馆学生旅行记［J］. 国术周刊（南京），1932，86：6.

［41］张之江. 国术馆的性质［J］. 新生活周刊，1935，1（55）：11-12.

［42］张之江. 国术馆的性质：精神要军事化、学校化，事实要知行合一、文武合一（十二月十八日在本馆纪念周讲演）［J］. 国术周刊（南京），1934，107：1-2.

［43］胥以谦. 国术家要术学并重：十月十五日馆长在总理纪念周训话［J］. 国术周刊（南京），1934，128：1-2.

［44］中央国术馆附设国术讲习班女生课程表[J]. 国术周刊（南京），1935，138/139：封3.

［45］中央国术馆附设国术讲习班男生课程表[J]. 国术周刊（南京），1935，138/139：封4.

［46］编者. 张校长言论［J］. 中央国体专校季刊，1935，1（2）：7.

［47］阚冠五. 校史［J］. 中央国体专校季刊，1935，1（2）：13.

[48] 编者.张校长之出国与本校未来的展望[J].中央国体专校季刊,1935,1(2):24.

[49] 李元智.本校二年来国体军三部教学之回顾[J].中央国体专校季刊,1935,1(2):7.

[50] 孙移析.中学童子军问题[J].江苏省立上海中学半月刊,1931,56:1-2.

[51] 编者.消息:中央国术馆之新设施:筹设民众国术练习班[J].中央国术旬刊,1929(9):17-19.

[52] 编者.研究:学校国术教程规定之研究:中央国术馆教务处编审处拟[J].中央国术旬刊,1929(9):12-13.

[53] 编者.讲演:第四次讲演:职员练习国术及全体注重对手[J].中央国术馆汇刊,1928(1):44.

[54] 编者.讲演:第三次讲演:国术源流及内外交练[J].中央国术馆汇刊,1928(1):41-44.

[55] 金一明.练步拳序[J].国术周刊(南京),1935,138/139:16.

[56] 编者.规章:国术考试条例[J].中央国术馆汇刊,1928(1):59-63.

[57] 编者.本校人物志:人体肌动学教授吴蕴瑞先生[J].中央国体专校季刊,1935,1(2):28.

[58] 编者.根据本馆六周年纪念志盛[J].国术月刊,1934(5-6):5.

[59] 陈家轸.南洋侨胞热心国术[J].中央国术旬刊,1929(2):21.

[60] 矢强生.朱果夫同志[J].国术周刊(南京),1932,85:6.

[61] 编者.本馆举行月考[J].国术周刊(南京),1933,94:7.

[62] 编者.本周纪事[J].国术周刊(南京),1935,136-137:32.

[63] 勋生.消息:本馆最近之两大刷新:扩充图书馆阅报室,振刷教务加紧训练[J].国术周刊(南京),1933,91:7.

[64] 编者.中央国术馆十七年度自三月成立起至本年十二月底捐款共收共支报告表[J].中央国术馆汇刊,1928(1):67.

[65] 编者.中央国术馆体育专科学校招生简章(民国二十四年六月修正)[J].中央国体专校季刊,1935,1(2):32.

[66] 编者.规章:本馆练习班简章[J].中央国术馆汇刊,1928(1):55-56.

[67] 编者.章则:中央国术馆师范班添设练习生简章[J].国术周刊(南京),1934,114:9.

[68] 编者.消息:中央国术馆练习班简章[J].中央国术旬刊,1929(4):25.

［69］编者.中央国术馆二十四年秋季民众练习班简章［J］.国术周刊（南京），1935，138/139：16.

［70］编者.规章：本馆研究班简章［J］.中央国术馆汇刊，1928（1）：54-55.

［71］王宠惠.国术之人生观［J］.中央国术旬刊，1929（5）：1-2.

［72］张之江.国术同志应有的思想和风度及其目标［J］.国术周刊（南京），1933，91：1-2.

［73］张大昕.国术之新途径［J］.国术周刊（南京），1934，134：1-4.

［74］编者.中央国术馆八周年纪念宣言［J］.国术周刊（南京），1936，158/159/160：1-4.

［75］编者.纪录：张馆长之江慰勉国术同志［J］.中央国术旬刊，1929（6）：17-18.

［76］吕光华.纪录：中央国术馆纪念周：张馆长子姜先生报告［J］.中央国术旬刊，1929（9）：15-17.

［77］编者.消息：中央国术馆举行年考［J］.中央国术旬刊，1929（8）：20.

［78］金一明.国术打法之研究（一打）［J］.国术周刊（南京），1934，125：4-5.

［79］编者.讲演：第五次讲演：遵守党义国法［J］.中央国术馆汇刊，1928（1）：44-47.

［80］编者.讲演：第六次讲演：戒绝酒色烟赌（附化除宗派畛域）［J］.中央国术馆汇刊，1928（1）：48-49.

［81］编者.讲演：本馆馆长第一次讲演：纪念周静默意义［J］.中央国术馆汇刊，1928（1）：40.

［82］吕光华.纪录：十九年元旦日：馆长张子姜先生讲演［J］.中央国术旬刊，1930（10）：17-19.

［83］陈敦正.复兴民族与提倡国术之意义［J］.国术周刊（南京），1934，129：2-3.

［84］编者.杂俎：日记的一页（教授班第二期毕业生黄梦）［J］.中央国术旬刊，1929（2）：24-25

［85］陈敦正.石市长瑛讲演词：一月十六日于本馆扩大纪念周［J］.国术周刊（南京），1933，91：3-5.

［86］张之江.论文：国术家融化门派为今日之第一要著［J］.中央国术旬刊，1929（8）：1-3.

［87］程登科，苏锡祺.统一国术之意见：在中央国体专校纪念周讲演［J］.国术周刊（南京），1934，133：1-2.

[88] 吕光华.纪录：中央国术馆纪念周：张馆长之江报告馆务[J].中央国术旬刊，1929（7）：14-16.

[89] 吕光华.消息：本馆纪念周：张馆长子姜先生政治报告[J].中央国术旬刊，1930（14）：16-17.

[90] 吕光华.纪录：中央国术馆总理纪念周：张馆长子姜先生报告[J].中央国术旬刊，1929（13）：8-10.

[91] 吕光华.纪录：中央国术馆总理纪念周：张馆长子姜先生报告[J].中央国术旬刊，1930（12）：15-17.

[92] 吕光华.纪录：中央国术馆纪念周：张馆长子姜先生报告[J].中央国术旬刊，1929（9）：15-17.

[93] 张瑞堂,于天骥.张处长瑞堂讲演辞：十月二十日在总理纪念周[J].国术周刊（南京），1934，127：2.

[94] 于天骥.国术家的新生活：张馆长十月二十九日纪念周讲词[J].国术周刊（南京），1934，132：1-2.

[95] 编者.纪录：中央国术馆纪念周：张顾问树声报告观察浙江国术游艺会的经过[J].中央国术旬刊，1929（7）：16-17.

[96] 蒲芳节.关于总理纪念周馆长讲话的检讨[J].国术周刊（南京），1933，94：3.

[97] 编者.中央国术馆旅行团[J].华昌影刊，1936（14）：27.

[98] 编者.中央国术馆讲习班课表[J].国术周刊（南京），1935，138：17.

[99] 编者.中央国术馆年终考核之"对打"[J].图画时报，1928，522：3

[100] 编者.中央国术馆女学员[J].女子月刊，1933，1（10）：10.

[101] 编者.张之江出访东南亚[J].外部周刊，1936，109：11.

[102] 编者.纪录：中央国术馆纪念周：张顾问树声报告[J].中央国术旬刊,1929（5）：16.

[103] 教育部.学生义勇军教育纲领[J].教育部公报，1931，3（41）：26-28.

[104] 编者.中央国术馆秋季考试十月五日举行[J].国术周刊（南京），1932，82：7.

[105] 编者.规章：本馆女子练习班简章[J].中央国术馆汇刊，1928（1）：56.

[106] 编者.会务报告[J].精武年报，1930：7.

[107] 编者.各科通告[J].精武画报，1930，2（16）：页码不详.

[108] 编者.记事：本馆过去一年中的回顾[J].江苏省国术馆年刊，1929（1）：1-5.

[109] 蒋百里.军国民之教育[J].新民丛报,1902(22):48-67.

[110] 编者.消息:中央国术馆组织新剧社[J]中央国术旬刊,1930(10):20.

[111] 编者.纪录:中央国术馆纪念周:馆长报告[J].中央国术旬刊,1929(2):15-20.

2.报纸类

[1] 时报社.中华武术会开会记[N].时报,1922-09-23(10).

[3] 蔡元培.教育方针之意见[N].时报,1912-03-19(2).

[4] 申报社.全国中校长会议续志[N].申报,1918-10-21(13).

[5] 翔高.我国武术的优点[N].时报,1927-08-29(8).

[6] 大公报社.今后之国民体育问题[N].大公报,1932-08-07(2).

[7] 吴蕴瑞.论今后国民体育问题[N].大公报,1932-08-23(3).

[8] 大公报社.考察体育历时八月 张之江昨晨返国 张谈欧美提倡体育我万不及[N].大公报(上海),1936-04-11(8).

[9] 新闻报社.张之江谈普及全国国术将设国术推行处[N].新闻报,1936-06-04(14).

[10] 大公报社.张之江拟率领国术团遍游全国[N].大公报(上海),1936-09-05(8).

[11] 时报社.国术参观团动身 张之江念一日续往[N].时报,1930-05-18(6).

[12] 时报社.中华体育学会定期成立 王正廷张伯苓张之江等发起[N].时报社,1936-05-13(6).

[13] 新闻报社.中央国体专毕业生供不应求[N].新闻报 1936-11-24(12).

[14] 中央日报社.中央国术馆组义勇队[N].中央日报,1931-10-19(8).

[15] 申报社.国术馆介绍投考教授班人员[N].申报,1929-02-27(教育消息版).

[16] 中央日报社.中央国术馆师范班改称讲习班[N].中央日报,1935-01-03(3).

[17] 中央日报社.教育部审定国术教材[N].中央日报社,1931-06-04(5).

[18] 申报社.教育部中小学体育课程编辑委员会议[N].申报,1934-01-16(13).

[19] 申报社.中央国术馆通过教材[N].申报,1934-02-08(16).

[20] 民国日报社.中央国术馆年终考试在扬州绥靖署举行[N].民国日报,1930-12-29(4).

[21] 申报社.国术教范[N].申报,1929-11-19(20353).

[22] 申报社.拳术初步[N].申报,1930-09-10(20637).

[23] 申报社.定初级腿法中央国术馆编[N].申报,1931-09-05(20985).

[24] 褚民谊. 褚民谊对国术考试不满意列举六大缺点[N]. 红报, 1928-10-29 (2).

[25] 中央日报社. 中央国术馆刷新馆务[N]. 中央日报, 1935-08-04 (8).

[26] 申报社. 西湖博览会国术名流表演与欢宴[N]. 申报, 1929-06-10 (9).

[27] 申报社. 第二届国考日期决定[N]. 申报, 1933-10-03 (15).

[28] 申报社. 国体篮球队暨国术团九日出国[N]. 申报, 1936-01-05 (17).

[29] 申报社. 中央国术馆讯[N]. 申报, 1936-11-30 (13).

[30] 中央日报社. 中央国术馆建竟武场竣工[N]. 中央日报, 1930-09-05 (7).

[31] 西北新闻日报社. 中央国术馆函省府[N]. 西北新闻日报, 1932-08-18 (2).

[32] 中央日报社. 中央国术馆分设民众练习班[N]. 中央日报, 1930-06-23 (7).

[33] 中央日报社. 国术馆教授班将行毕业考试[N]. 中央日报, 1929-09-23 (7).

[34] 民报社. 中央国术馆昨举行教职员试验[N]. 民报, 1933-12-22 (3).

[35] 中央日报社. 中央国术馆考试职工[N]. 中央日报, 1935-01-26 (8).

[36] 中央日报社. 中央国术馆大考昨完毕[N]. 中央日报, 1933-12-21 (7).

[37] 中央日报社. 国术代表已选定[N]. 中央日报, 1936-05-14 (8).

[38] 申报社. 首都纪闻[N]. 申报, 1928-12-30 (5).

3. 其他类

[1] 张之江. 国术研究与民族强弱之关系[R]. 南京：中华民国大学院, 十七年全国教育会议报告丁篇, 1928：18-19.

[2] 全国教育会议宣言编写组. 全国教育会议宣言[R]. 南京：中华民国大学院, 十七年全国教育会议报告乙篇, 1928：1-7.

[3] 中央国术馆. 中央国术馆师范班招生简章[Z]. 南京：中央国术馆, 1933：2-4.

[4] 李元智. 国术裁判法[Z]. 讲稿, 1936.

[5] 中国国民党中央执行委员会训练部, 党义教育大纲[Z]. 南京：中国国民党中央执行委员会, 1928.

（五）当代著述类

[1] 朱本源. 历史学理论与方法[M]. 北京：人民出版社, 2007.

[2] 王岗. 虚无与提升：中国武术教育的问题与求解[M]. 北京：北京体育大学出版社, 2017.

［3］周伟良.中国武术史［M］.北京：高等教育出版社，2003.

［4］中央国术馆史编辑委员会.中央国术馆史［M］.合肥：黄山书社，1996.

［5］柳海民.教育原理［M］.长春：东北师范大学出版社，2000.

［6］金一鸣.教育原理［M］.2版.北京：高等教育出版社，2002.

［7］杨祥银.美国现代口述史学研究［M］.北京：中国社会科学出版社，2016.

［8］黄仁宇.万历十五年［M］.北京：生活·读书·新知三联书店，1997.

［9］蔡仲林，周之华.武术［M］.北京：高等教育出版社，2005.

［10］张宪文，等.中华民国史：第一卷［M］.南京：南京大学出版社，2006.

［11］毛泽东.体育之研究［M］.北京：人民体育出版社，1979.

［12］茅家琦，徐梁伯，马振犊，等.中国国民党史［M］.南京：江苏人民出版社，2018.

［13］张宪文，张玉法.中华民国专题史：第六卷 南京国民政府十年经济建设［M］.南京：南京大学出版社，2015.

［14］张宪文，张玉法.中华民国专题史：第十卷 教育的变革与发展［M］.南京：南京大学出版社，2015.

［15］蔡锷.军国民篇［M］.新民丛报影印本.台北：艺文印书馆，1966.

［16］温力.中国武术概论［M］.修订版.北京：人民体育出版社，2019.

［17］原春辉.中国近代教育方略［M］.台北：著者自印，1963.

［18］广东省社会科学院历史研究所，等.孙中山全集：第九卷［M］.北京：中华书局，1986.

［19］吴文忠.中国近百年体育史［M］.台北：台湾商务印书馆，1967.

［20］张岱年，方克立.中国文化概论［M］.2版.北京：北京师范大学出版社，2004.

［21］江百龙，林鑫海.明清武术古籍拳学论析［M］.北京：人民体育出版社，2008.

［22］广东省社会科学院历史研究所，等.孙中山全集：第五卷［M］.北京：中华书局，1985.

［23］广东省社会科学院历史研究所，等.孙中山全集：第七卷［M］.北京：中华书局，1985.

［24］柳海民.教育学原理［M］.北京：高等教育出版社，2011.

［25］孙中山.孙中山全集：第9卷［M］.北京：中华书局，2017.

［26］张润苏.张之江传略［M］.上海：学林出版社，1994.

［27］孔德．论实证精神［M］．黄建华，译．北京：商务印书馆，1996．

［28］郭廷以．近代中国史纲［M］．香港：香港中文大学出版社，1980．

［29］罗时铭，赵诶华．中国体育通史：第四卷［M］．北京：人民体育出版社，2008．

［30］徐镛．南京高等师范、国立东南大学、国立中央大学体育系简史［M］．成都：四川教育出版社，1988．

［31］高时良，译注．学记［M］．北京：人民教育出版社，2016．

［32］王阳明．传习录［M］．张靖杰，译注．2版．南京：江苏文艺出版社，2020．

［33］李亦畬．王宗岳太极拳论［M］．二水居士，校注．北京：北京科学技术出版社，2016．

［34］李秉德．教学论［M］．北京：人民教育出版社，1991．

［35］安德森．布卢姆教育目标分类学［M］．蒋小平，等译．修订版．北京：外语教学与研究出版社，2018．

［36］毛振明．体育教学论［M］．3版．北京：高等教育出版社，2017．

［37］刘素娥．奥运情缘：一代武宗温敬铭的奥运传奇［M］．石家庄：河北教育出版社，2008．

［38］顾明远．教育大辞典：增订合编本［M］．上海：上海教育出版社，1998．

［39］荣孟源．中国国民党历次代表大会及中央全会资料：上册［M］．北京：光明日报出版社，1985．

［40］布迪厄，华康德．实践与反思：反思社会学导论［M］．李猛，李康，译．北京：中央编译出版社，1998．

［41］《张文广百年纪念画册》编委会．张文广百年纪念画册［M］．北京：北京体育大学出版社，2015．

［42］陈刚．百年缘：近现代南京与奥林匹克［M］．南京：南京出版社，2014．

［43］万乐刚．张之江将军传［M］．北京：团结出版社，2015．

［44］邱丕相．中国武术文化散论［M］．上海：上海人民出版社，2007．

［45］陈蕴茜．崇拜与记忆：孙中山符号的建构与传播［M］．南京：南京大学出版社，2009．

（六）当代期刊、学位论文、其他类

1. 当代期刊类

[1] 康戈武．从全球化视角探讨武术教育的生存与发展[J]．体育文化导刊，2006（10）：13-19．

[2]《关于学校武术教育改革与发展的研究》课题组．我国中小学武术教育状况调查研究[J]．体育科学，2009，29（3）：82-88．

[3] 武冬，吕韶钧．高等学校武术课程体系改革研究[J]．北京体育大学学报，2013，36（3）：92-98

[4] 马佩，吴旭东，姜传银．健康中国战略下群众武术开展的困境与对策[J]．体育文化导刊，2019（1）：43-47．

[5] 姜熙．体育全球化中中华武术的生存危机和发展抉择[J]．体育学刊，2009，16（10）：84-88．

[6] 关博，杨兆山．武术教育的文化性探析[J]．体育与科学，2014，35（3）：83-87．

[7] 邱丕相，王国志．当代武术教育改革的几点思考[J]．体育学刊，2006，13（2）：76-78．

[8] 张奎良．唯物史观与历史唯物主义的生成和特点[J]．马克思主义与现实，2012（2）：52-53．

[9] 龚培河，万丽华．马克思主义考察历史进步性的四个视角及其逻辑关系[J]．马克思主义研究，2018（12）：45．

[10] 周庆．国术周刊[J]．体育文史，1992（2）：73-74．

[11] 虞学群，吴仲德．原南京中央国术馆的历史变迁[J]．南京体育学院学报，1996，10（1）：61-63．

[12] 昌沧．南京中央国术馆始末[J]．体育文史，1997（5）：42-44．

[13] 郭玉成，许杰．精武体育会与中央国术馆的武术传播研究[J]．体育文化导刊，2005（2）：76-79．

[14] 王思源，史国生．中央国术馆对民国时期武术文化传播的贡献[J]．体育研究与教育，2018，33（2）：57-60．

[15] 陈刚，於鹏．中央国术馆武艺教官群体像：兼谈民国初期武术的发展[J]．体育文化导刊，2014（1）：172-175．

[16] 冷传奇,史国生,孙永武.抗战前中央国术馆主要人事任职情况考辨及补遗[J].南京体育学院学报(社会科学版),2017,31(2):14-19.

[17] 李文鸿,陶传平,吕思泓.中央国术馆组织性质新考[J].体育学刊,2016,23(3):33-38.

[18] 李臣,郑勤.南京国民政府时期第一次国术国考及其影响[J].甘肃社会科学,2016(3):123-127.

[19] 徐诚堂.第二届国术国考研究[J].体育文化导刊,2016(11):180-183.

[20] 吉灿忠,纪铭霞,郭强.中央国术馆馆刊及其社会功能[J].上海体育学院学报,2019,43(2):115-121.

[21] 周伟良.简论张之江先生的国术技击观[J].中华武术(研究),2017,6(3):6-11.

[22] 王晓东,郭春阳.中央国术馆摔跤活动历史考察与当代启示[J].山东体育学院学报,2017,33(4):43-47.

[23] 郭会坡.中央国术馆教材研究:以《梅花刀》为例[J].中华武术(研究),2018,7(11):32-36.

[24] 徐元民,庄嘉仁,卓旻怡.中央国术馆发扬本土体育的历史经验[J].体育学报,2003(34):211-221.

[25] 郭宪伟.近代中国国术的教育政策推行与意义(1928—1937)[J].中华体育季刊,2019,33(1):41-51.

[26] 苏士博.台湾地区国术馆现况分析[J].体育学报,1993(16):165-182.

[27] 林伯原.民国时期民间武术组织的建立与发展[J].体育文史,1994(3):14-15.

[28] 林伯原.民国初期学校武术课程的设置状况[J].体育文史,1994(4):27-28.

[29] 易剑东.精武体育会和中央国术馆的比较研究:民国武术的组织社会学探索[J].体育文史,1995(6):19-22.

[30] 杨运涛,林小美.民国时期南京地区武术教育发展研究[J].吉林体育学院学报,2015,31(6):86-90.

[31] 吕思泓.民国时期学校武术考论[J].中国体育科技,2016,52(1):16-23.

[32] 韩冰,路彩红.民国时期学校武术课程发展研究[J].北方文学(下半月),2011(10):177-178.

[33] 吉灿忠,孙庆祝.民国《大中小学国术课程标准》及其当代启示[J].上海体育

学院学报，2016，40（2）：46-50.

[34] 许光麃. 近代中国武术在学校体育之发展（1911—1937）[J]. 台中教育大学体育系系刊，2006（1）：19-27.

[35] 李保建. 民初时期中国武术改良初探[J]. 大专体育，2006，87（11）：71-76.

[36] 李保建. 浅谈20世纪前期大陆传统武术在军队与学校的发展状况[J]. 大专体育，2007，88（2）：51-55.

[37] 王岗，李世宏. 学校武术教育发展的现状、问题与思考[J]. 成都体育学院学报，2011，37（5）：84-87.

[38] 温搏. 中国武术教育模式现状及其反思[J]. 北京体育大学学报，2011，34（9）：24-26.

[39] 蔡仲林，施鲜丽. 学校武术教学改革的指导思想：淡化套路、突出方法、强调应用[J]. 上海体育学院学报，2007（1）：62-64.

[40] 王岗，邱丕相. 重构中国武术教育体系的理论研究[J]. 上海体育学院学报，2008（3）：61-64.

[41] 蔡仲林，汤立许. "四个支柱"视角下武术当代发展的教育使命[J]. 上海体育学院学报，2011，35（2）：82-85.

[42] 张峰，石萌，张德良，等. 学校武化教育的目标定位[J]. 上海体育学院学报，2018，42（4）：94-98.

[43] 刘朝霞. 北京市普通高校武术教师的现状分析及发展对策研究[J]. 北京体育大学学报，2006（10）：1411-1413.

[44] 崔浩澜. 高校武术教学与改革的调查研究[J]. 武汉体育学院学报，2005（12）：102-104.

[45] 张茂林，路光，王美娟. 山东省武术馆校现状与可持续发展研究[J]. 山东体育学院学报，2009，25（1）：30-33.

[46] 徐泽. 上海市学校武术教育的现状调查与研究[J]. 北京体育大学学报，2007（S1）：487-490.

[47] 陈庆合，郑永成，张红，等. 内隐学习在武术教学中的应用[J]. 体育学刊，2008（8）：72-75.

[48] 刁振东，杨道宁，杜磊，等. "三双"武术教学模式的研究[J]. 北京体育大学学报，2005（12）：1687-1688.

[49] 谭小燕."运动教育"课程模式研究：武术课程运动教育模式的构建[J].体育与科学,2009,30(2):82-86.

[50] 刘珺.MOOC翻转课堂教学模式的构建与实验研究：以高校武术选项课为例[J].广州体育学院学报,2016,36(2):121-123.

[51] 李岩,董菲.体育（武术）教学仿真系统的设计[J].山东体育学院学报,2008(9):94-96.

[52] 赵彩钰,赵歆."互联网+教育"视域下大学武术教学改革研究[J].体育文化导刊,2018(5):119-123.

[53] 彭飞."全纳教育"理念在武术教育中的应用探索[J].教育理论与实践,2018,38(12):61-62.

[54] 唐人屏,林钰萍.武术教学中口诀创编与运用[J].彰化师大体育学报,2006(6):80-84.

[55] 唐人屏.国术套路教材之创编原则初探[J].彰化师大体育学报,2004(4):94-100.

[56] 林建志,唐人屏.武术初学者动作要求实务[J].彰化师大体育学报,2012(11):94-100.

[57] 李耀宗.认知师徒制理论在国术教学上的应用[J].学校体育,2012,129:101-105.

[58] 吕冠伯,唐人屏.新编武术基本功套路与韵文的结合教学：以八式拳为例[J].彰化师大体育学报,2011(10):26-37.

[59] 陈炜强,沈易利,王建兴,等.互惠式教学应用于国术教学之初探[J].海峡两岸体育研究学报,2016,10(1):2-14.

[60] 陈惠华.情境学习理论在传统武术教学上之应用：以合作学习模式为中心[J].台湾体育学术研究,2010,49:95-114.

[61] 郑仕一.从体育哲学范畴探究阴阳关系在中国武术教学中的价值[J].大专体育学刊,2003,5(2):11-25.

[62] 翁志成.台湾大专学生参加国术社团活动因素调查研究[J].体育学报,1990(12):71-93.

[63] 郑幸涓,郑仕一.中国武术在大专院校体育课程的发展现况分析[J].大专体育,2004(75):27-32.

［64］苏金淼.台湾云林县中小学推展武术运动发展历程之研究：以一所评鉴特优学校为例［J］.国际休闲杂志，2015，8（1）：1–41.

［65］耿云志.孙中山民族主义思想的历史演变［J］.广东社会科学，2007（1）：105-112.

［66］谢凌宇.试析中国三十年代的"土洋体育之争"［J］.体育科学，1989（2）：9-12.

［67］吕思泓.从传统到现代：武术人社会生存论析［J］.山东体育科技，2015，37（6）：18-21.

［68］张银行，刘轶，杜舒书，等.明清思想与中国武术发展及启示研究：基于"向实"的线索［J］.体育科学，2019，39（11）：37.

［69］杨建营，邱丕相.从武德的实质和精神内核探析当代武术教育改革［J］.沈阳体育学院学报，2009，28（3）：112-114.

［70］乔凤杰.本然与超然：论传统武术技击的诡道与圣道（一）［J］.山东体育学院学报，2005，21（2）：14-17.

［71］刘帅兵，赵光圣.北京体育研究社对民国时期武术教育的历史贡献［J］.南京体育学院学报（社会科学版），2017，31（4）：30.

［72］邱丕相，王震.中国武术的回眸与展望［J］.体育学研究，2018（3）：55-60.

［73］梁勤超，高鹏飞，李源.学校武术教育技击本质的回归［J］.上海体育学院学报，2020，44（7）：44-49.

［74］杨建营.张之江与嘉纳治五郎的武术（武道）实践比较研究［J］.武汉体育学院学报，2017，51（11）：72.

［75］赵光圣，戴国斌.我国学校武术教育现实困境与改革路径选择：写在"全国学校体育武术项目联盟"成立之际［J］.上海体育学院学报，2014，38（1）：84-88.

［76］郭玉成.传统武术在当代社会的传承与发展［J］.上海体育学院学报，2008，32（2）：51-57.

［77］张峰，赵光圣，吉洪林.回归武术之本真：从农耕技术取向再论我国中小学武术课程设计［J］.上海体育学院学报，2014，38（3）：41-45.

［78］赵富学，陈蔚，王杰，等."立德树人"视域下体育课程思政建设的五重维度及实践路向研究［J］.武汉体育学院学报，2020，54（4）：81.

［79］王秀阁.关于"课程思政"的几个基本问题：基于体育"课程思政"的思考［J］.天津体育学院学报，2019，34（3）：189.

［80］戴国斌，刘祖辉，周延."锻炼行道，练以成人"：中国求道传统的武术文化实践［J］.体育科学，2020，40（2）：24-31.

［81］杨建营.基于民族复兴目标的学校武术传承体系研究［J］.体育科学，2020，40（11）：21.

［82］瞿立鹤.清末民初军国民教育思潮［J］.师大学报，1984（29）：27.

2. 学位论文类

［1］李龙.历史学视野下的中国武术教育［D］.上海：上海体育学院，2008.

［2］罗仙柱.中央国术馆师资状况研究［D］.苏州：苏州大学，2011.

［3］刘靖.中央国术馆研究：组织社会学的视角［D］.上海：上海体育学院，2013.

［4］肖红伟.民国时期北京市中小学学校武术的历史研究［D］.北京：北京体育大学，2012.

［5］王晓晨.学校武术教育百年变迁研究（1915—2015）［D］.上海：上海体育学院，2017.

［6］王飞.民族传统体育武术专业课程理论基础研究［D］.武汉：武汉体育学院，2007.

［7］刘帅兵.民国时期武术教育的历史诠释［D］.上海：上海体育学院，2019.

3. 其他类

［1］中共中央办公厅.关于加快构建中国特色哲学社会科学的意见［EB/OL］.（2017-05-16）[2021-05-06]. http：//www.gov.cn/xinwen/2017/05/16/content_5194467.htm.

［2］习近平.决胜全面建成小康社会 夺取新时代中国特色社会主义伟大胜利：在中国共产党第十九次全国代表大会上的报告［EB/OL］.（2017-10-18）[2021-05-06]. http：//www.gov.cn/zhuanti/2017/10/27/content_5234876.htm.

［3］人民网.习近平的历史观［EB/OL］.（2014-07-08）[2021-05-06]. http：//theory.people.com.cn /n/2014/0708/c40531-25251002.html.

［4］中共中央办公厅 国务院办公厅印发《关于实施中华优秀传统文化传承发展工程的意见》［EB/OL］.（2017-01-25）[2021-05-06].http：//www.gov.cn/zhengce/2017/01/25/content_5163472.htm.

［5］新华社.习近平主持中共中央政治局第十四次集体学习并讲话［EB/OL］.（2019-04-20）[2021-05-06]. http：//www.gov.cn/xinwen/2019/04/20/content_5384742.htm.

［6］国务院办公厅.体育强国建设纲要［EB/OL］.（2019-09-02）[2021-05-06]. http：

//www.gov.cn/xinwen/2019-09/02/content_5426540.htm.

［7］中共中央办公厅 国务院办公厅印发《关于全面加强和改进新时代学校体育工作的意见》和《关于全面加强和改进新时代学校美育工作的意见》［EB/OL］.（2020-10-15）［2021-05-06］.http：//www.gov.cn/xinwen/2020-10/15/content_5551609.htm.

［8］教育部.教育部关于加快建设高水平本科教育，全面提高人才培养能力的意见［EB/OL］.（2018-10-08）［2021-05-06］.http：//www.moe.gov.cn/srcsite/A08/s7056/201810/t20181017_351887.html.

［9］教育部.教育部关于印发《高等学校课程思政建设指导纲要》的通知［EB/OL］.（2020-05-28）［2021-05-06］.http：//www.gov.cn/zhengce/zhengceku/2020-06/06/content_5517606.htm.

［10］教育部.关于政协十三届全国委员会第三次会议第4404号（教育类410号）提案答复的函［EB/OL］.（2021-01-28）［2021-05-06］.http：//www.moe.gov.cn/jyb_xxgk/xxgk_jyta/jyta_jiaoshisi/202101/t20210128_511584.html.

［11］李宜锡.南区大学生对国术课程学习满意度之研究［C］.运动事业管理学生研讨会论文集，2006：17-28.

［12］教育部办公厅.普通高等学校体育教育本科专业各类主干课程教学指导纲要［Z］.教体艺厅［2004］9号，2004-09-29.

（七）外文类

［1］VERTONGHEN J, SCHAILLÉE H, THEEBOOM M, et al. Mediating factors in martial arts practice：A specific case on young girls［M］//CHANNON A, MATTHEWS C R. Global perspectives on women in combat sports. London：Palgrave Macmillan UK, 2015：172-186.

［2］SLEGERS R. Educating the martial spirit［M］//Adam Smith's moral sentiments in vanity fair. Berlin：Springer Cham, 2018：55-79.

［3］HWANG D J, MANGAN J A. Japanese cultural imperialism in Taiwan：Judo as an instrument of colonial conditioning［M］//MANGAN J A, et al. Japanese imperialism：Politics and sport in East Asia. Singapore：Palgrave Macmillan, 2017：195-216.

［4］GORDON M A. The way of the classroom：Aikido as transformative and embodied pedagogy through self-cultivation［M］//Aikido as transformative and embodied pedagogy. Cham：Palgrave Macmillan，2019：139-161.

［5］DYKHUIZEN C J. Training in culture：The case of aikido education and meaning-making outcomes in Japan and the United States［J］. International Journal of Intercultural Relations，2000，24（6）：741-761.

［6］MOORE B，DUDLEY D，WOODCOCK S. The effects of martial arts participation on mental and psychosocial health outcomes：A randomised controlled trial of a secondary school-based mental health promotion program［J］. BMC Psychology，2019，7（1）：60.

［7］MEIXNER T，IRWIN A，MISCIO M W，et al. Delivery of integra mindfulness martial arts in the secondary school setting：Factors that support successful implementation and strategies for navigating implementation challenges［J］. BMC Psychology，2017（9）：15-18.

［8］SANTOS O C. Towards personalized vibrotactile support for learning aikido［M］//Data driven approaches in digital education. Berlin：Springer International Publishing，2017：593-597.

［9］VAHIDI A，MÜLLER N H. E-learning supported martial-arts-training［C］//Learning and collaboration technologies. Vancouver：4th International Conference，LCT 2017，2017：294-302.

［10］LAKES K D，HOYT W T. Promoting self-regulation through school-based martial arts training［J］. Journal of Applied Developmental Psychology，2004，25（3）：283-302.

［11］AYVAZO S，ALJADEFF-ABERGEL E. Classwide peer tutoring in a martial arts alternative education program：Enhancing social and psychomotor skills［J］. Preventing School Failure：Alterative Education for Children and Youth，2019，63（4）：359-368.

致 谢

　　历时 5 年有余,《中央国术馆武术教育及其当代启示》一书得以成稿。感谢全国哲学社会科学工作办公室的立项和出版资金的资助！感谢在该书撰写和出版过程中给予支持和帮助的朋友们！感谢被引用的资料的作者们！鉴于我们学识有限，不妥之处，敬请赐教！

作　者
2023 年 5 月于南京